Rosa-Maria Dallapiazza | Sandra Eva
Roland Fischer | Angela Kilimann
Anja Schümann | Maresa Winkler

Ziel B2

Deutsch als Fremdsprache

Arbeitsbuch

Band 1
Lektion 1–8
Niveau B2/1

Hueber Verlag

Phonetik:
Werner Bönzli, Reichertshausen

| 3. | 2. | 1. | | Die letzten Ziffern |
| 2012 | 11 | 10 | 09 | 08 | bezeichnen Zahl und Jahr des Druckes. |

Alle Drucke dieser Auflage können, da unverändert,
nebeneinander benutzt werden.
1. Auflage
© 2008 Hueber Verlag, 85737 Ismaning, Deutschland
Umschlaggestaltung: Marlene Kern, München
Zeichnungen: Sepp Buchegger
Layout: Marlene Kern, München
Druck: Firmengruppe APPL, aprinta druck, Wemding
Printed in Germany
ISBN 978-3-19-011674-4 (mit CD-ROM)
ISBN 978-3-19-171674-5

Inhalt

Vorwort

Liebe Lernerinnen und Lerner,

dieses Arbeitsbuch bietet Ihnen ein umfangreiches Angebot an Übungen zu Aussprache, Wortschatz und Grammatik sowie zum selbstständigen Sprechen und Schreiben. Darüber hinaus enthält es zusätzliche Lesetexte, mit denen Sie Ihre Lesekompetenz erweitern können, sowie Übungen, mit denen Sie sich auf Prüfungen auf dem Niveau B2 vorbereiten können.

 Diese Verweise im Kursbuch führen Sie jeweils zu den richtigen Stellen im Arbeitsbuch.

Aufbau

GRAMMATIK Hier finden Sie Übungen und Aufgaben zur Grammatik. Die Überschrift enthält jeweils die Angabe des Grammatikthemas. Auf der Übersichtsseite am Ende jeder Kursbuchlektion finden Sie eine systematische Zusammenstellung der Grammatikthemen.

WORTSCHATZ Im Bereich Wortschatz lernen und üben Sie Wörter zu einzelnen Wortfeldern und im Zusammenhang mit Verben, Präpositionen, Adjektiven und Adverbien.

PHONETIK In den Übungen zur Phonetik lernen Sie vor allem, wie man die Betonung einsetzen kann, um richtig verstanden zu werden.

SÄTZE BAUEN
TEXTE BAUEN Was Sie in den Übungen zu Grammatik, Wortschatz und Phonetik im Einzelnen gelernt haben, wird hier zusammengefügt. Es geht darum, wie man sich differenziert ausdrückt, sowohl mündlich als auch schriftlich. Auf der Übersichtsseite am Ende jeder Kursbuchlektion finden Sie eine systematische Zusammenstellung der Wendungen und Ausdrücke.

FOKUS GRAMMATIK Tests
Hier können Sie schnell herausfinden, ob Sie den Stoff der Fokus-Grammatik-Seiten verstanden haben oder ob noch eine Wiederholung notwendig ist.

Die Übungen: rot, braun und blau

Die blauen Übungen enthalten den eigentlichen Lernstoff Ihrer Stufe.

Eine Reihe von Übungen sind Wiederholungsübungen. Diese sind mit roten Übungsnummern und dem Wort *WIEDERHOLUNG* gekennzeichnet. Hier können Sie Ihr Wissen auffrischen oder festigen.
Darüber hinaus gibt es Vertiefungsübungen. Diese sind mit braunen Übungsnummern und dem Wort *VER-TIEFUNG* gekennzeichnet. Die Vertiefungsübungen gehen über den eigentlichen Lernstoff der Stufe B2 hinaus und greifen etwas komplexere Aspekte der Grammatik auf oder vertiefen den Wortschatz zu bestimmten Themen. Oder aber sie enthalten eine etwas schwierigere Schreibaufgabe. Je nachdem, mit welchem Ziel und mit welchen Vorkenntnissen Sie Deutsch lernen, können Sie diese Übungen für sich passend auswählen.

Der Teil *Darüber hinaus*

Am Ende der Lektion finden Sie unter dem Titel *Darüber hinaus* Aufgaben und Übungen zum Leseverstehen (TEXTE LESEN) und zu den Prüfungen der Niveaustufe B2 (ÜBUNG ZU PRÜFUNGEN). Mit diesem Übungs-angebot können Sie zum einen Ihre Lesekompetenz erweitern, zum anderen können Sie sich mit einer Reihe prüfungstypischer Aufgaben auf alle Prüfungen der Niveaustufe B2 vorbereiten. (Materialien mit Mustertests zu den diversen Prüfungen B2 sind separat erhältlich.)

Die Lerner-CD-ROM

Je nach Ausgabe enthält das Arbeitsbuch eine CD-ROM.
Auf der Lerner-CD-ROM finden Sie:

- Wortlisten zum Kursbuch: die Wörter stehen in der Reihenfolge, wie sie im Kursbuch vorkommen. In den Wortlisten stehen alle Wörter, die nicht in den Wortlisten A1 – B1 enthalten sind. Sie können in die Listen die Bedeutung in Ihrer Muttersprache eintragen oder aber die einzelnen Listen so bearbeiten, wie Sie am besten Wörter lernen können. Lernwörter sind in den Listen gesondert gekennzeichnet.
- eine ausführliche Grammatikübersicht zum Nachschlagen
- die Lösungen und Musterlösungen zum Arbeitsbuch
- die Hörtexte im Arbeitsbuch im MP3-Format
- ein Lerner-Portfolio: Dieses führt Sie durch die Lektionen. Es erklärt Ihnen die Lernziele, unterstützt Sie dabei, Ihren Lernfortschritt und zu kontrollieren und zu dokumentieren und Ihre Lerntechniken zu analysieren.

Die Hörtexte

Die Hörtexte befinden sich auf der Lerner-CD-ROM als MP3-Dateien. Sie sind aber auch separat unter der Nummer 191674 erhältlich.

B „jung" und „alt"

1 Wie könnte man es auch sagen? Ergänzen Sie.

40 Prozent sind ■ jeder Zweite ist ■ über 50% sind ■ 30% sind ■ 25% sind ■ zweimal so viele sind ■ 98% sind

1 ein Viertel ist _25%_
2 fast alle sind _98%_
3 die Hälfte aller sind _jeder Zweite_
4 zwei von fünf sind _40%_

5 mehr als die Hälfte ist _über 50%_
6 knapp ein Drittel ist _30%_
7 doppelt so viele sind _zweimal so viele_

VERTIEFUNG

2 ⓐ Lesen Sie die Statistik und ergänzen Sie die Mengenangaben (in Prozent oder als Ausdruck).

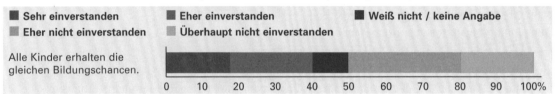

■ Sehr einverstanden   ■ Eher einverstanden   ■ Weiß nicht / keine Angabe
■ Eher nicht einverstanden   ■ Überhaupt nicht einverstanden

Alle Kinder erhalten die gleichen Bildungschancen.

Mit der Aussage, dass alle Kinder die gleichen Bildungschancen erhalten, …

1 sind _50 bis 80 Prozent_ der Befragten eher nicht und überhaupt nicht einverstanden. (sind/ist) 50°
2 sind _80 bis 100% Prozent_ der Befragten überhaupt nicht einverstanden. (sind/ist) 20/
3 sind _0 bis 20 Prozent_ der Befragten sehr einverstanden. (sind/ist) 18%
4 sind _20 bis 40 Prozent_ der Befragten eher einverstanden. (sind/ist) 22%
5 können _40 bis 50 Prozent_ der Befragten nichts anfangen und geben keine Antwort. (können/kann) 10%

ⓑ Was sehen Sie in dieser Statistik? Ergänzen Sie die Aussagen mit den folgenden Wendungen und Ausdrücken.

weniger als die Hälfte ■ mehr als ein Drittel ✓■ deutlich mehr ■
weniger als halb so viele Menschen ✓■ nicht so viele ✓

■ unter 20   ■ 20 bis 59
■ 60 bis 79   ■ 80 und älter

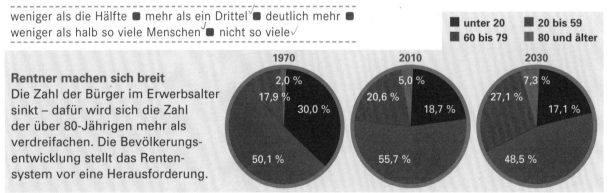

Rentner machen sich breit
Die Zahl der Bürger im Erwerbsalter sinkt – dafür wird sich die Zahl der über 80-Jährigen mehr als verdreifachen. Die Bevölkerungsentwicklung stellt das Rentensystem vor eine Herausforderung.

Im Jahr 2030 …

1 ist _7,3 %   mehr als ein Drittel_ der Bevölkerung über 60 Jahre alt.
2 ist → _48,5 %   weniger als halb so viele Menschen_ der Bevölkerung zwischen 20 und 59 Jahre alt.
  weniger als die Hälfte
3 sind _weniger als die Hälfte_ unter 20 als über 60 Jahre alt.
4 gibt es _7,2 minder | nicht so viele_ Menschen zwischen 20 und 59 wie im Jahr 2010.
5 gibt es _2,3 % mehr/_ über 80-Jährige als 1970.
  deutlich mehr

3 ⓐ Lesen Sie den Text. Welche Überschrift passt? Kreuzen Sie an.

☐ **1** Aktiv bis ins hohe Alter ☐ **2** Werte im Alter ☐ **3** Altsein auf dem Land

Zwei von fünf Deutschen sehen die Erhaltung familiärer Bindungen als geradezu lebensnotwendig für das Alter an – und handeln auch danach. Die Frauen legen etwas mehr Wert darauf (42%) als die Männer (37%), die Landbewohner mehr (43%) als die Großstädter (32%) und Paare (47%) deutlich mehr als Singles (20%).
Am meisten Wert auf familiäre Bindungen legen jedoch Menschen im Ruhestand (49%).

Die zweite wichtige Zukunftsinvestition für das Alter ist der Freundeskreis. Freunde und Familie werden sowohl von der Gesamtbevölkerung als auch von den Ruheständlern fast gleich hoch bewertet. Neben den Senioren hat die Pflege des Freundeskreises hauptsächlich für die 50- bis 64-Jährigen eine hohe Bedeutung (48%). Weniger bedeutend ist der Freundeskreis überraschenderweise für Singles (25%).

ⓑ Welche Aussagen sind richtig? Kreuzen Sie an und korrigieren Sie die falschen Aussagen.

1 Frauen ist das familiäre Umfeld etwas wichtiger als Männern. ☐

2 Menschen, die nicht mehr berufstätig sind, haben mehr Zeit für die Familie. ☐

3 Freunde sind vor allem für jüngere Menschen wichtig. ☐

4 Menschen, die allein leben, brauchen auch weniger Freunde. ☐

ⓒ Welche sozialen Gruppen werden im Text (3a) genannt? Unterstreichen Sie sie.
Ordnen Sie sie und die folgenden Wörter den Oberbegriffen 1 – 4 zu? (Nicht alle passen.)

Berufstätige ■ Erwachsene ■ Angestellte ■ Jugendliche ■ Arbeitgeber/innen ■ Arbeitslose ■
Selbstständige ■ Arbeitnehmer/innen ■ Alleinerziehende ■ Staatsbürger/innen ■ Einwohner/innen ■
Freiberufler/innen ■ Rentner/innen ■ Handwerker/innen ■ Beamte/Beamtinnen

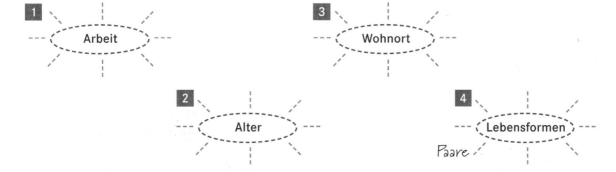

1 Arbeit **3** Wohnort **2** Alter **4** Lebensformen *Paare*

ⓓ Ordnen Sie auch die folgenden Gruppen zu.

Pensionierte (CH) ■ Freierwerbende (CH) ■ Selbständigerwerbende (CH) ■
Funktionär/in (CH) ■ Pensionist/in (A)

ⓔ Antonyme: Finden Sie Wörter in c, die eine gegenteilige Bedeutung haben.

1 Berufstätige *Ruheständler,* ....

2 Jugendliche ....

3 Angestellte ....

4 Landbewohner ....

5 Singles ....

6 Arbeitgeber ....

4 **a** Überraschung ausdrücken. Was passt? Kreuzen Sie an.

	überrascht	überraschend	erstaunt	unglaublich	gedacht	erstaunlich
1 Das finde ich ...!	☐	☒	☐	☒	☐	☒
2 Das ... mich!	☐	☐	☐	☐	☐	☐
3 Das ist ja ...!	☐	☐	☐	☐	☐	☐
4 Ich bin wirklich ...!	☐	☐	☐	☐	☐	☐
5 Ich hätte nicht ..., dass	☐	☐	☐	☐	☐	☐

	glauben	stimmen
6 Das ist ja kaum zu ...!	☐	☐
7 Das kann doch nicht ...!	☐	☐
8 Das kann ich kaum ...!	☐	☐

b Lesen Sie die Minidialoge. Welche Antworten passen?
Kreuzen Sie an. Manchmal sind auch mehrere Antworten richtig.

1 Du, hier steht, dass mehr als die Hälfte aller Kinder keine Geschwister hat.
 a ☐ Das kann doch nicht stimmen! Die Familien in meiner Nachbarschaft haben alle zwei oder drei Kinder.
 b ☐ Das ist ja unglaublich! Die armen Kinder.
 c ☐ Das sind doch ziemlich wenige. Das überrascht mich nicht.

2 Ein Viertel der Studenten und Studentinnen in Deutschland beenden ihr Studium nicht.
 a ☐ Das überrascht mich nicht. Viele müssen ja arbeiten.
 b ☐ Das sind ja ungefähr dreiunddreißig Prozent. Das ist ja unglaublich!
 c ☐ Das sind ja viele. Das kann doch nicht stimmen!

3 73% der Jugendlichen leben noch zu Hause bei ihren Eltern.
 a ☐ Das habe ich auch schon gehört, dass so viele Jugendliche noch zu Hause wohnen.
 Ehrlich gesagt finde ich das erstaunlich.
 b ☐ Ich hätte nicht gedacht, dass noch fast zwei Drittel der Jugendlichen zu Hause wohnen.
 c ☐ Das ist schon unglaublich. Bei meinen Kindern ist das anders.

c Was meinen Sie? Ergänzen Sie die Aussagen 1–5 aus Ihrer Sicht
mit den folgenden Wendungen und Ausdrücken.

**Berufsstart
erst nach Praktikum**

Mindestens ein Praktikum
nach dem Studium machten
so viele Absolventen der
Fachrichtungen ...

Geistes- und Kulturwissenschaften	53 %
Sozialwissenschaften	49 %
Wirtschaftswissenschaften	39 %
Medizin	37 %
Mathematik und Naturwissenschaften	30 %
Erziehungswissenschaften	21 %
Rechtswissenschaften	15 %

Ich finde erstaunlich, dass ... ■ Das finde ich erstaunlich. ■ Das kann doch nicht stimmen. ■
Es kann doch nicht stimmen, dass (nur) ... ■ Das überrascht mich (nicht). ■
Es überrascht mich, dass ... ■ Ich hätte nicht gedacht, dass ... ■ Das ist ja unglaublich!

1 .... mehr als die Hälfte der Geistes- und

Kulturwissenschaftler mindestens ein Praktikum machen.

2 Nur knapp die Hälfte der Sozialwissenschaftler macht nach dem Studium ein Praktikum.

....

3 .... fünfzehn von hundert Rechtswissenschaftlern

nach dem Studium ein Praktikum machen. Oder machen die das schon im Studium?

4 Circa ein Drittel der Mediziner, Mathematiker und Naturwissenschaftler macht nach dem Studium ein Praktikum. ...., denn sie müssen während des Studiums zahlreiche Praktika machen.

5 Fast 40% der Wirtschaftswissenschaftler machen nach dem Studium mindestens ein Praktikum.

....

Positive Überraschungen mit *ja*

a Ergänzen Sie *ja* wie im Beispiel.

1 Das ist eine lustige Geschichte. Wirklich witzig!
   Das ist ja eine lustige Geschichte!

2 Hey! Du hast eine neue Frisur. Sieht gut aus!

....

3 Du bist schon da. Wie schön!

....

4 Ihr habt ein neues Sofa. Tolle Farbe!

....

5 Nur 800 Euro? Das ist gar nicht teuer.

....

6 Paul, du hier? Das ist ein Zufall.

....

7 Den Witz kannte ich noch gar nicht. Der ist wirklich klasse.

....

b Hören Sie die Sätze und sprechen Sie nach.

Reaktionen mit *doch*

a Welche Bedeutung hat der Satz mit *doch*? Kreuzen Sie an.

1 Das kann doch nicht stimmen.
   a ☐ Das finde ich nicht gut.
   b ☐ Das glaube ich nicht.

2 Das ist doch nicht zu fassen.
   a ☐ Darüber bin ich total empört.
   b ☐ Das verstehe ich nicht.

3 Das darf doch nicht wahr sein.
   a ☐ Das glaube ich nicht.
   b ☐ Da ist ein totaler Unsinn passiert.

4 Das ist doch seltsam.
   a ☐ Darüber bin ich total empört.
   b ☐ Das verstehe ich nicht.

5 Das ist doch total verrückt.
   a ☐ Das glaube ich nicht.
   b ☐ Da ist ein totaler Unsinn passiert.

b Hören Sie die Sätze und sprechen Sie nach.

Deutschland in Zahlen
Hätten Sie das gedacht? Wie reagieren Sie? Ergänzen Sie.

Das finde ich wirklich …! ■ Das hätte ich nicht …! ■ Das … mich nicht. ■
Das ist ja …! ■ Das ist doch … ■ …
----

1 Es gibt genauso viele Ehepaare mit Kindern wie Ehepaare ohne Kinder.

....

2 4,8 Millionen Bundesbürger leben unverheiratet zusammen.

....

3 Es gibt 2,45 Millionen alleinerziehende Mütter und Väter.

....

4 Fast die Hälfte aller Haushalte in Städten ab 500 000 Einwohnern sind Einpersonenhaushalte.

....

5 München ist die Stadt mit den meisten Singles.

....

C Erbstücke

8 Was können Sie in der Bibliothek, in der Presse und/oder im Internet finden? Kreuzen Sie an.

	Bibliothek	Presse	Internet		Bibliothek	Presse	Internet
das Buch	☐	☐	☐	das Stück	☐	☐	☐
die Zeitung	☐	☐	☐	der Krimi	☐	☐	☐
die Zeitschrift	☐	☐	☐	der Roman	☐	☐	☐
der Bericht	☐	☐	☐	die Geschichte	☐	☐	☐
der Artikel	☐	☐	☐	die Erzählung	☐	☐	☐
die Reportage	☐	☐	☐	das Gedicht	☐	☐	☐
der Text	☐	☐	☐	das Märchen	☐	☐	☐
die Komödie	☐	☐	☐				

9 **ⓐ** Was lesen Sie öfter? Kreuzen Sie an.

ein Buch ☐   eine Zeitung ☐   eine Zeitschrift ☐

ⓑ Welche Textsorten lesen *Sie*? Schreiben Sie.

sehr oft: ....

manchmal: .... nie: ....

10 Synonyme: Finden Sie die Wörter, die eine ähnliche Bedeutung haben.

- -
die Zeitschrift ■ der Abschnitt ■ der Erzähler ■ der Verfasser ■ der Poet ■ der Bericht ■ die Anzeige ■
der Titel ■ die Illustrierte ■ die Reportage ■ das Magazin ■ das Online-Tagebuch ■ der Absatz ■
der Autor ■ die Überschrift ■ das Inserat ■ der Schriftsteller ■ der Dichter ■ das Weblog
- -

— der Verfasser, der Erzähler, ...
— die Zeitschrift, ...
— ...

11 **ⓐ** Was passt? Arbeiten Sie gegebenenfalls mit dem Wörterbuch. Verbinden Sie.

1	Der Text handelt	a	mit dem Klimawandel.
2	In dem Text geht es	b	um einen Roman.
3	Der Text beschäftigt sich	c	über die schönsten Urlaubsregionen Österreichs.
4	Der Reporter berichtet	d	von einem Eifersuchtsdrama.
5	Der Text behandelt	e	um die Liebe zwischen Romeo und Julia.
6	Bei dem Text handelt es sich	f	ein völlig unbedeutendes Thema.

ⓑ Mit oder ohne Präposition? Was passt? Ergänzen Sie.

- -
von + D ■ über + A ■ um + A ■ mit + D ■ + A
- -

handeln *von + D*   sich beschäftigen ....   behandeln ....

es geht ....   berichten ....   es handelt sich ....

c Ergänzen Sie das passende Verb aus b.

1 Der Roman *behandelt* ein Thema mit ernstem Hintergrund.

2 In dem Erfahrungsbericht .... es um eine Deutsche, die seit 20 Jahren in

Neuseeland lebt.

3 Der Artikel .... mit der Frage, wie wirksam Homöopathie wirklich ist.

4 In der Reportage .... es um neue Erkenntnisse aus der Forschung und um die Frage,

was unser Leben glücklicher macht.

5 Bei diesem Gedicht .... es .... um eine Liebeserklärung an eine Unbekannte.

6 Der Autor .... über alltägliche Erlebnisse auf seiner Weltreise.

7 Die Erzählung .... von einer Frau, die sich in einer Singlebörse einen Liebhaber sucht.

Worum geht es? Bilden Sie mit den folgenden Wörtern und Wendungen Sätze.

| Reportage ■ das Jugendbuch ■ der Artikel | handelt von … ■ In … geht es um … ■ Es handelt sich hier um … |

1 Auf den Spuren unserer Vorfahren! – Rentner erfüllt sich Jugendtraum

Die .... „Auf den Spuren unserer Vorfahren" .... einem Rentner,

der sich einen Jugendtraum erfüllt.

2 „Die Wette gilt!" – Die 16-jährige Sara leiht sich heimlich nachts
   das Auto ihrer Eltern aus und fährt mit ihrer Freundin nach Frankreich.

.... dem .... die 16-jährige Sara, die mit dem Auto ihrer Eltern

nach Frankreich fährt.

3 Noch immer keine Spur – Juwelendiebe rauben in nur zwei Wochen 10 Tresore aus.

....

....

TEXTE BAUEN: Inhalte wiedergeben

Wovon handelt das Buch, …? Schreiben Sie mit den Stichpunkten eine Zusammenfassung.

1 **Die Farbe von Safran**
   Geschichte – Frau – musste als Jugendliche mit ihrer Familie nach Europa emigrieren –
   Kindheit im Iran – Buch – die schwierige Beziehung der Eltern – autobiografischer Roman

   Die Geschichte handelt von einer Frau, die ....

   Die Geschichte beschreibt ....

   In .... geht es auch um ....

   Es handelt sich um ....

2 **Millionär wider Willen**
   Komödie – ein Gangsterpaar – kommt unerwartet zu großem Reichtum –
   eine überraschende Erbschaft und eine wertvolle Perlenkette – ein Kundengespräch beim Juwelier

   … handelt von … ■ Es geht um … ■ beginnt mit …

3 **An einem Tag wie diesem**
   Roman – ein junger Mann gibt Job und Wohnung auf, um die große Liebe
   seines Lebens wiederzusehen – Autor – der Wunsch nach dem ganz großen Gefühl

   … handelt von … ■ erzählt von …

14

a Lesen Sie den Text einmal ganz durch.

Guter Rat

Es war ein Vater, der zwei Töchter hatte. Als er beide verheiratete, sagte er zu seiner Frau: „Mutter, geben wir den Töchtern, was unser ist!" Seine Frau erwiderte: „Alter, tu das nicht! Tu's nicht früher, als bis wir einmal sterben!" – „Pah", versetzte er, „geben wir's ihnen!"

Sie gaben den Töchtern alles. Die Töchter hielten sie etwa zwei Monate lang in Ehren; dann ehrten sie die Eltern immer weniger und weniger, bis sie Vater und Mutter gar nicht mehr besuchten. Das nagte dem Vater am Herzen.

Einst machte er einen Spaziergang durchs Feld und begegnete seinem alten Freund. Der sprach zu ihm: „Bruder, was gehst du so betrübt? Du warst doch sonst immer so frohen Mutes." Er zuckte mit den Achseln und sagte: „Ich habe nicht gut gehandelt. Alle haben mich verlassen!" – „Sorg dich nicht!", entgegnete sein Freund. „Da hast du Geld, richte ein Essen her, und lad deine Töchter und Schwiegersöhne und mich gleichfalls dazu ein!" Sie trennten sich, und er richtete ein Essen her und lud seine Töchter und Schwiegersöhne samt dem Freund ein. Beim Mahl sagte sein Freund zu ihm: „Bruder, da hast du diese Truhe mit Geld! Ich brauche sie nicht, und du hast nichts. Sie kann dir gute Dienste leisten, ehe du stirbst." Er nahm die Truhe und verwahrte sie in seiner Kammer.

Beide alten Freunde hatten sich abgesprochen und wussten, was in der Truhe war. Da wisperte gleich beim ersten Mal die eine Tochter ihrem Mann zu: „Schau, der Vater hat noch so viel Geld, die ganze Truhe voll! Das ist zu beachten. Wir müssen zusehen, dass wir's nach seinem Tode bekommen, dass er's uns vermacht*!" Und die andere Tochter sprach leise zu ihrem Mann: „Lieber Mann, wir haben alle Ursache, unseren Vater in Ehren zu halten!"

Das Mahl war zu Ende, sie schieden voneinander. Von diesem Tag an erging's dem Vater vortrefflich bis zu seinem Tod. Er starb, ohne ein Testament zu machen. Da suchten sie hastig die Truhe, zogen sie hervor, rissen sie auf und fanden – zerbrochene Töpfe, zerschlagene Gläser, lauter Scherben.

Denen ist doch wahrlich recht geschehen!　　* = vererbt

b Welche Sätze enthalten die wichtigen Informationen für eine (kurze) Zusammenfassung des Textes? Kreuzen Sie an. Vergleichen Sie dann mit dem Lösungsschlüssel.

1 Ein Vater wollte seinen Töchtern zu Lebzeiten sein Vermögen schenken. ⬚
2 Die Frau des Vaters war dagegen. ⬚
3 Die Töchter kümmerten sich danach noch zwei Monate um ihren Vater. ⬚
4 Die Töchter kümmerten sich danach immer weniger um ihre Eltern. ⬚
5 Der Vater war darüber sehr traurig. ⬚
6 Er machte einen Spaziergang im Wald und traf einen Freund. ⬚
7 Er traf einen Freund, und der hatte eine Idee. ⬚
8 Der Vater sollte seine Töchter mit ihren Ehemännern und seinen Freund zum Essen einladen. ⬚
9 Er machte das Essen für seine Töchter. ⬚
10 Beim Essen schenkte der Freund dem Vater eine Truhe mit Geld. ⬚
11 Die eine Tochter sagte ihrem Mann, dass der Vater doch noch viel Geld hat und sie das Geld nach dem Tod des Vaters unbedingt bekommen will, und die andere Tochter sagte zu ihrem Mann, dass sie sich jetzt mehr um ihren Vater kümmern müssen. ⬚
12 Die Töchter waren überrascht, dass der Vater noch Geld hat, und kümmerten sich von da an wieder um ihn. ⬚
13 Der Vater starb und machte kein Testament. Die Töchter waren ungeduldig, öffneten die Truhe und fanden kaputte Töpfe und Gläser. ⬚
14 Nachdem der Vater gestorben war, fanden sie in der Truhe aber nur wertlose Dinge. ⬚

c Machen Sie zu folgenden Punkten Notizen.

– Wovon handelt das Märchen?
– Wer sind die Hauptfiguren?
– Was passiert?
– Wie ist das Ende?

d Schreiben Sie nun mithilfe der Wendungen und Ausdrücke (Kursbuch Seite 20), den Sätzen aus b und Ihren Notizen eine Zusammenfassung des Textes.

ⓐ Machen Sie eine Tabelle und tragen Sie ein, welche Wörter für Sie positiv, negativ oder neutral sind. (Arbeiten Sie mit dem Wörterbuch.)

Glück ■ Geduld ■ Spaß ■ Freude ■ Gelassenheit ■ Wut ■ Langeweile ■ Eifersucht ■ Neugier ■ Begeisterung ■ Liebe ■ Erleichterung ■ Enttäuschung ■ Zufriedenheit ■ Angst ■ Aufregung ■ Gewohnheit ■ Hass ■ Hoffnung ■ Trotz ■ Unzufriedenheit

☺	☺	☹

ⓑ Vergleichen Sie wenn möglich Ihre Ergebnisse im Kurs. Finden Sie zu jedem Wort die Bedeutung.

GRAMMATIK: kausale Angaben: etwas begründen

Eine Umfrage: Warum tragen Sie diesen Schmuck?
Lesen Sie und ergänzen Sie die Antworten wie im Beispiel.

1 Erinnerung an Türkei-Urlaub (erinnern)

Weil er mich an meinen Türkei-Urlaub erinnert.

2 Liebe für schöne Dinge (lieben)

Weil Ich schöne Dinge liebe

3 Verlobungsgeschenk (bekommen)

Weil Ich Ihr als Verlobungsgeschenk bekommen habe

4 Freundschaft (symbolisieren) der Schmuck

Weil er unsere Freundschaft symbolisiert

5 wertvolles Erbstück (sein)

Weil er ein wertvolles Erbstück ist

Begründung mit *wegen*

ⓐ Gesprochene Sprache: *wegen* (+ Dativ). Ergänzen Sie wie im Beispiel.

1 ◆ Und warum musst du unbedingt nächste Woche nach Neumünster fahren? (mein Opa)

● *Wegen meinem Opa* . Der wird 80, und da gibt es ein Riesenfest.

2 ◆ Wieso kommst du denn Sonntag nicht mit zum Wandern? (mein Fuß)

● *Wegen meinem Fuß* . Der tut immer noch weh. Ich glaub, ich sollte doch mal zum Arzt gehen.

3 ◆ Sag mal, warum warst du eigentlich gestern so genervt? (das Chaos auf dem Schreibtisch)

● *Wegen dem Chaos auf dem Schreibtisch* . Nie finde ich, was ich brauche. Du kannst wirklich auch mal aufräumen.

4 ◆ Warum hast du denn eben so leise gesprochen? (meine Eltern)

● *Wegen meinen Eltern* Die müssen ja schließlich nicht alles hören, was wir reden!

5 ◆ Sag mal, warum spricht deine Schwester nicht mehr mit dir? (diese dumme Geschichte)

● *Wegen dieser dummen Geschichte* du weißt schon.

ⓑ Schriftsprache: *wegen* (+ Genitiv). Ergänzen Sie wie im Beispiel.

die starken Regenfälle ▪ anhaltende Waldbrände in den südlichen Provinzen ▪
eine Veranstaltung ▪ ein Motorschaden ▪ ein kleiner Kratzer

1 *Wegen der anhaltenden Waldbrände in den südlichen Provinzen* mussten weitere
Rettungskräfte angefordert werden.

2 *Wegen der starken Regenfälle* wurden folgende Begegnungen der Regionalliga abgesagt: …

3 *Wegen eines Motorschadens* ist die Ortsdurchfahrt von Rottenburg noch bis
voraussichtlich 16 Uhr gesperrt.

4 … und auch die lange führenden Ferraris mussten *Wegen einer Veranstaltung* das
Rennen in der 20. und der 22. Runde beenden.

5 *Wegen eines kleinen Kratzers* verlor der Brillantring ca. 50 Prozent seines Wertes.

18 Sagen Sie es kürzer.

vor Glück ▪ aus Spaß ▪ vor Freude ▪ vor Eifersucht ▪ aus Neugier ▪
aus Liebe ▪ vor Erleichterung ▪ aus Angst ▪ vor Aufregung ▪ aus Gewohnheit

Meine Beziehung zu Lars D. war die Hölle. *(relationship)*

1 Früher durchsuchte ich *aus Neugier* seine Taschen. (weil ich neugierig war)

2 Ich war rasend *vor Eifersucht*, als ich mal eine fremde Telefonnummer fand.
(weil ich eifersüchtig war)

3 Ich flirtete oft *aus Spaß* mit anderen Männern. (weil es Spaß machte)

4 Ich meckerte *aus Gewohnheit* an ihm herum. (weil ich es so gewohnt war) *(grumble)*

5 Ich versuchte, *aus Angst* vor meinen eigenen Gefühlen möglichst cool zu sein. (weil ich Angst hatte)

Mit Oliver P. ist nun alles anders.

6 Ich fühle mich zum ersten Mal in meinem Leben *vor Glück* wie im siebten Himmel.
(weil ich glücklich bin)

7 Ich atme *vor Erleichterung* auf, wenn ich seine Stimme am Telefon höre. (weil ich erleichtert bin)

8 Mein Herz klopft *vor Aufregung* bis zum Hals, wenn wir uns treffen. (weil ich so aufgeregt bin)

9 Manchmal singe ich sogar *vor Freude* unter der Dusche. (weil ich mich so freue)

10 Man glaubt es kaum, aber ich habe *aus Liebe* aufgehört zu rauchen. (weil ich ihn liebe) *(to stop)*

VERTIEFUNG

19 ⓐ *vor* oder *aus*? Lesen Sie die Sätze und übersetzen Sie sie in Ihre Muttersprache.

1 Als er sie letzten Samstag mit einem anderen Mann sah, konnte er **vor Eifersucht** nicht mehr klar denken.
2 **Aus Eifersucht** las er seit Monaten heimlich ihre E-Mails.
3 **Aus Angst**, einen Fehler zu machen, antwortete sie ihm nie.
4 Als sie ihn dann doch zufällig wiedersah, zitterte sie **vor Angst** am ganzen Körper.

ⓑ Ergänzen Sie: *vor* oder *aus*?

Der Grund für das Verhalten ist … 1 eine unbewusste, spontane Gefühlsreaktion. ....

2 ein länger anhaltendes Gefühlsmotiv. ....

Ergänzen Sie die Wörter in den folgenden Sätzen. Es gibt mehrere Möglichkeiten. Vergleichen Sie mit dem Lösungsschlüssel und übersetzen Sie dann die Sätze.

vermutlich ● eventuell ● möglicherweise ● vielleicht

1 Erste Informationen zum Häuserbrand in Obersdorf: Die Ursache für den schweren Brand war

.... ein Fehler in der Heizanlage.

2 .... kommt es in Hamburg zum ersten Mal zu einer Koalition zwischen der CDU und

den Grünen.

3 Die Moderatorin der bekannten Abendsendung bleibt nun .... doch länger beim

Sender als bisher geplant: Ihre Fans würden sich freuen.

4 Aus dem Verkehrsministerium: Mehrere Millionen Autofahrer müssen ab dem nächsten Jahr

.... auf Super-plus-Benzin umsteigen.

Lesen Sie die Dialoge und die Fragen. Schreiben Sie Ihre Vermutungen zu den Dialogen auf.

vermutlich ● eventuell ● möglicherweise ● wahrscheinlich ●
vielleicht ● es könnte sein, dass ● ich könnte mir vorstellen, dass

1 ● Bleibst du hier?
  ■ Ich gehe nicht weg.
  ● Sicher?
  ■ Ja, klar, ich hab ja auch das Handy dabei.

Wer? _Vielleicht ein junges Paar_

Wo? _Möglicherweise sind sie gerade_

Was? _Die Frau möchte vielleicht, dass_

Warum? _Vermutlich aus Unsicherheit_

2 ● Und was wollen Sie jetzt?
  ■ Einen Hocker.
  ● Welchen?
  ■ Den da.
  ● Den gibt's im Moment leider nicht.
  ■ Wir sind aber extra gekommen, weil man uns gesagt hat, der ist in einer Woche da.
  ● Das ist aber ein SB-Artikel, da weiß man die Lieferzeit nie ganz genau.

Wer? ....

Wo? ....

Was? ....

Warum? ....

3 ● So, ab jetzt müssen wir wieder aufpassen. Die Leute verstehen uns.
  ■ Ja, stimmt, das hätte ich fast vergessen.

Wer? ....

Wo? ....

Was? ....

Warum? ....

D Liebesglück heute

22 Ordnen Sie die folgenden Wörter den vier Oberbegriffen zu.

das Ehepaar ◼ sich scheiden lassen ◼ die Trennung ◼ verlassen ◼ der/die Bekannte ◼ die Bekanntschaft ◼ befreundet ◼ die Freundschaft ◼ gute Nachbarschaft ◼ die Partnerschaft ◼ gut leiden können ◼ nicht leiden können ◼ verliebt sein ◼ eine Beziehung haben ◼ mit jemandem gehen ◼ das Liebespaar ◼ der Lebensgefährte / die Lebensgefährtin ◼ verlobt sein ◼ sich verloben ◼ die Verlobte / der Verlobte ◼ das Brautpaar ◼ der Trauzeuge / die Trauzeugin ◼ der Partner / die Partnerin ◼ Freunde finden ◼ zusammen sein

(Verlobung) (Scheidung) (Lebensgemeinschaft) (freundschaftliche Beziehungen)

WIEDERHOLUNG

23 **a** Schreiben Sie zwei Sätze zum Thema Single-Börse im Internet.

Bekannte finden ◼ keine echten Freunde finden ◼ viele diese Single-Börsen gut finden ◼ mir nicht gefallen

Es kann sein, dass ..., aber ...   Es ist möglich, dass ..., aber ...

b Verbinden Sie die Sätze mit *zwar ... aber ...*

1 Ich suche eine Partnerin fürs Leben. Das muss ich der Frau ja nicht beim ersten Treffen sagen.

Ich suche zwar eine Partnerin fürs Leben, aber das

2 Ich finde seine Geschichten eher langweilig. Sein Traktor gefällt mir.

Ich finde zwar seine Geschichten eher langweilig, aber sein Traktor gefällt mir.

3 Das Foto gefällt mir nicht besonders. Ich habe mich trotzdem mit ihm getroffen.

Das Foto gefällt mir zwar nicht besonders, aber

4 Ich habe keine Probleme, Leute kennenzulernen. Im Internet geht das einfach schneller.

Ich habe zwar keine Probleme, Leute kennenzulernen, aber

5 Man träumt von einer romantischen Begegnung. Die Realität sieht meistens ganz anders aus.

Man träumt zwar von einer romantischen Begegnung, aber

24 Who's perfect? Tolle Möbel, kleine Fehler, Minipreise. Schreiben Sie Sätze mit *zwar ... aber ...*

A kleine Kratzer – 50% Rabatt

B Bett mit kleinen Fehlern billiger geht's nicht – 25% Rabatt

C Rückwand beschädigt: nur 750 Euro

D winzige Flecken, super-bequem, tolles Design, super Preis: 560 Euro

A ....

B ....

C ....

D ....

Nur die halbe Wahrheit

ⓐ Was bedeutet *Mag ja sein, dass ...*? Lesen Sie den ersten Satz und kreuzen Sie die passenden Sätze an.

Mag ja sein, dass du viel arbeitest und keine Zeit hast, regelmäßig Sport zu machen, aber du solltest dir diese Zeit einfach nehmen und mehr auf deine Gesundheit achten.

☐ 1 Es ist mir schon ganz klar, dass ... , aber ...
☐ 2 Es ist gut möglich, dass ... , aber ...
☐ 3 Es ist ganz natürlich, dass ... , aber...
☐ 4 Ich kann verstehen, dass ... , aber...
☐ 5 Ich akzeptiere nicht, dass ... , aber ...

ⓑ Wie könnten Sie *Mag ja sein, dass ... , aber ...* in Ihre Muttersprache übersetzen?

ⓒ Machen Sie sich bewusst, wo *mag ja sein, dass* und *aber* stehen.

1 Ergänzen Sie *mag ja sein*, *dass* und *aber* in den folgenden Sätzen.

a .... , ... dieser Schrank hier viel billiger ist, ... ich finde ihn noch immer zu teuer.

b ● Ich will ihn aber heiraten. Er ist der netteste Mensch der Welt.

■ .... , ... er der netteste Mensch der Welt ist, ... er hat noch keine Ausbildung, und ihr seid doch noch so jung.

c ■ Dieses Lokal hier soll berühmt sein?

● Ja, es ist das berühmteste in der ganzen Stadt, ehrlich.

■ Gut, ... , ... das Restaurant berühmt ist. .... ich finde es hier ehrlich gesagt nicht besonders gut. Und viel zu teuer.

2 *Mag ja sein* folgen zwei Konjunktionen.
Markieren Sie in den Sätzen a–c die Nebensätze.
Welche Konjunktion steht im Nebensatz? ....
Markieren Sie die Hauptsätze. Welche Konjunktion steht im Hauptsatz? ....

3 Welche Varianten sind möglich?
a Mag ja sein, dass ... , aber ... ☐
b Aber ... , mag ja sein, dass ... ☐
c Mag ja sein. Aber ... ☐
d Mag aber ja sein, dass ... ☐

SÄTZE BAUEN: Zustimmung äußern / Aussagen einschränken

Reagieren Sie auf die folgenden Aussagen mit den angegebenen Wendungen und Ausdrücken und den Argumenten. Stimmen Sie ein wenig zu und schränken Sie Ihre Meinung ein.

Mag ja sein, dass ... , aber ... ■ ... zwar ... , aber ... ■ Ja schon, aber ...

Übergewicht ist auch gefährlich. ■ Sie ergänzen sich in vielen Bereichen gut. ■
Ohne Autos wäre unser heutiges Leben undenkbar. ■ Man hat zumindest ein Problem weniger. ■
Für viele ist das Aussehen genauso wichtig.

1 Geld macht nicht glücklich.
Mag ja sein, dass Geld .... *, aber* ....
....

2 Für mich zählen nur die inneren Werte eines Menschen.
....
....

3 Männer und Frauen passen nicht zueinander.

....

....

4 Ständige Diäten machen einen Menschen krank.

....

....

5 Autofahren ist schlecht für die Umwelt.

....

....

E So war das damals

SÄTZE BAUEN: Interesse signalisieren

27 Klassentreffen

a Wie würden Sie reagieren? Ergänzen Sie.

Wahnsinn! ◼ Erzähl doch mal. ◼ Das war bestimmt ... ◼ Wirklich?! ◼
Nicht schlecht! ◼ Find' ich ja irre. ◼ Das ist ja wirklich beeindruckend! ◼ Ist ja toll!

1 ● Also, stell dir vor, auf diesem Kongress habe ich dann den berühmten Professor getroffen –
   und der hat mir dann auch gleich eine Stelle in Amerika angeboten.

   ◼ *Wahnsinn!* ....

2 ● Schau mal, da drüben ist Maria. Du, die hat schon zwei Literaturpreise gewonnen.

   ◼ ....

   ● Ja, aber sie schreibt unter einem anderen Namen, sie will nicht, dass man sie erkennt.

   ◼ ....

3 ● Und auf meiner letzten Reise nach Australien gab es auch noch ein kleines Abenteuer.

   ◼ ....

4 ● Nein, nein, mein Sohn ist da ganz anders, als ich es war: Mathe: gut, Deutsch: sehr gut, Englisch: gut.

   ◼ ....

5 ● Und, hast du Kinder?

   ◼ Ich bin vor zwei Wochen Vater geworden.

   ● ....

6 ● Udo hat gesagt, du hättest die größte Konditorei in Linz. Stimmt das?

   ◼ Ja klar, und dort wird gerade die höchste Hochzeitstorte der Welt gebacken.

   ● ....

b Hören Sie jetzt die Dialoge und vergleichen Sie.

ⓐ Hören Sie die Gesprächsausschnitte und entscheiden Sie.

Ist der Gesprächspartner ...

fasziniert?   freundlich interessiert?   gelangweilt?

Gesprächsausschnitt 1: ....   Gesprächsausschnitt 3: ....   Gesprächsausschnitt 5: ....

Gesprächsausschnitt 2: ....   Gesprächsausschnitt 4: ....   Gesprächsausschnitt 6: ....

ⓑ Hören Sie und sprechen Sie die Antworten nach.

1 ● Morgen habe ich meine Fahrprüfung.   ■ Wirklich?
2 ● Ich weiß jetzt endlich, wie man ein Computerprogramm installiert.   ■ Nicht schlecht!
3 ● Stell dir vor, ich habe im Lotto gewonnen. 280 Euro!   ■ Ist ja irre!
4 ● Mein Bruder hat sich gestern den Arm gebrochen.   ■ Das ist ja schrecklich!
5 ● Nächste Woche fange ich bei meiner neuen Arbeitsstelle an.   ■ Ist das wahr? Erzähl mal!
6 ● Meine Tante ist mit 87 Jahren mit einem kleinen Paddelboot   ■ Wirklich? Das ist ja
   die Donau runtergefahren.   beeindruckend.

F Mitten im Leben

Wie sagen Sie Ihre Meinung? Schreiben Sie. Verwenden Sie die Wendungen und Ausdrücke.

Meiner Meinung nach ... ■ Ich denke/meine, dass ... ■ Ich bin der Meinung, dass ... ■
Ich bin davon überzeugt, dass ... ■ Ich habe das Gefühl, dass ...

1 Man sollte der Umwelt zuliebe
auf private Fernreisen verzichten.

Meiner Meinung nach sollte man der Umwelt zuliebe auf private Fernreisen verzichten.

2 Die Kosmetikindustrie
braucht keine Tierversuche.

3 Alte Menschen werden in
unserer Gesellschaft nicht mit
genügend Respekt behandelt.

4 Viele Väter verbringen zu
wenig Zeit mit ihren Kindern.

5 Kinder, die viel lesen, haben
weniger Probleme in der Schule.

30 Wie drückt man sein Verständnis aus?

a Lesen Sie die Reaktionen auf „Mitten im Leben" (Kursbuch Seite 18, F2a).
Beachten Sie die markierten Wendungen und Ausdrücke.

> Gelungener Text! Bin zwar noch ein bisschen jünger, aber ich beschäftige mich gerade mit ähnlichen Fragen. Dieses Gefühl kennt ja wohl jeder. (Nelly, 23)
>
> Ich kann total gut verstehen, was du meinst. (Tim, 26)
>
> Immer hat man das Gefühl, andere machen viel tollere, interessantere Sachen in ihrem Leben. Das verstehe ich sehr gut. (Nadja, 32)
>
> Ständig diese Gedanken, dass man selber nichts auf die Reihe kriegt. Dieses Gefühl kenne ich. Du sprichst mir echt aus dem Herzen. (Olli, 29)

6 **b** Hören Sie die Aussagen 1 – 4. Formulieren Sie dazu passende Antworten mithilfe der Wendungen und Ausdrücke aus a.

1 ....

2 ....

3 ....

4 ....

VERTIEFUNG

31 **a** „Wir haben einen Traum."

7–9 Was ist den Jugendlichen wichtig? Hören Sie drei Statements und kreuzen Sie an.

1 Felix Große, 17, Auszubildender aus Berlin
2 Larissa Turner, 16, Schülerin aus Berlin
3 Timm Lo, 19, Schüler aus Meschede

	Familie	Schule/Ausbildung	(Wunsch-)Beruf	Auslandserfahrung
Felix	☐	☐	☐	☐
Larissa	☐	☐	☐	☐
Timm	☐	☐	☐	☐

7–9 **b** Zu welchen Personen passen diese Aussagen?
Hören Sie den Beitrag noch einmal und kreuzen Sie an.

	Felix	Larissa	Timm	
1	☐	☐	☐	möchte später mehr Zeit mit der Familie verbringen als der eigene Vater.
2	☐	☐	☐	findet Geld nicht so wichtig.
3	☐	☐	☐	möchte alle Familienmitglieder regelmäßig sehen.
4	☐	☐	☐	würde auch gern in einer fremden Kultur leben.
5	☐	☐	☐	möchte später einmal Kinder haben.
6	☐	☐	☐	möchte vor allem Freude am Beruf haben.
7	☐	☐	☐	möchte die Ausbildung/Schule zu Ende machen.
8	☐	☐	☐	findet den Zusammenhalt innerhalb der Familie sehr wichtig.

c Sie haben ein Forum zu dieser Sendung entdeckt. Schreiben Sie jedem Jugendlichen einen kurzen Kommentar.

Ich bin der gleichen Meinung wie ... ■ Ich kann das, was ..., gut verstehen, weil ... ■
Ich kann total gut verstehen, was ... ■ Dieses Gefühl kenne ich. ■
Ich bin anderer Meinung als ... ■ Ich bin der Meinung, dass ...

2 *dass* und *weil*

a Nach welchen Ausdrücken kann ein *dass*-Satz stehen? Kreuzen Sie an.

1 ☐ sie hat behauptet
2 ☐ ich schlafe
3 ☐ sie gehen spazieren
4 ☐ er hat erfahren
5 ☐ man vermutet
6 ☐ ich habe gehört
7 ☐ sie haben gearbeitet
8 ☐ man kann beobachten
9 ☐ ich spiele Fußball
10 ☐ er denkt immer noch

b Was ist richtig? Kreuzen Sie an.

	dass-Satz	*weil*-Satz	
1 Der	☐	☐	ist obligatorisch, man kann ihn nicht weglassen.
2 Der	☐	☐	gibt die Information, warum etwas passiert ist.
3 Im	☐	☐	steht das Verb am Ende.
4 Der	☐	☐	steht nach Ausdrücken des Sprechens, Sehens, Fühlens, Meinens.

Konzessive Angaben – etwas einschränken

a Ergänzen Sie die Ausdrücke.

Zweifel, aber ■ zwar ... aber ■ mag ja sein, aber ■ ja schon, aber ■ aber

1 .... du darfst dabei nicht vergessen, dass es auch andere

Sichtweisen gibt.

2 Da hast du recht, ... ich mache das trotzdem nicht.

3 Ich habe an Ihrer Loyalität keine .... alle Mitarbeiter müssen diese

Erklärung unterschreiben.

4 ● Das ist doch ein ganz übler Trick.

◆ .... das Ganze ist clever gemacht, das kann man nicht bestreiten.

5 Ich habe .... keine Lust, ... ich komme trotzdem mit.

b Was bedeutet *mag ja sein* in a, Satz 4?

☐ Es ist falsch, was du da sagst. In Wirklichkeit ist es ganz anders.
☐ Im Prinzip hast du nicht unrecht und ich kann deine Meinung verstehen.
☐ Du hast absolut recht. Da gibt es gar keinen Zweifel.

34 Leseverstehen
Sie erhalten folgenden Text. Leider ist der rechte Rand unleserlich.
Rekonstruieren Sie den Text, indem Sie das fehlende Wort an den Rand schreiben.
Achten Sie auch auf die Beispiele.

Die „Mitte des Lebens" ist das neue Lebensideal der Deutschen

Erstmals in der Geschichte zeigt sich eine Verschiebung *des*

idealen Lebensalters. Das mittlere Lebensalter *vom*

25. bis zum 49. Lebensjahr tritt an die Stelle der Jugendzeit. Jeder

vierte Bundesbürger denkt bei der „schönsten Lebensphase" ....

das Erwachsenenalter, aber nur 9 Prozent denken an die Jugendzeit.

Innerhalb von nur zehn Jahren haben Kindheit ....

Jugend an Attraktivität verloren (jeweils -4 Prozentpunkte). Das ....

die Ergebnisse einer umfangreichen Zukunftsstudie zur

Lebenssituation der älteren Generation, die die BAT STIFTUNG

FÜR ZUKUNFTSFRAGEN gemeinsam mit ihrem

Kooperationspartner Deutscher Ring heute der Öffentlichkeit

präsentierte. Dabei ....

bundesweit 2000 Personen ab 14 Jahren repräsentativ befragt.

Mit der älter werdenden Gesellschaft nimmt auch die Macht ....

Älteren als Konsumenten zu. Nicht mit 15, 25 oder 35 Jahren,

sondern mit über 50 Jahren sind die Konsumausgaben am höchsten.

Nicht Glanz und Glamour, ...

Ambiente, Service und Lebensqualität stehen im Zentrum ihrer

Konsuminteressen. Was Fitness und Spaß für die Jüngeren sind, sind

Sinn, Vitalität und Lebensfreude für die Älteren.

35 Lesen Sie zuerst die Aufgaben 1–6 und dann den Text. Was ist richtig? Kreuzen Sie an.

1 In Inga Beigs Schule ...
   a ☐ gibt es einen ganz normalen Schulalltag mit Schulstunden von 45 Minuten.
   b ☐ arbeiten die Schüler an bestimmten Projekten.
   c ☐ müssen alle Kinder da sein, wenn die Schulglocke läutet.

2 An der Reformschule Kassel werden ... Fächer in Projektform unterrichtet.
   a ☐ alle
   b ☐ einige
   c ☐ wenige

3 Wenn die Schüler Projektarbeit machen, ...
   a ☐ bekommen sie Fragen, die sie mithilfe des Internets beantworten müssen.
   b ☐ beantworten sie Fragen, die in den Unterrichtsmaterialien stehen.
   c ☐ überlegen sie sich Fragen und suchen die Antworten zum Beispiel im Internet.

4 Während der Projektphase ...
  a ☐ hilft der Lehrer, wenn es Probleme gibt.
  b ☐ sagt der Lehrer, wie das Projekt weitergehen soll.
  c ☐ gibt der Lehrer Informationen, die die Schüler lernen sollen.

5 Wenn ein Projekt beendet ist, gibt es noch einmal viel Arbeit, denn es kommt darauf an, dass ...
  a ☐ die Ergebnisse alle korrekt sind.
  b ☐ das Projekt anschaulich präsentiert wird.
  c ☐ die Schüler eine gute Note bekommen.

6 Die Lerngruppen an der Schule bestehen aus Schülern in unterschiedlichem Alter, damit ...
  a ☐ die jüngeren Schüler alles richtig machen.
  b ☐ die jüngeren Schüler vom Wissen der älteren profitieren.
  c ☐ die jüngeren Schüler kontrolliert werden.

Schule mal richtig „erleben"
Unterricht an einer Reformschule

Wer morgens auf das Klingeln der Schulglocke wartet, verpasst den Unterrichtsbeginn. Dieses Startsignal gibt es an der Reformschule Kassel nicht. Dafür aber jeden Tag Projektunterricht
5 unabhängig vom 45-Minuten-Rhythmus. Ute Schröder hörte sich um.
Wenn Inga Beig (15) zu Hause den Schrank mit Putz- und Waschmitteln öffnet, ist nicht unbedingt Hausputz angesagt. „Chemie im Alltag"
10 steht für sie gerade im Mittelpunkt des Projektunterrichts. Inga besucht den 10. Jahrgang der Reformschule Kassel. Auf ihrem Stundenplan stehen als feste Fächer nur Deutsch, Mathe, Englisch, Französisch, Kunst, Musik und
15 Sport. Natur- und gesellschaftswissenschaftliche Grundkenntnisse werden an der Kasseler Ganztagsschule in Projektform vermittelt. Ob es um „Gesundheit und Krankheit", „Energie", „Demokratie und Diktatur" oder „Modernes Le-
20 ben" geht, es kommt auf den Bezug zur Lebenssituation an.
Zusammen mit fünf Mitschülern hat sich Inga im Chemie-Projekt das Thema „Reinigungsmittel" ausgesucht. Wie reinigt welches Mittel?
25 Was unterscheidet ökologische von anderen Waschmitteln? Mithilfe von Chemiebuch, selbstständigen Internetrecherchen und Experimenten sucht die kleine Arbeitsgruppe vier Wochen lang täglich zwei bis drei Stunden Ant-
30 worten auf Fragen, die sie selbst erarbeitet hat.
„Die Arbeit im Projekt macht Spaß, weil wir selbstständig lernen und uns nicht merken müssen, was der Lehrer erzählt", sagt Inga. Ihr Lehrer ist nach einer kurzen Einleitungsphase
35 im Projektunterricht nur Berater, wenn sich eine Gruppe „festgefahren" hat. Parallel zum Projekt werden in einem „Lernkurs" inhaltliche Grundlagen wie das Periodensystem behandelt und am Ende getestet.
Am Ende eines drei- bis vierwöchigen Projekts 40 bricht regelmäßig Hektik aus. Die Mappe mit den Ergebnissen muss geschrieben werden und für die Präsentation vor der gesamten Lerngruppe ist Inspiration gefragt. „Jeder Vortrag muss einen Clou haben. Man kann ein Rollen- 45 spiel vorbereiten, einen Experten einladen oder Videos einspielen", sagt Inga. Wie sie ihre Ergebnisse präsentieren, ist dem Ehrgeiz und der Kreativität der Schüler überlassen. Denn: Selbstständiges Lernen gehört zu den obersten 50 Zielen der Reformschule Kassel. „Natürlich geht das nicht von heute auf morgen, sondern nur schrittweise", betont die Schulleiterin Gabriele Skischus. In den unteren Jahrgängen fängt es damit an, dass Schüler sich die Zeit für Aufga- 55 ben selbst einteilen können. In den Jahrgängen neun und zehn können die Schüler frei entscheiden, welche Aspekte eines Themas sie untersuchen wollen.
Inga ist in ihrer Lerngruppe mit Schülern des 60 neunten und des zehnten Jahrgangs zusammen. Denn: An der Reformschule sind die Lerngruppen altersgemischt. [...] Die Älteren wechseln in die nächste Lerngruppe, die Jüngeren rücken nach. Und: Die älteren Schüler sind ver- 65 pflichtet zu helfen. „Manchmal nervt das, wenn man selbst gerade etwas üben möchte. Aber andererseits wiederholt man die Inhalte noch mal, wenn man sie selbst erklärt", sagt Inga. „Dass die Älteren nicht weiterhelfen können, 70 kommt selten vor", sagt sie. „Und wenn doch, haben auch sie wohl eine Wiederholung nötig."
Mehr Infos: www.reformschule.de

Der Wald vor lauter Bäumen nicht sehen (handwritten)

GRAMMATIK: Adjektive im Kontext

WIEDERHOLUNG

1 **ⓐ** Lesen Sie den Anfang einer Geschichte. Ergänzen Sie wo notwendig die Endung.

Das Einhorn im Garten

Einmal an einem sonnig*en* Morgen saß ein Mann in seiner Frühstücksecke und sah, als er von seinem Rührei aufblickte, ein weiß*es* Einhorn mit einem golden*en* Horn im Garten, das in aller Ruhe die Rosen abfraß. Der Mann ging in das Schlafzimmer hinauf, wo seine Frau noch im Schlummer lag, und weckte sie. „Im Garten ist ein Einhorn", sagte er, „und frisst Rosen."

ⓑ **①** Erinnern Sie sich? Lesen Sie die folgende Tabelle. Welche Endungen kommen häufiger vor?

	maskulin			neutral			feminin			Plural		
N	der	helle		das	schöne		die	leuchtende		die	leuchtenden	
	ein	heller	Sand	ein	schönes	Licht	eine	leuchtende	Farbe	keine	leuchtenden	Farben / Lichter …
	–	heller		–	schönes		–	leuchtende		–	leuchtende	
A	den	hellen	Sand									
	einen	hellen										
	–	hellen										
D	dem	hellen		der	leuchtenden		den	leuchtenden				
	einem	hellen	Sand / Licht	einer	leuchtenden	Farbe	keinen	leuchtenden	Farben / Lichtern …			
	–	hellem		–	leuchtender		–	leuchtenden				
G	des	hellen					der	leuchtenden				
	eines	hellen	Sands / Lichts				keiner	leuchtenden	Farben / Lichter …			
	–	hellen					–	leuchtender				

② Ergänzen Sie die Endungen wo notwendig.

1 Mein.......... klein*er* Zeh, der tut so weh.   *der (the)* (handwritten)

2 (Was für) ein.......... schön*er* Tag!

Because of (handwritten) 3 Aufgrund hochsommerlich*er* Temperaturen bleiben die Freibäder länger geöffnet. *(gen handwritten)*

4 Schau mal, *die* leuchtend*en* Farben der Bäume.

5 Die A8 zwischen München und Augsburg: Gefährlich*e* Autobahn trifft auf gefährlich*en* Autofahrer.

6 In dies*em* dunkl*en* Keller kann man ja nichts finden!

7 Die Art d*er* dort*igen* Bevölkerung kann man durchaus als „rustikal" bezeichnen.

8 Wenn ich dir's doch sage: Ich kenne dies*en* unangenehm*en* Typ nicht!

ⓒ Kontrollieren Sie nun mithilfe der Tabelle Ihre Lösungen in b 2. Sind Sie sich unsicher? Dann vergleichen Sie mit dem Lösungsschlüssel.

d Lesen Sie die Fortsetzung der Geschichte. Ergänzen Sie die Endungen wo notwendig.

Sie schlug die Augen auf und schaute ihn böse.......... an. „Das Einhorn ist ein Fabelwesen", antwortete sie und kehrte ihm den Rücken. Der Mann ging langsam.......... die Treppe hinunter und in den Garten hinaus. Das Einhorn war noch da und weidete jetzt in den Tulpen. „Da, Einhorn", sagte der Mann, und er rupfte eine Lilie ab und gab sie ihm. Das Einhorn fraß sie mit ernst.......... Miene. Er fühlte sich unbeschreiblich.......... glücklich.........., jetzt, da ein Einhorn in seinem Garten war, ging wieder hinauf und weckte abermals seine Frau.

„Das Einhorn", sagte er, „hat eine Lilie gefressen." Seine Frau setzte sich im Bett auf und sah ihn kalt.......... an. „Du bist verrückt..........", sagte sie, „und ich werde dich einsperren lassen."

Der Mann, der die Worte „verrückt" und „einsperren" nie gemocht hatte und sie an einem traumhaft.......... Morgen, an dem ein Einhorn in seinem Garten war, noch weniger mochte, dachte einen Augenblick nach. „Das werden wir ja sehen", sagte er. Er ging zur Tür. „Es hat ein golden.......... Horn mitten auf der Stirn", sagte er.

Die Frau wurde unglaublich.......... böse.........., sprang wütend.......... aus dem Bett, rief aufgeregt.......... die Polizei und den Psychiater, um ihren Mann in eine Klinik sperren zu lassen. Sie kamen auch sofort und hörten sich von Minute zu Minute misstrauischer.......... ihre Geschichte von ihrem verrückt.......... Ehemann an. Am Ende kam auch der Mann zu ihnen ins Zimmer.

„Haben Sie Ihrer Frau erzählt, Sie hätten ein Einhorn gesehen?", fragten die Polizisten. „Natürlich nicht", antwortete der Gatte, „das Einhorn ist doch ein Fabelwesen."

„Mehr wollte ich nicht wissen", sagte der Psychiater. „Führt sie weg. Ich bedaure, mein Herr, aber Ihre Frau Gemahlin ist leider total.......... verrückt..........."

So führten sie sie weg, sosehr sie auch schimpfte und schrie, und sperrten sie in eine Anstalt. Der Mann lebte seitdem glücklich.......... und zufrieden.......... bis an sein selig.......... Ende.

Moral: Wer anderen eine Grube gräbt ...

James Thurber

e Verwendungsmöglichkeiten des Adjektivs

1 Lesen Sie die ganze Geschichte noch einmal und ordnen Sie die Adjektive mit den dazugehörenden Wörtern in die Tabelle ein.

ein weißes Einhorn	du bist verrückt	sie sah ihn kalt an	unglaublich böse

2 Lesen Sie die Definitionen und tragen Sie sie als Überschriften über den Spalten ein.

als Attribut: Das Adjektiv gehört direkt zu einem Nomen, es beschreibt, charakterisiert es. Das Adjektiv wird dabei verändert. Frage: *Welch-?* oder *Was für ein-?*

als Graduierung: Die Bedeutung des Adjektivs wird durch ein anderes Adjektiv schwächer/stärker. Dieses Adjektiv wird nicht verändert.

als Adverb: Das Adjektiv gehört zu einem Verb. Es beschreibt, wie etwas geschieht. Dabei wird das Adjektiv nicht verändert. Frage: *Wie macht jemand etwas?*

als Prädikat: Das Adjektiv gehört zu den Verben *sein, werden, bleiben, scheinen, wirken* und *finden*. Dabei wird das Adjektiv nicht verändert. Frage: Wie ist / ... ?

2 Gespräch über einen Film. Lesen Sie und ergänzen Sie das Adjektiv in der richtigen Form.

● Ich find', dieser Film war viel *spannender* (spannend) als der letzte.

▼ Ja, find' ich auch. Der letzte war sogar ziemlich .... (langweilig).

● Nö, ... (langweilig) fand ich ihn eigentlich nicht.

Nur etwas .... (langatmig).

▼ Aber der hier war echt gut! Am .... (überraschend) fand ich den Schluss.

Ich hätt' nie gedacht, dass die Frau so reagiert.

● Ich auch nicht! Sie war ja während des ganzen Films immer viel .... (vernünftig)

als der Mann!

▼ Kennst du eigentlich den Film „Geist der Zeit"? Der hatte doch auch so ein tolles Ende!

Ich würd' sogar fast sagen, dass von allen Filmen, die ich bis jetzt gesehen habe, dieses Ende am

.... (gut) war.

● Ach ja, den hab' ich auch gesehen. Stimmt, das Ende kam wirklich total .... (unerwartet).

3 Ein Reisebericht im Internet. Wählen Sie aus und ergänzen Sie.
Von welchem Berg in welchem Land handelt der Bericht? (Lösung siehe Lösungsschlüssel)

Die Gegend ist ein Traum! Wir sind umgeben von *hohen* (hohen / höheren / höchsten) Bergen,

.... (satten / satteren / sattesten) Wiesen und .... (geheimnisvollen /

geheimnisvollsten / geheimnisvolleren) Bergseen. Noch nie habe ich eine .... (schönste /

schöne / schönere) Landschaft gesehen! Dann endlich sehen wir den .... (berühmteren /

berühmten / berühmtesten) Berg des Landes. Er ist der .... (faszinierende / faszinierendste /

faszinierendere) Berg, den ich je gesehen habe. Er ist über 4000 Meter .... (höher / hoch /

am höchsten) und für seine dreieckige Form bekannt. Durch diese Form hat er ein ....

(ungewöhnlichstes / ungewöhnlicheres / ungewöhnliches) und .... (markanteres /

markantestes / markantes) Aussehen. Er ist einer der .... (bekannten / bekannteren /

bekanntesten) Berge der Welt. .... (Mehrere / Viele / Die meisten) Menschen kennen ihn.

Sie auch?

4 **ⓐ** Ergänzen Sie die richtige Form von *neu*, *gut* und *besondere*. *Immer 'das' when naun from an adjective*

1 Alles *Gute* zum Geburtstag!

2 „Was war denn heute im Büro los?" – „Ach, eigentlich nichts ~~beson~~ *besonderes* ~~neue~~ . Wie immer halt."

3 Ich brauche wirklich mal wieder was* ~~besonder~~ *neues* zum Anziehen. Guck mal, damit kann man

doch wirklich nicht mehr aus dem Haus gehen, oder?

ⓑ Wie ist es richtig? Kreuzen Sie an.

Nach *alles*, *(et)was** und *nichts* werden die Adjektive
⬚ großgeschrieben ⬚ kleingeschrieben.

> * In der Umgangssprache sagt
> man statt *etwas* oft *was*.

Im Restaurant. Lesen Sie und ergänzen Sie.

Leckeres ■ Neue ■ Nette ■ Beste ■ Süßes ■ Gesünderes ■ Herzhaftes ■ Schnellste

◆ Wo bleibt denn die Bedienung? Die ist ja nicht gerade *die Schnellste*!

● Oh Mann, und du bist ganz schön ungeduldig! Ach ja, übrigens, wie ist eigentlich

die ..... Neue ..... in deiner Arbeit? Ist sie nett?

◆ Die, die ist eine ganz ..... Nette ..... . Gestern hat sie Geburtstag gehabt und hat für alle Kollegen

etwas ..... Süßes Leckeres ..... zum Essen mitgebracht. Rate mal, was!

● Hm, wahrscheinlich Kuchen, oder?

◆ Nee, eben nichts ..... Süßes ....., sondern was ..... Gesünderes Herzhaftes .....: nämlich Sushi. Und ich liebe doch

Sushi! Echt, das ist für mich das ..... Beste ....., was es gibt!

● Wow, nicht schlecht. Ah, da kommt ja die Bedienung endlich! – Ähm, ich bekomm' wie immer einen

Schweinebraten, bitte.

◆ Und ich hätte mal gern was ..... Gesünderes ....., nämlich den großen Salat mit Putenbruststreifen.

„Ich suche ein Bild für mein Wohnzimmer." Lesen Sie und ergänzen Sie die richtige Form.

ⓐ Im „Geschäft der Superlative"

■ So, hier sind wir richtig: Hier gibt es nur *das Beste* (gut), ... (bekannt) und

.... (interessant), was auf dem Markt ist. Da guck mal, das ist ja das tollste Bild überhaupt.

● Klar, und wohl auch das teuerste.

■ Oje, du hast recht! Das ist doch mal wieder typisch für mich: Natürlich gehe ich immer sofort zum

.... (teuer) im ganzen Laden!

● Komm, wir gehen besser in ein anderes Geschäft, das hier ist doch viel zu teuer für mich.

■ Ja, du hast ja recht! Und ich tue mein .... (gut), dieses Bild möglichst schnell

wieder zu vergessen!

ⓑ In einem anderen Geschäft

● Entschuldigung, haben Sie hier denn nichts *Preiswerteres* (preiswert)? Und vielleicht auch

etwas .... (fröhlich)?

▼ Aber natürlich! Hier, das sind unsere Sonderangebote. Wie finden Sie denn zum Beispiel dieses Bild hier?

● Hm. Gar nicht so schlecht. Aber etwas .... (groß) wäre gut. Das hier ist etwas klein,

finde ich.

▼ Hm, Moment, größer und fröhlicher. Hier: Dieses Bild kann ich Ihnen in zwei Größen anbieten.

● Super, das größere ist genau richtig! Das möchte ich!

■ Du bist wirklich mein .... (gut).

c Lesen Sie die drei Gespräche in 5 und 6 noch einmal und notieren Sie.

Superlativ-Formen		Komparativ-Formen
nach bestimmtem Artikel	nach Possessivartikel	nach *nichts/etwas*
		nichts Preiswerteres

Beachten Sie: Die nominalisierten Adjektive haben dieselben Endungen wie die Adjektive
(s. Tabelle Seite 24). Anders ist es nach *etwas* und *nichts*: *etwas / nichts Preiswert***es**.

SÄTZE BAUEN: Vergleiche formulieren

7 Schreiben Sie weitere Komplimente wie im Beispiel.

1 Du bist meine Tafel Schokolade. (süß)

Du bist so süß, du bist wie eine Tafel Schokolade.

Du bist für mich süß wie eine Tafel Schokolade.

Du bist so süß, dass ich keine Schokolade mehr brauche.

Du bist für mich die Süßeste, viel süßer als eine Tafel Schokolade.

2 Du bist mein warmer Sommerregen. (erfrischend)
3 Du bist mein spannendster Kinofilm. (aufregend)
4 Du bist mein teuerstes Schmuckstück. (wertvoll)

8 Schreiben Sie zehn lustige Komplimente wie in Übung 7.
Kombinieren Sie die folgenden Wörter mit Adjektiven.

Abendkleid ▪ Blumenstrauß ▪ Dessert ▪ Duschgel ▪ Feierabend ▪ Eiskugel
▪ Melodie ▪ Vanillepudding ▪ Schokoladenriegel ▪ Swimmingpool ▪ Vollkornbrot

C In der Welt des Genießens

GRAMMATIK: Wortbildung: Adjektiv

9 **a** Wörter verstehen. Woran werden Sie erinnert, wenn Sie diese Wörter lesen? Ergänzen Sie.

Das ist ein neuartiges Produkt.   Die Suppe ist cremig.   Du bist so freundlich.

Das Produkt ist
in seiner Art etwas
ganz Neues.

Die Suppe fühlt sich für mich an
wie eine Creme.

Du bist zu mir wie
ein Freund.

b 1 Welche Nomen sind in den folgenden Adjektiven versteckt? Tragen Sie sie ein.

2 Übersetzen Sie die Adjektive anschließend in Ihre Muttersprache oder in eine andere Sprache.
Bei welchen Wörtern ist die Übersetzung ähnlich? Bei welchen Wörtern nicht?

Adjektiv	Nomen	Endung	Bedeutung in der Muttersprache oder in einer anderen Sprache
himmlisch	der Himmel	-isch	
zauberhaft	der Zauber	-haft	
freundlich	der Freund	-lich	
cremig	die Creme	-ig	
neuartig	→ das Neue	-artig	
saftig	der Saft	-ig	
aromatisch	das Aroma	-isch	
absichtlich	die Absicht	-lich	
sahnig	die Sahne	-ig	
schlagartig	der Schlag	-artig	
modisch	die Mode	-isch	fashion
sozialistisch	→ der Sozialist der Sozialismus	-isch	
technisch	die Technik	-isch	
sportlich	der Sport	-lich	
städtisch	die Stadt	-isch	
herzhaft	das Herz	-haft	
ländlich	das Land	-lich	
stressig	der Stress	-ig	
wissenschaftlich	die Wissenschaft	-lich	
traumhaft	der Traum	-haft	

GRAMMATIK: Graduierung

a Lesen Sie die Beispiele. Welche Wörter sind für Sie neu?

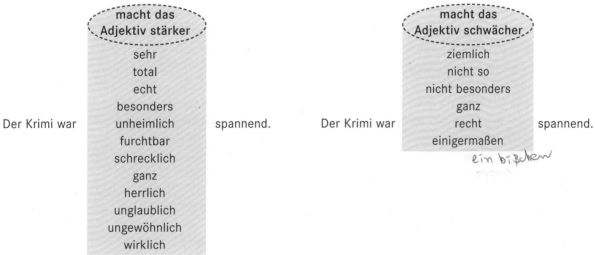

10 **b** Gespräch nach einem Zirkusbesuch. Hören Sie das Gespräch und entscheiden Sie:
Ist die Bedeutung stärker oder schwächer?

	stärker	schwächer
◆ Und wie hat's dir gefallen?		
● Also, ich fand den Teil vor der Pause total schön,	☑	☐
aber die Clowns fand ich ehrlich gesagt ziemlich blöd.	☐	☑
◆ Echt? Ich fand die Clowns nicht so schlecht,	☐	☑
sie waren doch ganz witzig, oder?	☑	☐
● Also, ich fand sie unheimlich albern.	☑	☐
Aber weißt du, was ich ganz toll fand?	☑	☐
Die Akrobaten! Es war echt schön, ihnen zuzuschauen!	☑	☐
◆ Ja, stimmt, die Akrobaten waren wirklich super!	☑	☐
● Sag mal, fandest du die Musik vom Orchester nicht auch furchtbar laut?	☑	☐
◆ Und wie! Die war schrecklich laut!	☑	☐
● Also insgesamt doch ein einigermaßen gelungener Abend, oder?	☐	☑

11 **Übersetzen Sie die Sätze in Ihre Muttersprache oder in eine andere Sprache.**

1 Der Urlaub war traumhaft schön.
2 Der Urlaub war unglaublich schön.
3 Der Urlaub war unheimlich schön.
4 Der Urlaub war schrecklich teuer.
5 Der Urlaub war furchtbar teuer.
6 Der Urlaub war unvorstellbar teuer.
7 Das Essen war ungewöhnlich gut.

12 **Wie fanden die Meiers den Urlaub auf der kleinen Insel?**

11 **a** Lesen Sie die folgenden Satzanfänge. Hören Sie dann und kreuzen Sie an:
Ist die Aussage in den Sätzen positiv (p), negativ (n)?

	p	n
1 Mutter Lena: Es war so traumhaft einsam dort	☑	☐
2 Vater Udo: Es war echt unheimlich einsam dort	☐	☑
3 Tante Julia: Es war so herrlich einsam dort	☑	☐
4 Sohn Michi: Es war schrecklich einsam dort	☐	☑
5 Tochter Jule: Es war unglaublich einsam dort	☐	☑
6 Onkel Hans: Es war furchtbar einsam dort	☐	☑

12 **b** Ordnen Sie die Satzanfänge in a den folgenden Sätzen zu.
Hören Sie dann und vergleichen Sie.

6 So etwas habe ich vorher noch nie erlebt! ■ 2 Ich habe mich so nach einer
Kneipe gesehnt! ■ 1 dass wir uns so richtig vom Stress in der Stadt erholen konnten. ■
3 Wir hatten fast die ganze Insel für uns alleine. ■ 5 Ich habe mich richtig alleine
und verlassen gefühlt! ■ 4 Da war nichts los.

3 Wie war es denn nun wirklich?

a Hören Sie zuerst zwei kurze Gespräche und markieren Sie dabei die betonten Vokale in den folgenden Ausdrücken. Vergleichen Sie dann mit dem Lösungsschlüssel.

Gespräch 1

schön

sehr schön

besonders schön

ganz besonders schön

Gespräch 2

ziemlich gut

richtig gut

einfach richtig gut

außerordentlich gut

ganz außerordentlich gut

b Hören Sie die Gespräche noch einmal und sprechen Sie nach.

c Hören Sie noch weitere Beispiele und sprechen Sie nach.

Beim Parfümkauf

**Was passt? Ergänzen Sie. Es gibt viele richtige Möglichkeiten.
Lesen Sie dann Ihren Text vor und vergleichen Sie im Kurs.**

furchtbar ■ herrlich ✓ ■ unglaublich ✓ ■ unheimlich ✓ ■ schrecklich ■ ziemlich

● Hier, riech mal, wie findest du das?

■ Oje, das riecht ja _ziemlich_ süß! Gefällt dir das etwa?

● Ehrlich gesagt schon. Ich finde es gar nicht so süß, sondern eher _unglaublich_ blumig.

  Aber vielleicht gefällt dir ja das hier besser!

■ Auf alle Fälle! Das riecht _unheimlich_ gut! So _herrlich_ frisch! Wie viel kostet das denn?

● Das? Hm, warte mal, ich kann hier keinen Preis finden. Es kostet wahrscheinlich _furchtbar_ viel,

  wie immer bei Parfüms!

■ Warte mal, ich sehe hier gerade den Preis: 39,95 Euro. Wahnsinn, das ist ja _schrecklich_ teuer!

● Findest du? Das ist doch normal bei Parfüms, da sind die Preise doch immer _furchtbar_ hoch.

■ Ja, stimmt auch wieder. Hm. Ich glaube, ich kaufe es. Es riecht einfach so _unheimlich_ fruchtig!

15 Betrachten Sie die Bilder. Wie finden Sie das, was Sie sehen? Schreiben Sie. Verwenden Sie auch die Wörter aus 10a.

Hallo, wann endlich reparieren Sie meine Dusche

VERTIEFUNG

16 Lesen Sie den Text. Er klingt unglaublich langweilig.
Machen Sie den Text interessanter. Vergleichen Sie dann Ihre Texte im Kurs.

> Ich bin vor einer Stunde ... losgefahren: ins Gebirge. Ich fuhr über die Autobahn, sie war ... Links sah man ... Wiesen und ... Felder. Rechts lag der ... See. Dahinter sah man das ... Gebirge. Die Fahrt dauerte und dauerte. Jetzt ist es schon Abend. Ich erreiche ein ... Dorf. Und finde auch ein ... Gasthaus. Ich gehe hinein. Da kommt die Bedienung. Eine ... Frau. Ich bestelle. Sie bringt mir ... Bratkartoffeln und ... Würstchen. Und eine ... Cola. Jetzt geht es mir ...

*Ich bin vor einer Stunde total gestresst losgefahren: ins Gebirge.
Ich fuhr über die Autobahn, sie war unglaublich voll.
... eine kühle, frische Cola. / eine total ekelhafte, warme Cola.*

D Schöne Augenblicke

GRAMMATIK: temporale Angaben mit *(immer) wenn*

17 *Immer wenn ... Bilden Sie Sätze.*

Immer wenn sie freihat, will sie sofort in die Berge fahren.

die Sonne / scheinen ■
freihaben ■
in einem Flugzeug sitzen

sofort / in die Berge fahren / wollen ■
der Hund / aus dem Fenster / schauen / gern ■
von einem Urlaub im Süden träumen

18 Lesen Sie die Sätze 1–6. Ordnen Sie sie den Definitionen A und B zu.

1 Immer wenn sie freihat, will sie sofort in die Berge fahren.
2 Immer wenn sie freihatte, wollte sie in die Berge fahren.
3 Immer wenn die Sonne scheint, schaut der Hund gern aus dem Fenster.
4 Immer wenn die Sonne schien, schaute der Hund gern aus dem Fenster.
5 Immer wenn er im Flugzeug sitzt, träumt er von einem Urlaub im Süden.
6 Immer wenn er im Flugzeug saß, träumte er von einem Urlaub im Süden.

A ☐ ☐ ☐ Hier wird etwas beschrieben, was immer so ist und sich noch oft wiederholen kann, wie eine Regel.
B ☐ ☐ ☐ Hier wird etwas beschrieben, was sich immer wieder wiederholt hat, aber nun abgeschlossen ist.

„Immer wenn es regnet, muss ich an dich denken", heißt es in einem Liedtext.
Schreiben Sie den Text weiter. Am Ende haben Sie ein modernes Gedicht.

Immer wenn *es regnet, muss ich an dich denken.* .... (müssen)

Immer wenn .... (wollen)

Immer wenn .... (sollen)

Immer wenn .... (dürfen)

Immer wenn ....

WORTSCHATZ: Landschaftswörter

a Lesen Sie die Wörter. Klären Sie unbekannte Wörter (mit dem Wörterbuch).
Ergänzen Sie noch drei Landschaftswörter. Vergleichen Sie mit dem Lösungsschlüssel.

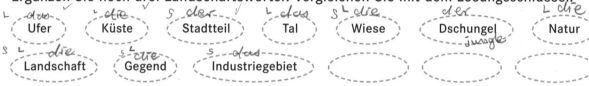

Ufer · Küste · Stadtteil · Tal · Wiese · Dschungel · Natur

Landschaft · Gegend · Industriegebiet

b Welche der folgenden Wörter passen zu den Wörtern in a? Ordnen Sie zu.
Vergleichen Sie die Lösungen im Kurs oder mit dem Lösungsschlüssel.

dreckig ■ nördlich ■ ländlich ■ bewohnt ■ steil ■ feucht ■ grün ■ gepflegt ■ fruchtbar ■ flach

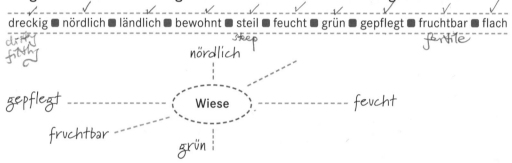

SÄTZE BAUEN: erzählen/berichten: über ein wiederkehrendes Ereignis

Schreiben Sie mithilfe der Wörter in den Wortinseln mindestens sieben Sätze.
Ergänzen Sie fehlende Informationen.

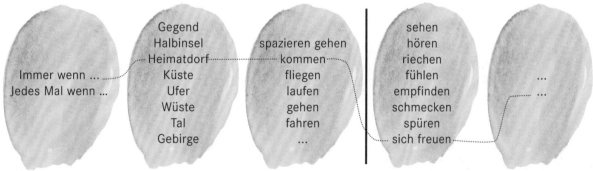

Immer wenn ... / Jedes Mal wenn ...

Gegend / Halbinsel / Heimatdorf / Küste / Ufer / Wüste / Tal / Gebirge

spazieren gehen / kommen / fliegen / laufen / gehen / fahren / ...

sehen / hören / riechen / fühlen / empfinden / schmecken / spüren / sich freuen

Immer wenn ich in mein Heimatdorf komme, freue ich mich schon auf die ruhigen Abende.

Hören Sie die Aussagen und geben Sie den Inhalt wieder wie im Beispiel.

Immer wenn er die Gelegenheit hat, zieht er seine Joggingschuhe an und läuft durch den Wald.

E Ich trommle plötzlich

WIEDERHOLUNG

23 Bilden Sie Sätze mit *als*.

nach Hause kommen – Lust auf Schokolade haben

Als ich nach Hause gekommen bin, hatte ich Lust auf Schokolade.

Schublade öffnen – keine Schokolade mehr drin

....

die Kinder fragen – keine Antwort bekommen

....

am folgenden Tag neue Schokolade kaufen – sofort aufessen

....

VERTIEFUNG

24 ⓐ Lesen Sie die Textauszüge.
Unterstreichen Sie die Sätze mit *als* und lösen Sie die Aufgaben.

1 Als wir am nächsten Morgen durch die Ebene wandern, herrscht in den Dörfern aufgeregte Betriebsamkeit. Die Frauen mahlen Hirse, die Männer stechen Schweine und prüfen, ob das Bier schon ausgegoren ist. Und die Jünglinge tanzen und singen immer noch, gleich neben dem Platz, wo die Ahnen ruhen.

2 Als er am nächsten Morgen erwachte, fühlte er sich so wohl und so zufrieden wie nie zuvor. Er blickte sich um und sah, dass er in einem sehr gemütlichen kleinen Zimmer lag – und zwar in einem Kinderbettchen!

3 Als ich vierzehn Jahre alt war, zählte mein Urgroßvater schon neunundachtzig Jahre. Aber sein Körper schien immer noch gesund, sein Geist war immer noch wach. Im Sommer ging er allmorgendlich hinunter zur Brücke unserer kleinen Insel und redete mit den Fischern, die vom Fang zurückkehrten. Im Winter besserte er immer noch Netze aus oder schnitzte Korken für die Leinen der Hummerfangkörbe.

4 Es ist schon dunkel vor dem Bürofenster, als Antoine ihren Schreibtisch aufräumt. In den vergangenen Tagen ist so einiges liegen geblieben. Sie stellt die letzten Akten beiseite, um endlich einmal Klarschiff an ihrem Arbeitsplatz zu machen, als ihr ein kleines Notizbuch entgegenfällt. (...) Sie blättert darin. Es ist eine Mischung aus Dienstplan, Terminkalender und Telefonliste.

1 Was ist richtig? Kreuzen Sie an.

Die Texte 1–4 erzählen etwas, was
☐ in der Vergangenheit passiert ist.
☐ in der Gegenwart passiert.

2 Was ist richtig? Kreuzen Sie an.

Der *als*-Satz
☐ steht immer im Präteritum oder im Perfekt.
☐ kann auch im Präsens stehen.

b Man kann die Texte in a auch anders schreiben. Formulieren Sie folgende Texte neu.

Text 1: Als neutraler Beobachter (mit Präteritum)

Als die Gruppe am folgenden Tag durch die Ebene wanderte, ...

Text 4: Aus der Perspektive von Antoine (mit Perfekt)

Es war schon dunkel vor dem Bürofenster, als ich meinen Schreibtisch aufgeräumt habe. ...

Präteritum oder Perfekt in der gesprochenen Sprache
Entscheiden Sie: Welchen der beiden Sätze würden Sie jeweils sagen?
Kreuzen Sie an. Vergleichen Sie dann mit dem Lösungsschlüssel.

	A		B
1	Es war auf einer Party im August. ☐	Es ist auf einer Party im August gewesen.	☐
2	Verstandest du meine Musik? ☐	Hast du meine Musik verstanden?	☐
3	Eigentlich wollte ich nie Schlagzeug spielen. ☐	Eigentlich habe ich nie Schlagzeug spielen wollen.	☐
4	Ich hatte keine Ahnung, wie das geht. ☐	Ich habe keine Ahnung gehabt, wie das geht.	☐
5	Trotzdem durfte ich ans Schlagzeug. ☐	Trotzdem habe ich ans Schlagzeug gedurft.	☐
6	Und dann wurde viel Beifall geklatscht. ☐	Und dann ist viel Beifall geklatscht worden.	☐
7	Ich war überrascht, dass ich spielen konnte. ☐	Ich bin überrascht gewesen, dass ich habe spielen können.	☐
8	An diesem Abend wurde ich eine Schlagzeugerin. ☐	An diesem Abend bin ich eine Schlagzeugerin geworden.	☐
9	Erst früh am Morgen gingen wir nach Hause. ☐	Erst früh am Morgen sind wir nach Hause gegangen.	☐

Präsens, Präteritum oder Perfekt? Entscheiden *Sie*. Setzen Sie die Verben in Klammern in die passende Zeitform. Achtung: Nicht in jeder Lücke muss etwas stehen.

Der Riese kam .... Schritt für Schritt näher ...., (kommen)

und bei jedem Schritt .... er ein Stückchen kleiner .... (werden)

Als er etwa noch hundert Meter entfernt .... , (sein)

.... er nicht viel größer zu sein als ein hoher Kirchturm .... (scheinen)

Nach weiteren fünfzig Metern .... er nur noch die Höhe eines Hauses .... (haben)

Und als er schließlich bei Emma .... , (anlangen [=ankommen])

.... er genauso groß wie Lukas der Lokomotivführer .... (sein)

Er .... sogar fast einen halben Kopf kleiner .... (sein)

Vor den beiden staunenden Freunden .... ein magerer alter Mann mit einem feinen

und gütigen Gesicht .... (stehen)

„Guten Tag", ... er .... (sagen)

und .... seinen Strohhut ab .... (nehmen)

„Ich .... gar nicht, (wissen)

wie ich euch danken .... , (sollen)

dass ihr nicht vor mir .... (weglaufen)

Seit vielen Jahren .... ich mich danach .... , (sehnen)

dass einmal jemand so viel Mut aufbringen würde. Aber niemand hat mich bis jetzt näher kommen lassen.

Dabei .... ich doch nur von ferne so schrecklich groß aus .... (sehen)

Ach, übrigens, ich .... ganz .... , (vergessen)

mich vorzustellen. Mein Name .... Tur Tur. (sein)

Mit Vornamen .... ich Tur und mit Nachnamen auch Tur ...." (heißen)

„Guten Tag, Herr Tur Tur", ... Lukas höflich .... (antworten)

und .... seine Mütze .... (abnehmen)

aus: Michael Ende: *Jim Knopf*

27 **a** Lesen Sie die italienischen Namen bei den Musikinstrumenten. Internationalismen helfen Ihnen, die Wörter zu verstehen. Ordnen Sie dann die Fotos den deutschen Bezeichnungen zu.

[ ] Klavier / Piano ▪ [ ] Orgel ▪ [ ] Kontrabass ▪ [ ] Cello ▪ [ ] Geige / Violine ▪
[ ] Pauke ▪ [ ] Gitarre ▪ [ ] Flöte ▪ [ ] Schlagzeug ▪ [ ] Trompete

A	B	C	D	E
violino	tromba	organo	chitarra	batteria

F	G	H	I	J
pianoforte / piano	violoncello	timpano	flauto	contrabbasso

b Wofür interessieren Sie sich? Lesen Sie die Wörter und kreuzen Sie an.

Chor [ ]	Stück [ ]	Orchester [ ]	CD [ ]	Konzert [ ]
Lied [ ]	Instrument [ ]	Oper [ ]	Radio [ ]	Festival [ ]
Arie [ ]	Ensemble [ ]	Operette [ ]	Fernsehen [ ]	
Hit [ ]	Band [ ]	Musical [ ]	Livekonzert [ ]	

c Lesen Sie nun die folgenden Verben und Ausdrücke.
Was passt zu Ihren Wörtern in b? Ergänzen Sie und bilden Sie dann Sätze wie im Beispiel.

(gern) *Lieder, Opern, Arien,* .... singen

in einer *Oper, in einem Ensemble,* .... mitsingen

in einem *Chor* .... singen

ein Instrument .... spielen

in ein.... .... spielen

.... hören

mit ein.... .... auftreten

im/in ein.... .... auftreten

.... üben

ein Konzert .... besuchen

in ein.... .... gehen

.... sehen

Ich singe in einem Chor. Und ich trete mit dem Chor auch auf.
Wir üben Lieder und Stücke von internationalen Komponisten.
Ich besuche aber auch gern Konzerte.

3 Herrn Blankes Abenteuer

ⓐ Welches Wort passt? Ergänzen Sie und achten Sie auf die richtige Form.

kommen ■ aufstehen ■ finden ■ haben (2x) ■ aufheben ■ sein ■ werden ■ stehen

Schon als Dr. Blanke gestern Morgen ...., ... er ein seltsames Gefühl im Magen. Und als

er dann am Abend endlich nach Hause ...., da .... er wirklich einen merkwürdigen

Brief vor seiner Tür. Unsicher .... er ihn .... Immer wenn nicht alles so .... wie immer,

.... Dr. Blanke unsicher und nervös. Und dieser Brief .... keinen Absender und keine

Adresse, da .... nur: „für Dich".

ⓑ Schreiben Sie die Sätze. (Die Personalpronomen sind nicht immer angegeben.)

Dr. Blanke sofort wissen | dass – etwas Schreckliches passiert sein | da – die Wohnungstür – offen – stehen |
In der Wohnung – sein – alles dunkel | Als – sehen – die leere dunkle Wohnung | Dr. Blanke – denken |
dass – seine Frau – ihn verlassen | Haben – sie – nicht den Telefonhörer sofort auflegen | immer wenn –
er – ins Zimmer kommen? | Und als – er – vorgestern Abend fragen | was los sein | sie – nur lachen?

ⓒ Schreiben Sie mithilfe der Wörter die Geschichte zu Ende.
Ergänzen Sie Wörter, die Ihnen für die Sätze fehlen.

verzweifelt – Namen – seiner Frau – rufen | Licht angehen | Freunde auf den Flur laufen |
Kerze und Torte in den Händen halten – Herzlichen Glückwunsch – rufen | seinen Geburtstag vergessen

ⓐ Lesen Sie den Text und bringen Sie die Zeichnungen in die zeitlich richtige Reihenfolge.

Unschuldiger Autodieb festgenommen?

Am vergangenen Wochenende wurde in Berlin-Mitte der 25-jährige Axel B. aus Hamburg wegen Autodiebstahls festgenommen. Er war Samstagvormittag in einem Minibus auf dem Weg zum Großen Müggelsee, als er in eine Polizeikontrolle geriet. Die Beamten stellten fest, dass der Wagen einige Tage zuvor in Hamburg gestohlen worden war. Axel B. bestritt, mit dem Diebstahl irgendetwas zu tun zu haben. Er erzählte den erstaunten Beamten, dass er am Freitag mit einem Mann von Hamburg nach Berlin gekommen sei. Der Kontakt sei über die Mitfahrzentrale zustande gekommen. Am Samstagmorgen habe ihn sein neuer Bekannter dann angerufen und sich 500 Euro von ihm geliehen. Dafür durfte Axel B. den Minibus am Wochenende benutzen, als Pfand. Am Montag sollte Axel B. sein Geld zurückbekommen. Von seinem Bekannten, einem schlanken, dunkelhaarigen Hamburger, fehlt bisher jede Spur. Axel B. wurde vorläufig festgenommen und verbrachte das Wochenende im Gefängnis. Der Fall wurde der zuständigen Staatsanwaltschaft übergeben.

ⓑ Axel B. hat sich Notizen zu seiner Geschichte gemacht.
Lesen Sie die Fragen und ordnen Sie Axels Notizen zu.

1 Wohin ist Axel B. am Freitag gefahren? ☐
2 Wie ist er von Hamburg nach Berlin gefahren? ☐
3 Wer war der Fahrer? Wie war er? ☐
4 Woher hatte der Fahrer die Telefonnummer von Axel B.? ☐
5 Warum wollte der Fahrer die Nummer? ☐
6 Wann und warum hat der Fahrer ihn dann angerufen? ☐
7 Was hat Axel B. dafür bekommen? ☐
8 Wohin wollte er mit dem Minibus fahren? ☐
9 Was ist dann passiert? ☐
10 Was denkt Axel B., als die Polizei ihn anhält? ☐
11 Warum wurde er verhaftet? ☐
12 Wo hat er das Wochenende verbracht? ☐

a ein Hamburger, freundlich, sympathisch

b er wollte mich direkt anrufen, wenn er mal wieder von Hamburg
nach Berlin fährt

c am nächsten Morgen (Samstag) / wollte 500 Euro leihen

d er hatte beim Aussteigen nach meiner Handynummer gefragt

e in einem Minibus, eine Mitfahrzentrale hatte den Kontakt vermittelt

f von Hamburg nach Berlin

g ich durfte dafür am Wochenende den Minibus benutzen

h der Minibus ist gestohlen worden, in Hamburg

i auf dem Weg zum See bin ich in eine Polizeikontrolle gekommen

j im Gefängnis

k zum Baden an den Müggelsee, tolles Wetter

l eine Routinekontrolle, ich kann gleich weiterfahren

ⓒ Sie sind Axel B. Schreiben Sie eine E-Mail an eine gute Freundin / einen guten Freund.
Die Zeichnungen, die Fragen und die Stichpunkte helfen Ihnen.
(Schreiben Sie etwa 120 Wörter.)

Liebe/r ...

stell Dir vor, was mir passiert ist. Es stand auch in der Zeitung.
Wie immer am Freitag wollte ich auch letztes Wochenende von Hamburg nach

– und die 500 Euro bin ich auch los. Meinst Du, ich brauche einen Rechtsanwalt?
Hoffentlich erfahren meine Eltern diese Geschichte nicht.

Dein Axel

Ein altes Märchen aus „1001 Nacht"

a Lesen Sie die Zusammenfassung eines alten Märchens. Beantworten Sie dann die Fragen. Lesen Sie den Text noch einmal und machen Sie sich zum Fortgang der Geschichte Notizen.

Vor vielen, vielen Jahren lebte einst in der Stadt Bassrah ein schöner junger Mann namens Hassan. Sein Vater war ein reicher und angesehener Kaufmann, 5 den alle in der Stadt wegen seines Fleißes, seiner Sparsamkeit und seiner Ehrlichkeit verehrten. Als dieser an einem Wintertag plötzlich verstarb, erbte sein Sohn viel Geld, sehr viel Geld, Häuser und Gärten und auch das 10 väterliche Geschäft. Hassan war, als einziger Sohn, auch der einzige Erbe und musste so fortan auch für seine Mutter sorgen. Hassan aber führte ein wildes und teures Leben, lud Tag für Tag, Abend für Abend seine Freunde 15 in seine Gärten zu luxuriösen Festen ein und kümmerte sich weder um seine Mutter noch um seine Geschäfte. Bis eines Tages auch die letzte Geldmünze verbraucht war. Sie verloren ihre Häuser, ihre Gärten und selbst zum 20 Essen blieb ihnen nichts. Die guten Freunde Hassans waren in der Not so schnell verschwunden, wie sie gekommen waren.

Hassan und seine Mutter hungerten drei Tage. Hassan war verzweifelt, er brauchte Rat und Hilfe. Aber von wem? Als er so durch die 25 Straßen Bassrahs ging, traf er am Abend des dritten Tages zufällig einen alten Freund seines Vaters. Der bot Hassan Arbeit in der Goldschmiede seines Sohnes an. Hassan nahm das Angebot voller Freude an. Die Arbeit war 30 schwer und hart, aber Hassan arbeitete fleißig und lernte jeden Tag dazu. Eines Abends erschien Hassan ein Zauberer. Der lobte ihn für seine Arbeit und zeigte ihm, wie man aus Kupfer mithilfe eines magischen Pulvers Gold 35 machen konnte. Hassan eröffnete seine eigene Goldschmiede und arbeitete Tag und Nacht. Nach vielen Jahren harter Arbeit konnten Hassan und seine Mutter ihre alten Häuser und Gärten zurückkaufen. Alle Menschen der 40 Stadt liebten Hassan für seinen Fleiß, seine Sparsamkeit und seine Ehrlichkeit. Er und seine Mutter lebten glücklich bis an ihr Lebensende.

Wo?	....	Was passiert zuerst? ....
Wer?	....	Was passiert dann? ....
Wann?	....	Was danach? ....
Was?	*Vater stirbt | Sohn erbt*	Wie endet die Geschichte? ....

b Überlegen Sie, wie dieses „Märchen" heute ablaufen könnte. Die Stichpunkte helfen Ihnen. Ergänzen Sie sie und bauen Sie daraus Ihr „modernes Märchen".

- Hannes Göbel, 18 Jahre, aus Emsdetten, einziger Sohn
- erbt von seinem Vater sechs Nobelhotels in der ganzen Welt
- feiert wilde Partys, fährt teure ..., lässt sich ein Flugzeug bauen ...
- er kümmert sich nicht um seine Hotels, verdient nichts ...
- muss Hotelkette an die Konkurrenz verkaufen
- seine Freunde haben ihn alle verlassen
- lebt ohne einen Cent zur Untermiete in einem Zimmer
- trifft einen Freund des Vaters im Stadtpark
- dieser bietet ihm eine Stelle als Lehrling in seiner Möbelfirma an
- ...

Hannes Göbel aus Emsdetten war der einzige Sohn einer reichen Familie.
Als sein Vater starb, erbte er sechs Nobelhotels in der ganzen Welt.
Hannes führte danach ein teures Leben: Er feierte mit seinen Freunden ...

31 Die Frage

16 **a** Welche zwei Antworten sind jeweils richtig? Hören Sie und kreuzen Sie an.

1 Wo fand der Heiratsantrag statt?
- [ ] Im Urlaub.
- [ ] In einer Hotelbar.
- [ ] In Istanbul, in der Türkei.

2 An welcher Stelle fand der Antrag statt?
- [ ] In einem alten Palast.
- [ ] In einem Garten.
- [ ] In einem Restaurant.

3 Rechnet Susi damit, dass er ihr einen Antrag machen will?
- [ ] Nein, sie will erst gar nicht über seine „Frage" reden.
- [ ] Sie hat überhaupt keine Zeit zu überlegen.
- [ ] Sie tut nur so, als wüsste sie nicht, was er will.

4 Was macht Susis Freund?
- [ ] Er gibt ihr eine Kette.
- [ ] Er kniet auf dem Boden vor ihr.
- [ ] Er fragt sie, ob sie ihn heiraten will.

5 Wie reagiert Susi?
- [ ] Sie heult.
- [ ] Sie heult und will sich das noch einmal überlegen.
- [ ] Sie sagt ja.

16 **b** Hören Sie den Text noch einmal und machen Sie zu den folgenden Fragen Notizen.

Wer? Was? Wann? Wo? Was passiert zuerst?

Was dann? Und danach? Wie geht die Geschichte aus?

c Lesen Sie die E-Mail und schreiben Sie sie zu Ende.
Das Interview und die Aufgaben a und b helfen Ihnen.

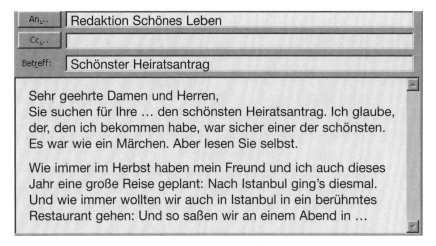

An... Redaktion Schönes Leben
Cc...
Betreff: Schönster Heiratsantrag

Sehr geehrte Damen und Herren,
Sie suchen für Ihre ... den schönsten Heiratsantrag. Ich glaube,
der, den ich bekommen habe, war sicher einer der schönsten.
Es war wie ein Märchen. Aber lesen Sie selbst.

Wie immer im Herbst haben mein Freund und ich auch dieses
Jahr eine große Reise geplant: Nach Istanbul ging's diesmal.
Und wie immer wollten wir auch in Istanbul in ein berühmtes
Restaurant gehen: Und so saßen wir an einem Abend in ...

Adjektive

Ergänzen Sie die Adjektivendungen in den Sätzen 1–6, wo notwendig, und ordnen Sie sie den Regeln zu.

a Nach *sein*, *bleiben*, *werden*, *finden* hat das Adjektiv keine Endung. ....

b Die Endung ist entweder am Artikelwort oder am Adjektiv. ....

c Die häufigste Adjektivendung ist *-en*. ....

1 Wir wünschen unseren Zuhörern einen wunderschön............. gut............. Morgen.

2 Auf unserer Ferieninsel gibt es immer nur schön.............Wetter.

3 In den letzten drei Wochen war das Wetter in Salzburg immer ein bisschen schlechter............. .

4 Ich möchte gern einen klein............. Salat.

5 Der Himmel ist blau............., das Wetter ist schön............., komm lass uns ein bisschen spazieren gehen.

6 Dieses klein............. Gewitter ist sicher bald vorbei.

Zeitformen: Gegenwart und Vergangenheit

a Ordnen Sie die Textsorten den Textausschnitten zu.

Reportage (1)■ Brief (2)■ Zeitungsbericht (3)■ literarischer Text (4)■ mündliche Sprache (5)

1 Aufgrund starker Schneefälle kam es auf der A3 zwischen Merklingen und Kirchheim zu zahlreichen Staus und Behinderungen. ☐

2 Liebe Inge, jetzt habe ich Dir schon lange nicht mehr geschrieben, aber heute ... ☐

3 Und als wir nach vielen Stunden den Fluss erreichen, hat die letzte Fähre gerade abgelegt. ☐

4 Jetzt komm, mach mal. Wir sind schon spät dran. ☐

5 Mattsen wartete schon seit Stunden. Konnte es sein, dass er am falschen Ort war? Plötzlich hörte er ein Geräusch. Er drehte sich um und blickte ... ☐

6 Gott sei Dank hat sofort einer angehalten und mir geholfen. ☐

b In welcher Zeitform sind die Sätze in a formuliert? Notieren Sie.

1 Präteritum........................

2 ....

3 ....

4 ....

5 ....

6 ....

TEXTE LESEN: kursorisches Lesen / detailliertes Lesen

34 Lesen Sie zuerst die Aufgaben. Lesen Sie dann den Text und lösen Sie die Aufgaben.

Körpereigene Rauschmittel versüßen den Genuss

„Woher strömte diese mächtige Freude mir zu? Ich fühlte, dass sie mit dem Geschmack des Tees und des Kuchens in Verbindung stand. [...] Und mit einem Mal war die Erinnerung da. Der Geschmack war der jenes kleinen Stücks eines Madeleine-Törtchens, das meine Tante mir, in Lindenblütentee getaucht, zu geben pflegte [...]. Ebenso stiegen jetzt alle Blumen unseres Gartens und die aus dem Park von Swann und die Seerosen der Vivonne und all die Leute aus dem Dorf und ihre kleinen Häuser und die Kirche und ganz Combray und seine Umgebung, all das, was nun Form und Festigkeit annahm, Stadt und Gärten, stieg aus meiner Tasse Tee.“

Dieser Auszug aus Marcel Prousts Roman *Auf der Suche nach der verlorenen Zeit* beschreibt die Macht, mit der bestimmte Gerüche und Geschmacksnoten in uns Stimmungen und Erinnerungen wachrufen können. Wissenschaftler nennen dieses Phänomen deshalb Madeleine-Effekt: Spontan, unwillkürlich und mit starken Emotionen behaftet, taucht bei der Wahrnehmung von Aromen scheinbar längst Vergessenes aus den Tiefen unseres Unbewussten auf und begeistert, erregt oder erschüttert den Menschen.

Unmittelbarer als die anderen Sinne sind Riechen und Schmecken mit dem limbischen System verknüpft, dem Emotionszentrum im Innern des Gehirns. Angenehme Aromen lösen positive Gefühle aus: Was für eine Begeisterung verspüren wir, wenn wir frischen Erdbeerkuchen kosten, wenn uns der Duft eines raffiniert gewürzten Bratens in die Nase steigt oder das Bouquet eines aromatischen Weins! Wir nehmen ein Feuerwerk an Geschmacksnoten wahr. Freundlicher, heller erscheint uns die Welt. Menschen, mit denen wir bei einem guten Essen zusammensitzen, bewerten wir viel sympathischer als dieselben beim nüchternen Gespräch im Büro. Bei einer Gaumenfreude lässt man sich gern zu manchem überreden, etwa zu einem Geschäftsabschluss oder zu einem Tête-à-Tête.

Eine Ursache für diesen Überschwang sind körpereigene Rauschmittel, vor allem die Endorphine. Dieser Sinnenkick ist mehr als purer Luxus: Die Freude am Geschmack ist immens wichtig für das Gleichgewicht von Körper und Seele. Sie hilft beispielsweise, den Energiestoffwechsel zu steuern.

a Worum geht es? Kreuzen Sie an.
um schöne Dinge ☐   um gutschmeckende Dinge ☐   um gutriechende Dinge ☐

b Was ist richtig? Kreuzen Sie an.
1 Der Text ist ein Roman. ☐
2 Der Text ist aus einer Zeitschrift. ☐
3 Der Text enthält einen Auszug aus einem Roman. ☐
4 Der Roman enthält einen Auszug aus einem Fachtext. ☐

c Lesen Sie den Text noch einmal. Haben Sie das im Text gelesen? Ja oder nein?

Zeile 1–12   ja   nein
1 Die Freude des Autors kommt von dem Geschmack von Tee und Kuchen.   ☐   ☐
2 Der Kuchen und der Tee wecken Erinnerungen.   ☐   ☐
3 Der Autor steigt aus und sieht die Dinge seiner Erinnerung wieder.   ☐   ☐
4 Die Erinnerungen des Autors werden von Madeleine-Törtchen und
   Lindenblütentee geweckt.   ☐   ☐

Zeile 13–22
5 Madeleine-Effekt: Spontan kann man neue Gerüche mit Vergessenem verbinden.   ☐   ☐
6 Was man früher gerochen oder geschmeckt hat, kann längst
   vergessene Dinge in die Erinnerung zurückholen.   ☐   ☐

Zeile 23–44
7 Riechen und Schmecken sind nicht so mit dem Gehirn verknüpft wie andere Sinne.   ☐   ☐
8 Angenehme Gerüche und Geschmacksnoten können glücklich und zufrieden machen.   ☐   ☐
9 Aber gute Gerüche und Geschmacksnoten haben keinen Einfluss
   auf unsere Gesundheit.   ☐   ☐

Istanbul – der Traum von einer Stadt

1 Jede Reise durch die Türkei muss in Istanbul beginnen. Denn Istanbul ist die Seele und das Herz dieses Landes. »Dersaadet« wurde die Stadt vor hundert Jahren noch genannt, »Pforte der Glückseligkeit«. Istanbul ist ein unwirklicher Ort, ein Ort der Vorstellungen und Träume, geformt aus den Hoffnungen, Ängsten und Sehnsüchten aller siebzig Millionen Türken. Minarette zu Allahs Ehren schmücken diesen Traum, ein Himmel voller Seligkeit wölbt sich schützend über seine Kuppeln und Dächer, und der Bosporus fließt als Glück und Macht verheißender Strom durch ihn hindurch. Die Straßen dieses farbenprächtigen Istanbul sind aus Gold, seine Bäume tragen Blätter aus Onyx, und hinter den roten Schleiern seiner Fenster wartet die große Freiheit und die große Lust.

2 Istanbul ist aber auch eine sehr reale Stadt. Zehn Millionen Einwohner, sagt das Rathaus – fünfzehn Millionen, brüllt es aus den Vorstädten. Menschen leben hier, die ihr Schritttempo verzweifelt der neuen Zeit anzupassen versuchen. Millionen rastlose Istanbuler, die immer unterwegs sind, unglaublich viel Lärm machen und unglaublich viel Dreck. Vorwärts, vorwärts, vorwärts, pocht der Herzschlag dieser Stadt, lass mich durch, lass mich durch, lass mich durch, zischen ihre Bewohner. Sogar die Wolken scheinen es hier immer eilig zu haben, und wenn der Wind sie über die Häuser jagt, versetzt das schnelle Wechselspiel von Licht und Schatten auch ehrwürdige Moscheen und Paläste in Unruhe.

3 Vom Wasser aus ist Istanbul tatsächlich am schönsten. Aber der Willkommensgruß an Bord müsste lauten: Lehnen Sie sich zurück, solange Sie es können. Nutzen Sie die seltene Möglichkeit, die Einheimischen beim ruhigen Sitzen, Dösen und Lesen zu betrachten. Genießen Sie den Tee, den der arbeitslose Fischer mit dem grauen Stoppelbart Ihnen für ein paar Cent anbietet. Bewundern Sie die berühmte Silhouette der aufregendsten Stadt der Welt.

4 Denn in dem Moment, in dem Sie die Fähre verlassen, tauchen Sie ein in ein gewaltiges Energiefeld, das an Ihnen genauso zerren wird wie an jedem Istanbuler. An jeder Straßenecke kämpfen hier Tradition und Moderne miteinander. Manager suchen ihren Weg zwischen verschiedenen Werten und Welten ebenso wie Handwerker, Mütter genauso wie Lehrerinnen. Köche und Künstler probieren ein Zusammensein, Vorbeter und Volksvertreter betonen das Anderssein. Das brodelnde Istanbul ist die Oberfläche eines heftigen Kampfes, den sich Orient und Okzident in diesem Land liefern. Dass die Auseinandersetzung hier oft so komische Züge trägt, dass sie meist mit großer Lust und Leidenschaft ausgetragen wird und nur manchmal verbittert und verbissen, das macht die Faszination Istanbuls aus.

Die Autorin beschreibt in ihrem Reiseführer die Stadt Istanbul aus der Sicht einer Fremden: Wie sieht sie die Stadt: positiv oder negativ? Lesen Sie die Fragen zu den Abschnitten und beantworten Sie sie aus der Sicht der Autorin.

1 Die Autorin findet diese Stadt …

   schön. (positiv) ⬚   hässlich. (negativ) ⬚

2 Aber Istanbul hat auch eine reale Seite. Die Autorin sieht dies …

   gefühlvoll. (positiv) ⬚   kritisch. (negativ) ⬚

3 Vom Wasser (Bosporus) aus betrachtet, ist die Stadt anders. Die Autorin empfindet sie als …

   angenehm. (positiv) ⬚   unangenehm. (negativ) ⬚

4 Das moderne Istanbul ist ein Ort, in dem verschiedene Welten aufeinandertreffen: Osten und Westen, Tradition und Moderne. Die Autorin findet diese Stimmung …

   faszinierend. (positiv) ⬚   erschreckend. (negativ) ⬚

B   „Was der Bauer nicht kennt, das frisst er nicht."

1 Wie sind diese Dinge *für Sie*? Notieren Sie passende Adjektive zu den Fotos.

---
fremd ■ ungewohnt ■ vertraut ■ komisch ■ eklig ■ gewöhnungsbedürftig ■ interessant ■ großartig ■
schrecklich ■ ekelhaft ■ bekannt ■ unbekannt ■ seltsam ■ lustig ■ gut ■ schlecht ■ neuartig ■
fremdartig ■ wunderbar ■ schädlich ■ merkwürdig ■ herrlich ■ ausgezeichnet ■ unmöglich
---

A	B	C	D	E
Kröte	Eisbecher	Gestalt	Zigarettenkippen	Gletschersee

F	G	H	I
Turnschuhe	Aquarienfisch	fleischfressende Pflanze	Kobold

2 Die Adjektive aus 1 im Kontext.

17 **a** Hören Sie vier Musikbeispiele. Wie finden Sie sie? Schreiben Sie.
Verwenden Sie *ist mir* und die folgenden Adjektiven.

---
fremd ■ vertraut ■ bekannt ■ unbekannt

Musik 1: ....

Musik 2: ....

Musik 3: ....

Musik 4: ....

> Also wirklich,
> diese Musik
> ist mir fremd.

18 **b** Hören Sie verschiedene Geräusche. Wie empfinden *Sie* sie? Schreiben Sie Sätze.
Verwenden Sie die folgenden Wendungen und Adjektive.

Dieses Geräusch ist für mich … ■ Das ist für mich … ■ Für mich ist das …
---
ungewohnt ■ eklig ■ gewöhnungsbedürftig ■ interessant ■ schrecklich ■ ekelhaft ■ großartig ■
seltsam ■ lustig ■ neuartig ■ fremdartig ■ wunderbar ■ merkwürdig ■ herrlich ■ unmöglich
---

Geräusch 1: ....

Geräusch 2: ....

Geräusch 3: ....

Geräusch 4: ....

Geräusch 5: ....

Geräusch 6: ....

> Ich weiß nicht.
> Für mich ist dieses
> Geräusch ungewohnt.

c Betrachten Sie noch einmal die Fotos in 1. Formulieren Sie mit den Adjektiven aus 1 und *finden* Sätze. Achtung: Alle Adjektive außer *fremd*, *unbekannt*, *bekannt*, *vertraut* passen.

> *Die Kröte finde ich ...*

> *Ich finde den Gletschersee ...*

Ein Wort, mehrere Bedeutungen

a Was bedeutet *interessant*? Lesen Sie die Definitionen A–C.
Hören Sie dann und ordnen Sie die Definitionen den Sätzen zu.

> **A** Hier bedeutet *interessant*: nicht gut / nicht positiv, aber man will es nicht deutlich sagen.
> **B** Hier bedeutet *interessant*: vielseitig, nicht durchschnittlich, mit Ausstrahlung.
> **C** Hier bedeutet *interessant*: informativ, gut.

1 ◆ Und, wie findest du das Buch?
 ● Unglaublich interessant, toll. Du musst es lesen. Da erfährt man mal endlich, wie es wirklich war, damals ... ☐

2 ◆ Hier, probier mal, habe ich ganz ohne Kochbuch gekocht! Wie findest du's?
 ● Äh, interessant. ☐

3 ◆ Ich habe gestern unseren neuen Nachbarn getroffen.
 Du, der ist wirklich interessant, den musst du kennenlernen. ☐

b Was bedeutet *unmöglich*? Lesen Sie die Definitionen A und B.
Hören Sie dann und ordnen Sie die Definitionen den Sätzen zu.

> **A** Hier bedeutet *unmöglich*: rücksichtslos, frech, hässlich, geschmacklos (z. B. Kleidung).
> **B** Hier bedeutet *unmöglich*: Man kann oder darf etwas nicht tun, es ist nicht möglich.

1 ■ Unmöglich. Tut mir leid.
 ▼ Na gut, dann muss Frau Meier die Präsentation vorbereiten. ☐

2 ■ Wie sind denn eigentlich eure neuen Nachbarn?
 ▼ Die? Die sind echt unmöglich! Sie hören noch nachts um drei total laut Musik! ☐

3 ■ Könnten Sie mir eine Liste von allen Teilnehmern schicken?
 ▼ Das ist leider unmöglich. Das fällt unter das Datenschutzgesetz. ☐

4 ■ Wie findest du denn dieses T-Shirt mit der Hose hier?
 ▼ Tut mir leid, aber ich finde das unmöglich! Das passt doch gar nicht. ☐

Verben und Adjektive – Was passt zusammen?

a Wie *sieht* das *für Sie aus*? Welche Adjektive passen? Ergänzen Sie.

---
ungewohnt ■ vertraut ■ komisch ■ eklig ■ interessant ■ großartig ■ schrecklich ■ seltsam ■
lustig ■ gut ■ schlecht ■ fremdartig ■ wunderbar ■ merkwürdig ■ herrlich ■ unmöglich
---

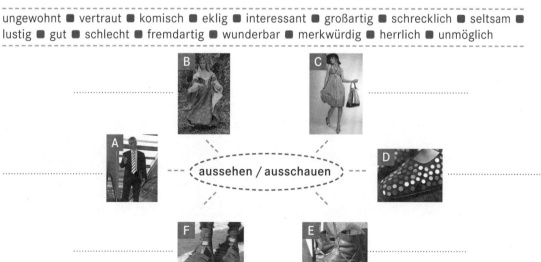

3

b Wie *fühlt sich* das für Sie *an*? Ordnen Sie Adjektive zu.

fremd ■ ungewohnt ■ vertraut ■ komisch ■ eklig ■ gewöhnungsbedürftig ■ interessant ■ großartig ■
schrecklich ■ ekelhaft ■ seltsam ■ lustig ■ gut ■ schlecht ■ wunderbar ■ merkwürdig ■ herrlich

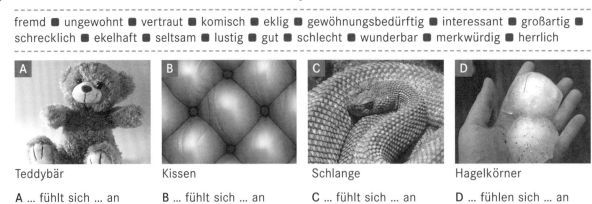

Teddybär   Kissen   Schlange   Hagelkörner

A ... fühlt sich ... an   **B** ... fühlt sich ... an   **C** ... fühlt sich ... an   **D** ... fühlen sich ... an

21 **c** Wie *hört* sich das für Sie *an*? Wie *klingt* das für Sie? Welche Adjektive passen? Schreiben Sie.

fremd ■ ungewohnt ■ vertraut ■ komisch ■ interessant ■ großartig ■ schrecklich ■
bekannt ■ unbekannt ■ seltsam ■ lustig ■ gut ■ schlecht ■ neuartig ■ fremdartig ■
wunderbar ■ merkwürdig ■ herrlich ■ ausgezeichnet ■ unmöglich

> Die Stimme der Sängerin
> klingt wunderbar.

> Das Geräusch hört sich
> seltsam an, findest du nicht?

d Ihre Meinung bitte. Wie *schmeckt* das? Schreiben Sie zu jedem Bild mindestens
einen passenden Satz. Verwenden Sie die Adjektive aus dem Kasten.

ungewohnt ■ vertraut ■ komisch ■ eklig ■ gewöhnungsbedürftig ■ interessant ■
großartig ■ schrecklich ■ ekelhaft ■ seltsam ■ gut ■ schlecht ■ fremdartig ■
wunderbar ■ merkwürdig ■ herrlich ■ ausgezeichnet ■ unmöglich

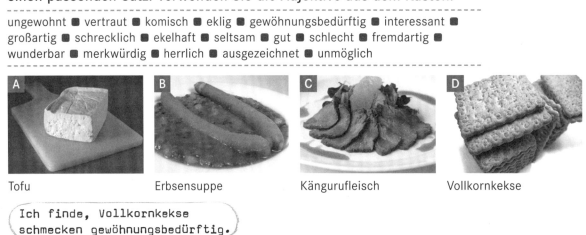

Tofu   Erbsensuppe   Kängurufleisch   Vollkornkekse

> Ich finde, Vollkornkekse
> schmecken gewöhnungsbedürftig.

SÄTZE BAUEN: Fremdheit / Vertrautheit ausdrücken

5 **a** Schreiben Sie über die abgebildeten Dinge und Personen Sätze wie im Beispiel.

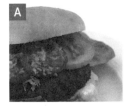

Alf

Diesen Burger finde ich total ekelhaft.
Für mich ist das auf Bild E wirklich ekelhaft.

ⓑ Hören Sie die Geräusche und Klänge und beschreiben Sie sie wie im Beispiel.

Für mich klingt das Geräusch ... ganz herrlich.
Den Klang finde ich unmöglich.

Nicht alles, was Erwachsene gern essen,
mögen Kinder auch.

ⓐ Was denkt die Person am Herd? Lesen Sie.

Fleisch mit Fett, so ist es schön saftig. So ist es doch *lecker*. Und dann noch die grünen Bohnen dazu, *wunderbar* wird das schmecken, mit dem Speck! Ach ja, ich darf nicht vergessen, noch die Meerrettich-Senf-Soße für das Fleisch zu machen, das schmeckt *großartig*. Und dann noch die Knödel. Und der Salat, mit Oliven und Sardellen. Hmm, schmeckt *nicht schlecht*. Und danach die Kaffeecreme, *herrlich*.

ⓑ Was denkt das Kind? Ergänzen Sie.

Igittigitt, Fleisch mit Fett, das ist ....
Und dazu die grünen Bohnen mit Speck, ...
Und zu dem Fleisch gibt es eine Meerrettich-Senf-Soße,
.... Wie wohl der Salat mit Oliven und Sardellen
schmeckt? Bäh, bestimmt .... Und als Nachtisch
eine Kaffeecreme, ...!

3

Etwas freundlich ablehnen. Ergänzen Sie.

es nicht gewohnt sein ▪ sich nicht sicher sein

1 Sie haben Kopfschmerzen? Hier, nehmen Sie das, das hilft, ganz bestimmt.

Danke, aber ..., ob ich die wirklich nehmen soll.

Danke, aber ..., Tabletten zu nehmen.

2 Hier, trinken Sie doch noch ein Glas Wein. Sie haben es doch nicht weit bis nach Hause.

Danke, das ist sehr nett, aber ..., Wein zu trinken.

Danke, das ist sehr nett, aber ..., ob ich noch ein Glas trinken soll.

8 Wie wird *r* gesprochen?

23 **a** Wie hören Sie in den folgenden Wörtern das *r*? Gesprochen als *r* (r) oder
ähnlich wie ein *a* (ɐ). Kreuzen Sie an.

	r	ɐ			r	ɐ
1 gewöhnungsbedürftig	☐	☐	8 prima	☐	☐
2 aromatisch	☐	☐	9 lecker	☐	☐
3 frisch	☐	☐	10 furchtbar	☐	☐
4 großartig	☐	☐	11 schrecklich	☐	☐
5 fremd	☐	☐	12 merkwürdig	☐	☐
6 normal	☐	☐	13 wunderbar	☐	☐
7 vertraut	☐	☐	14 verbrannt	☐	☐

b Vergleichen Sie Ihre Markierungen mit dem Lösungsschlüssel.

24 **c** Hören Sie die Sätze und sprechen Sie nach.

C Feste feiern

9 **a** Lesen Sie die Texte. Welche der Begriffe (1–22) passen zu den Texten?
Ordnen Sie sie zu.

Verlobung (1) ▪ Ehrung (2) ▪ Geburtstagsfeier (3) ▪ Hochzeit (4) ▪ Taufe (5) ▪ Begräbnis / Beisetzung / Beerdigung (6) ▪ Straßenfest / Stadtteilfest (7) ▪ Namenstag (8) ▪ Jubiläum (9) ▪ Nationalfeiertag (10) ▪ Eröffnung (11) ▪ Weihnachten (12) ▪ Ostern (13) ▪ Nikolaus (14) ▪ Halloween (15) ▪ Heilige Drei Könige (16) ▪ Allerheiligen (17) ▪ Fastnacht / Fasching / Karneval (18) ▪ Stadtfest (19) ▪ Abiturfeier (20) ▪ Silvester (21) ▪ Neujahr (22)

1

Der Herr ist mein Hirte, mir wird nichts mangeln.
Und ob ich schon wanderte im finstern Tal, fürchte ich kein Unglück;
denn du bist bei mir, dein Stecken und Stab trösten mich. (Psalm 23,1-4)

Unser lieber Urgroßvater, Großvater und Vater ist
von seinen Altersbeschwerden erlöst worden.
Er wird mit seinem gütigen Wesen für immer in unserer Erinnerung bleiben.

In stiller Trauer:
Hans Meier-Müller
Lea und Florian mit Familie

Die Trauerfeier findet am Dienstag, 27. Februar 20…, um 14 Uhr
in der Aussegnungshalle Friedhof Nord statt.

2

Einladung zum 10-Jährigen

Wir möchten uns bei Ihnen bedanken und
laden Sie zum Tag der offenen Tür am 19.10. ein …

Anmeldung erforderlich
☐ Ich komme gern. ☐ Ich kann leider nicht kommen.
Name ....

3

Höhepunkt ist wieder der größte Rosenmontagszug Deutschlands, der dieses Jahr am Rosenmontag bereits um 10.30 Uhr, statt wie gewohnt um 11 vor 11, am Chlodwigplatz losgeht. Für den 6,5 Kilometer langen Weg braucht er über vier Stunden, sodass die bis zu eine Million Zuschauer genügend Zeit zum Feiern haben. Der Rosenmontagszug steht unter dem Motto „Jeschenke för Kölle – uns Kulturkamelle" ...

4

Liebe Barbara, lieber Bernhard,

vielen lieben Dank für Eure guten Wünsche und natürlich Euer schönes Geschenk! Es hat uns sehr gefreut, dass Ihr uns in den Hafen der Ehe begleitet habt. Unsere Flitterwochen auf den Seychellen waren traumhaft schön und natürlich viel zu kurz! Fotos von der Feier und unseren Flitterwochen findet Ihr übrigens unter: www.feierundflitterwochen.de.

Nochmals ganz herzlichen Dank und alles Liebe,

Bine & Stefan

5

... Auch dieses Jahr wird die Feuerwehr am 31. Dezember wieder im größtmöglichen Team einsatzbereit sein. Denn Brände sind durch die vielen Raketen und Feuerwerke immer vorprogrammiert. Auch wenn zum Glück selten etwas Ernsthaftes passiert, so gibt es doch jedes Jahr wieder viele brennende Balkonpflanzen, Bäume oder Vorhänge zu löschen. Voraussetzung für die private Nutzung von Feuerwerkskörpern und Raketen ist also immer eine gut organisierte Feuerwehr – ganz nach dem Motto: „Ohne Feuerwehr kein Feuerwerk".

6

perfect hair – **Ihr neuer Haar-Stylist in Ihrer Nähe**

Einladung zur Haarstudio-Party am **15.9.** in der Heidestraße 25

>>> Styling-Gutschein: 50 Prozent Treuerabatt beim Zweithaarschnitt <<<

7

Liebe Eltern, liebe Lehrerinnen und Lehrer und natürlich und vor allem liebe Mitschülerinnen und Mitschüler,

wir sind heute aus einem freudigen Anlass zusammengekommen. Alle hier anwesenden Schülerinnen und Schüler haben 12, manch einer vielleicht auch 13 Schuljahre erfolgreich hinter sich gebracht und dürfen sich jetzt ganz offiziell „hochschulreif" nennen. ...

b Ordnen Sie die Feste / festlichen Veranstaltungen aus a in die Tabellen A oder B ein. Kennen Sie noch andere (im deutschen Sprachraum, in Ihrer Heimat)? Tragen Sie diese ebenfalls ein.

A private Feste	nationale Feste	religiöse Feste	geschäftliche Feste	„Volksfeste"	sonstige Feste

B feiere ich regelmäßig	mir völlig unbekannt	finde ich persönlich uninteressant	da haben wir frei	habe ich selbst schon gefeiert	

c Feste und das Drumherum. Welche Verben passen? Ergänzen Sie.

planen ▪ vorbereiten ▪ zu … einladen ▪ zu … gehen ▪ machen

1 Samstag in einer Woche feiere ich meinen Geburtstag. Nichts Offizielles, ganz formlos.

Und da würde ich Sie gern .... meinem Fest ....

2 Dieses Jahr .... wir wieder ein richtig tolles Hausfest. Da..... sind dann alle im Haus ....,

und auch die Leute aus den beiden Nachbarhäusern. Eigentlich wollten wir das jedes Jahr machen,

doch wer soll das .... und ...., wenn ich keine Zeit habe?

Es ist halt einfacher, ... einem Fest zu ...., als eins zu ....

GRAMMATIK: Personalpronomen / Demonstrativpronomen: *es* / *das*

---

10 Obligatorisches *es* in festen Ausdrücken

a Feste Ausdrücke mit *es* zum Thema Wetter. Ergänzen Sie die passenden Formen.

WIEDERHOLUNG

schneien ▪ regnen ▪ hageln

1 Guck mal, ..., dann haben wir vielleicht doch weiße Weihnachten.

2 Wir sollten den Ausflug absagen. Im Wetterbericht heißt es, dass .... morgen

den ganzen Tag ....

3 Die armen Blumen: Jetzt .... schon zum dritten Mal, das halten die bestimmt nicht aus.

b Feste Ausdrücke mit *es* zum Thema Befinden, Zustände und Ähnliches. Was passt?
WIEDERHOLUNG Ergänzen Sie.

es ist aus ▪ es ist zu Ende ▪ es gibt … ▪ Es wird Sommer ▪ wie geht es ▪ es ist umsonst

1 Ich gebe mir wirklich viel Mühe, aber ich glaube, ...

2 .... – Wenn aus Liebe Kummer wird.

3 .... nun mal keine Gespenster.

4 .... Juhuu! Koffer packen und ab in den Süden.

5 .... Ihnen? – Danke, es geht.

c Weitere feste Ausdrücke mit *es* im Satz. Ergänzen Sie.

es scheint ▪ es kommt darauf an ▪ es hängt davon ab ▪ es ist üblich / bekannt / sicher

1 a Nichts ist so, wie ....

b .... vorwärtszugehen.

c Siehst du, was für ein Gesicht unsere Chefs machen: .... was Ernstes zu sein.

d .... ihm wirklich nicht darauf anzukommen.

2 Über das persönliche Gewicht kann man viel diskutieren. Aber eigentlich

...., wie man sich am wohlsten fühlt.

3 a ...., E-Mails mit vollem Namen zu kennzeichnen.

b ...., dass es unendlich viele Sterne gibt.

c .... nicht sinnvoll, alle halbe Jahre den Arbeitgeber zu wechseln.

4 .... immer ...., was man daraus macht.

d Ergänzen Sie die festen Ausdrücke mit *es* in den folgenden Sätzen.

es geht um ■ es handelt sich um ■ es eilig haben ■ es leicht- / schwerhaben ■
es schwer- / leichtnehmen ■ es weit bringen ■ es ernst meinen

1 .... mehr als ein Rauchverbot. .... den Schutz
   unserer Gesundheit.

2 Er ...., der Kunde in Hamburg wartet schon seit einer Stunde auf die Ware.

3 Sie ...., sie muss nicht jeden Tag bei den Eltern verbringen, in diesem
   langweiligen Kaff, wie ich.

4 Sitzengeblieben – ist doch egal. Die Hauptsache ist, dass er .... nicht zu
   .... und das nächste Jahr wieder motiviert anfängt.

5 a Jeder, der .... in der Politik so ...., muss ein guter
     Redner sein.

  b Wie .... werden .... meine Kinder wohl
     ....?

6 a Wie .... die Politik mit ihren Versprechungen?

  b Jeder sucht doch einen Partner, der ....

7 .... ein Ferienhaus mit zwei Nebengebäuden.

Obligatorisches *es* in nicht festen Verbindungen. Schreiben Sie Sätze wie im Beispiel.

1 Ein Zug kommt. *Es kommt ein Zug.*
2 Der Handwerker wird gleich kommen und bei Ihnen klingeln. *Es wird* ...
3 Gleich passiert ein Unglück, ich weiß es.
4 Die Blumen blühen, die Rosen duften, alles ist sommerlich.

An welchen Stellen im Text fehlt das obligatorische *es*? Markieren Sie.

Hobbyfotografen aufgepasst!

Auch das schönste Fest geht vorbei – mit schönen Fotos
bleibt aber immer in guter Erinnerung. Damit die Fotos auch
wirklich gelingen, gibt hier ein paar hilfreiche Tipps:

- Fotos sehen viel interessanter aus, wenn man öfter
  die Perspektive wechselt. Kommt also darauf an, mal von
  oben, mal von unten zu fotografieren.

- Die meisten Kameras haben eine automatische Blitzfunktion.
  Hängt aber von den Lichtverhältnissen ab, ob ein Foto mit oder
  ohne Blitz besser wird: Wenn zu dunkel ist, kann man auf den
  Blitz nicht verzichten.

- Ist schwer, gute Gruppenfotos zu machen. Eigentlich schaffen
  Sie nur, wenn hell ist, also bei Tageslicht. Denn der Blitz reicht
  maximal fünf Meter.

- Bei Porträtfotos geht vor allem darum, rote Augen zu vermeiden.
  Dafür gibt bei fast allen Kameras eine spezielle Funktion. Übrigens: Den
  meisten gefällt nicht, wenn sie wissen, dass sie gerade fotografiert werden.

13 Demonstrativpronomen *das* statt obligatorischem *es*?

a Gespräche auf dem Weihnachtsmarkt. Ergänzen Sie *das* oder *es*.

1 .... scheint bald zu schneien. .... wäre schön! Dann gäbe .... ja vielleicht

dieses Jahr mal eine weiße Weihnacht.

2 „Gibt .... etwas, was ich dir mitbringen kann?" – „................. kommt darauf an, was es gibt."

3 .... kann doch nicht wahr sein!! Die waren doch letztes Jahr nicht so teuer! So geht

.... echt nicht mehr weiter.

4 „Schmeckt .... dir nicht?" – „Doch, doch – .... ist mir halt alles etwas zu süß."

5 „................. geht mir so gut, so gut, wie schon lange nicht mehr." – „................. kann ich mir gut vorstellen."

6 „Glaubst du, ... war richtig, ihr die 50 Euro zu geben?" –

„Na ja, ... war der kleinste Schein, den wir hatten. .... wird schon gut gehen."

🔘 25 **b** Hören Sie und korrigieren Sie wenn nötig Ihre Lösungen.

SÄTZE BAUEN: Sicherheit ausdrücken, starke Vermutung ausdrücken

---

14 Was wird hier gefeiert?

🔘 26 **a** Hören Sie den Text. Lesen Sie dann die Aufgaben. Hören Sie dann noch einmal.
Was ist richtig? Kreuzen Sie an.

1 Was?

Party	formales Essen	Feier in der Arbeit	Kinderfasching
☐	☐	☐	☐

2 Wann?

abends	nachmittags	vormittags	nachts
☐	☐	☐	☐

3 Wo?

beim Gastgeber zu Hause	im Restaurant / in einer Kneipe	in der Kantine der Firma	auf einem Schiff
☐	☐	☐	☐

4 Wer?

Freunde	Familie	Kollegen	Kinder
☐	☐	☐	☐

5 Wie lange?

bis mindestens 24 Uhr	bis spätestens 24 Uhr	bis 12 Uhr mittags	bis halb elf
☐	☐	☐	☐

6 Womit?

Kuchen mit Kerzen	Wunderkerzen	Sekt	Feuerwerk
☐	☐	☐	☐

7 Wie?

Countdown um kurz vor 12	„Alles Gute zum ..."-Rufe	„Schönes neues ..."-Rufe	Anstoßen mit Sekt
☐	☐	☐	☐

8 Welches Fest, glauben Sie, ist das?

Silvester	Namenstag	Hochzeit	Geburtstag	goldene Hochzeit
☐	☐	☐	☐	☐

ⓑ Welches Fest ist es? Verwenden Sie mindestens fünf Satzanfänge.

Das ist auf keinen Fall … ■ Das ist auf jeden Fall … ■ Das ist ganz bestimmt … ■
Das ist bestimmt nicht … ■ Das ist bestimmt kein … ■ Das ist sicher … ■ Ich bin mir sicher,
dass das … ■ Das ist garantiert … ■ Es handelt sich hier garantiert um …

> Also nein, das ist auf
> keinen Fall eine Hochzeit.

Hören Sie. Was ist das? Schreiben Sie. Verwenden Sie dazu Satzanfänge aus 14 b.

a ....

b ....

c ....

d ....

e ....

PHONETIK: Sicherheit ausdrücken, starke Vermutung ausdrücken

Hören Sie die Sätze und sprechen Sie nach.

GRAMMATIK: Ergänzungssätze: indirekte Frage nach einer Aussage

OLUNG

ⓐ Bilden Sie aus den beiden folgenden Fragen indirekte Fragesätze.

1 Wann kommt Hans nach Hause? – Ich weiß nicht, ...

2 Ist Hans schon lange verheiratet? – Ich weiß nicht, ...

ⓑ Wo ist der Hauptsatz, wo der Nebensatz? Kennzeichnen Sie die Sätze 1 und 2 aus a.

ⓒ Schreiben Sie Ihre Nebensätze in das folgende Raster.

	Konjunktion		Verb am Ende
1 Ich weiß nicht,			
2			

Hören Sie ein Interview.
Sie können es mehrmals hören. Was fragt der Interviewer?
Notieren Sie die Fragen. Verwenden Sie die folgenden Wendungen und Ausdrücke.

Der Interviewer hat gefragt, … ■ Er wollte wissen, … ■ Er hat sich dafür interessiert, … ■
Er war sich nicht sicher, … ■ Er hat sich danach erkundigt, …

Der Interviewer hat gefragt, ob …

19 Benimmbücher und Stilberater beantworten viele Fragen. Aber warum?
Lesen Sie und ergänzen Sie die Satzanfänge.

1 **Frage:** Auf welchem Weg werden heutzutage Einladungen am besten übermittelt?
Müssen sie wirklich immer per Post verschickt werden oder tut es auch eine nette E-Mail?
Antwort: Nein, das können Sie machen, wie Sie wollen. Es muss nur passen.

Die Leute wissen nicht, wie ....

Sie wissen offensichtlich nicht, ob ....

2 **Frage:** Was für eine Krawatte trägt man, wenn man zum Anzug ein sportliches Hemd tragen möchte?
Antwort: Auch wenn man es manchmal sieht: Zu einem Geschäftsanzug gehört ein klassisches
Anzugshemd mit Krawatte. Ein sportliches Hemd kann man nur zu sportlichen Anzügen oder Freizeit-
anzügen tragen, dann auch oft ohne Krawatte.

Die Stilberaterin hat offensichtlich beobachtet, dass ....

Viele Leute wissen eigentlich nicht, ...

3 **Frage:** Susanne hat sich um fünf mit ihrer besten Freundin Lilo verabredet. Doch Lilo ist – mal
wieder – nicht da. Und so sitzt Susanne seit einer Stunde am vereinbarten Ort und wartet.
Dann – gegen halb sieben – taucht Lilo auf. Ist so etwas in Ordnung?
Antwort: Ehrlich gesagt finde ich das Verhalten von Lilo unmöglich. Susanne sollte sich das nicht
gefallen lassen.

Lilo glaubt offensichtlich, dass ....

Lilo hat wahrscheinlich noch nie gehört, dass ....

Lilo interessiert sich offensichtlich überhaupt nicht dafür, ...

Vielleicht hat sie nie gehört, dass ....

Das Verhalten von Lilo kommt mir komisch vor, weil ....

VERTIEFUNG
20 Lesen Sie den folgenden Textauszug und ergänzen Sie die Satzanfänge.

... Mit Weihnachten ging es eigentlich schon los, als ich im September hier ankam. Denn als ich das erste Mal in den Supermarkt ging, stellten die Angestellten gerade überall Paletten mit großen runden Schokoladentalern auf. Daneben stellten sie mit Stanniolpapier überzogene Männer, die einen weißen Bart und einen Beutel auf dem Rücken trugen. Als ich einen der Supermarktange-stellten fragte, was das für kleine Männer seien, sagte er:

„Na, was wohl? Der Weihnachtsmann natürlich!" Später fragte ich eine deutsche Kommilitonin, was es mit diesem Weihnachtsmann auf sich habe. Er bringe die Geschenke, verriet sie mir. „Macht das nicht das Christ-kind?", fragte ich erstaunt, denn so hatte ich es in der Schule in unserem Deutschbuch gelesen. So genau wisse sie das auch nicht, sagte das Mädchen. „Aber eigentlich auch egal. Hauptsache Geschenke – oder?"

Der Autor hat beobachtet, dass ....

Der Autor weiß vielleicht wirklich nicht, ...

Er findet es komisch, dass ....

Die Kommilitonin weiß eigentlich auch nicht, ...

Er versteht nicht, warum ....

D Alles wie immer

GRAMMATIK: finale Angaben mit der Präposition *zu*, Gleichzeitigkeit ausdrücken mit der Präposition *bei*

a Lesen Sie die beiden Sätze und ergänzen Sie: *beim* oder *zum*.

> So, jetzt brauche ich endgültig neue Joggingschuhe!!

> Also, erst einmal brauche ich Joggingschuhe.

1 Sie hat .... Joggen bemerkt, dass sie neue Joggingschuhe braucht.

2 Er denkt, dass er .... Joggen erst einmal Joggingschuhe braucht.

b Wie lauten die Regeln?

1 Ordnen Sie zu.

   a beim Joggen ⬚   **b zum** Joggen ⬚

   1 drückt eine Absicht / ein Ziel aus.
   2 drückt aus, dass etwas zur selben Zeit passiert.

2 Erinnern Sie sich? Was ist richtig? Kreuzen Sie an.
   Der nominalisierte Infinitiv hat immer den Artikel ⬚ *der* ⬚ *die* ⬚ *das*.
   Der nominalisierte Infinitiv wird immer ⬚ großgeschrieben ⬚ kleingeschrieben.

3 Setzen Sie ein.
   Vor nominalisierten Verben wird aus *bei + dem* .... und aus *zu + dem* ....

Ergänzen Sie *zu*- oder *bei*-.

Daniels Radiowecker klingelt werktags jeden Morgen um Punkt 7 Uhr. Er schaltet ihn nicht sofort aus, denn

er hört immer gern Musik .... Wachwerden. .... Frühstücken hört er meistens Radio,

Nachrichten und die Presseschau. Daniel ist Student und lernt gerade für seine Abschlussprüfung.

.... Lernen trifft er sich regelmäßig mit einem Freund in der Bibliothek.

.... Entspannen geht er joggen, mehr Zeit für Sport oder andere Dinge wie Kino oder Disco hat

er zurzeit nicht. Nur .... Joggen, da hört er auch wieder Musik, das beruhigt.

Aber heute ist ein besonderer Tag: Am Abend will seine Freundin vorbeikommen und ihm was kochen, als

Belohnung, wie sie sagt, für das viele Lernen. Er würde so gern eine Lasagne essen. Doch dafür braucht er

noch die Zutaten. Das fällt ihm natürlich erst .... Joggen ein. So geht er also gleich danach einkaufen.

.... Einkaufen fällt ihm ein, dass er vielleicht noch die Wohnung aufräumen sollte, bevor seine

Freundin kommt. Da beschließt er, das Einkaufen und das Aufräumen sein zu lassen und mit ihr in die

Pizzeria zu gehen.

3

23 **ⓐ** Bilden Sie die Genitivformen. Ergänzen Sie die Endungen wo nötig.

Genitiv	maskulin		neutral		feminin		
Singular	d......	Mann......	d......	Gericht......	d......		Frau......
	d......	Kunde......	d......	Baby......	d......		Kundin......
	d......	Kosmos......	d......	Ergebnis......			
	ein......	Hund......	ein......	Kind......	ein......		Wurst......
	mein......	Sessel......	mein......	Dach......	mein......		Wohnung......
Plural	d......	Männ......	d......	Gericht......	d......	jung......	Frau......

Für die Bildung der Genitivendungen gibt es für Sie keine hilfreichen Regeln. Die müssen Sie einfach lernen. Zum Glück verwendet man den Genitiv in der gesprochenen Sprache selten und wenn, dann meist in Ausdrücken. Siehe Übung d.

ⓑ Welche Definition passt? Ordnen Sie zu.

1 das Haus **seines Vaters** ⌶⌷   2 die Hälfte **des Apfels** ⌶⌷   3 eine Zeit **des Wartens** ⌶⌷

A etwas näher bestimmen   B als Besitzbestimmung   C als Teil vom Ganzen

ⓒ Etwas näher bestimmen. Ergänzen Sie die richtigen Artikel und Endungen, wo nötig.

Rituale dürfen ganz bewusst einen Moment *der* Langeweile... herstellen. Denn nur so wird einem die

Bedeutung .... Augenblick... bewusst, nur so hebt er sich vom Alltag ab. Rituale geben nicht nur ein

Gefühl .... Sicherheit... und .... Geborgenheit..., sondern bieten auch einen Moment .... Konzentration....

In dieser Zeit .... Ruhe... kann man seine Mitte finden und die Wichtigkeit .... Moment... genießen.

ⓓ Etwas näher bestimmen – häufige Ausdrücke. Kombinieren Sie.
Denken Sie aber auch an die Endungen.

Unsicherheit ■ Langeweile ■ Ruhe ■ Konzentration ■ Angst ■ Hoffnung ■
Freude ■ Glück ■ Einsamkeit ■ Zweisamkeit ■ Stille ■ Freiheit ■ Solidarität

ein Gefühl d.......   ein Augenblick d.......   ein Moment d.......

ⓔ Übersetzen Sie Ihre Ausdrücke aus d in Ihre Muttersprache oder in eine andere Sprache.

E   Mein neues Leben

🔊 30

24 **ⓐ** Hören Sie. Hören Sie noch einmal und notieren Sie die Wörter.

ⓑ Markieren Sie die Wörter, die Sie nicht kennen.
Notieren Sie die Bedeutung der Wörter in Ihrer Muttersprache oder in einer anderen Sprache.

ⓒ Was passt? Lesen Sie und ergänzen Sie Wörter aus a.
Vergleichen Sie dann mit dem Lösungsschlüssel.

Liebe Sarah,

tut mir wirklich leid, dass ich mich so lange nicht gemeldet habe! Aber ich komme seit der Geburt von Leon zu gar nichts mehr! Er schreit so viel, ich war die ersten paar Wochen richtig

.... (1)! So .... (2) hatte ich es mir mit einem Baby nicht vorgestellt. Am Anfang bin ich mit ihm kaum aus dem Haus gegangen, weil es mir vor anderen Leuten immer so .... (3) war, wenn er so laut geschrien hat. Und ich weiß auch nie, ob ich alles richtig mache: Ziehe ich ihn richtig an? Wie oft soll ich ihn baden? Ich fühle mich ständig so .... (4)! Der ganze Tagesablauf ist mit einem Baby plötzlich völlig anders, total .... (5). Ich war seit Monaten nicht mehr beim Friseur, und manchmal schaffe ich es nicht einmal, mich zu duschen. Ich sag's dir, ich fühle mich oft so .... (6)! Es hilft natürlich auch nicht, dass wir erst seit fünf Monaten hier leben: Alles ist so anders und fremd hier und bis jetzt fühle ich mich noch gar nicht .... (7). Auch habe ich bisher kaum Leute kennengelernt, deshalb fühle ich mich oft ein bisschen .... (8). Ich freue mich schon so sehr auf Deinen Besuch! Ich hoffe, ich kann dann .... (9) sein!

Bis ganz bald und liebe Grüße,

Theresa

d Lesen Sie den Text noch einmal. Beschreiben Sie Theresas Gefühle und Empfindungen. Schreiben Sie dazu einige Sätze.

- -

sich ... fühlen: einsam ■ unsicher ■ ungepflegt ■ entspannt ■ heimisch
reagieren: schockiert ■ entspannt ■ unsicher
etwas als ... empfinden: peinlich ■ ungewohnt ■ anstrengend ■ unangenehm

Theresa fühlt sich einsam und ...., weil ....

Sie reagiert ....

....

GRAMMATIK: temporale Angaben mit Präpositionen, Adverbien und Konjunktionen

Temporale Angaben mit Präpositionen

a Was passt? Ergänzen Sie die Präpositionen. Manche passen mehrmals.

- -

an ■ ab ■ bis ■ nach ■ von ... bis ■ vor ■ seit ■ zwischen ■ um

1 Liebe alle, *seit* Monaten ist es ja in Planung, wie Ihr wisst, und jetzt haben wir es endlich geschafft! Das Programm für unser Familientreffen steht! Ihr findet es im Anhang.

2 Wir warten nun schon .... einer Woche auf die Lieferung. Wenn wir die Ware morgen nicht erhalten, werden wir von der Bestellung zurücktreten.

3 Bitte gebt mir .... spätestens Freitag Bescheid, ob ihr zu meinem Abiturfest kommt oder nicht. Danke, Gruß Ottmar.

4 Unsere Praxis ist .... 20. Oktober .... 3. November wegen Krankheit geschlossen. Bitte wenden Sie sich an die Notfallpraxis im Elisenhof.

5 Hallo Ihr Lieben! Bin im Urlaub – Ihr könnt mich .... den Sommerferien wie gewohnt erreichen.

6 Kurz, wegen der Fahrt nach Weimar. Leider müssen wir schon .... sechs losfahren, der Zug kurz .... sieben fährt .... Samstag nicht.

7 Dieses Jahr bleibt das Büro .... den Feiertagen, also vom 27. bis 30. Dezember geschlossen.

8 .... Freitag sind doch schon Ferien, da kannst du sicher nicht mehr mit dem Lehrer sprechen.

ⓑ Alte Bekannte, neue Bedeutungen?

① Was passt? Ergänzen Sie die Präpositionen.

über ◼ zu ◼ gegen ◼ während

1 Hallo, Ihr seid wohl mal wieder nicht zu Hause. Also, passt mal auf: Ich werde .... Ostern
in Berlin sein. Kann ich bei Euch übernachten? Ich würde dann am Samstag so .... zehn Uhr
bei Euch sein. Bitte gebt mir Bescheid.

2 Bin bei Anne. Bin spätestens .... Abendessen zurück.

3 Wir möchten Sie darauf hinweisen, dass .... der Vorstellung das Rauchen verboten ist.

② Was passt? Ergänzen Sie die Präpositionen.

innerhalb ◼ außerhalb ◼ bei ◼ von ... an

1 Sie rufen leider .... unserer Geschäftszeiten an.

2 Die Katze schlich .... Tagesanbruch aus dem Haus.

3 Nach einer fristlosen Kündigung müssen Sie sich .... einer Woche beim Arbeitsamt melden.

4 Meine Durchwahl hat sich geändert. .... Montag .... erreichen Sie mich unter der
Durchwahl 232.

③ Was passt? Ergänzen Sie die Präpositionen.

mit (A) ◼ auf (A) ◼ unter (A, CH, Süddeutschland)

1 a In der Nacht .... Sonntag wurde beim Juwelier Kaiser in der Agnesstraße eingebrochen.

  b Hallo, wir kommen dann .... die Nacht.

2 Das neue Gesetz zum Jugendschutz tritt .... 1. Oktober in Kraft.

3 Das geht mir so auf die Nerven: .... der Woche passiert bei uns gar nichts, immer der
gleiche langweilige Alltag.

④ Welche beiden Sätze bedeuten dasselbe? Kreuzen Sie an.

a Melden Sie sich innerhalb einer Woche beim Meldeamt. ☐
b Melden Sie sich in einer Woche beim Meldeamt. ☐
c Melden Sie sich binnen einer Woche beim Meldeamt. ☐

26 **Temporale Angaben mit Adverbien**

WIEDERHOLUNG

**ⓐ Was passt? Ergänzen Sie die Adverbien.
Manche passen mehrmals.**

damals ◼ eben ◼ abends ◼ nie ◼ morgens ◼ anfangs ◼ bald ◼ vorgestern ◼ morgen ◼ nachts ◼
jetzt ◼ dann ◼ einmal ◼ heute ◼ übermorgen ◼ vormittags ◼ nachmittags ◼ niemals ◼ gestern

1 .... hin, ... zurück, für nur 99 Euro.

2 .... war ich skeptisch, aber dann hat mich die Therapie doch überzeugt.

3 Bis .... !

4 .... im Wendland. Geschichten vom Leben auf dem Land im 19. Jahrhundert.

5 Wenn nicht .... , wann .... ?

6 Ich war nur .... schnell einkaufen.

7 Es war .... ein Mann, der hatte einen Schwamm.

8 .... anrufen, ... sich vorstellen, ... anfangen. 1000 top Jobangebote.

9 Ob Sie .... oder .... lernen wollen, bei uns finden Sie den passenden Kurs.

10 „Ich war noch .... in New York" heißt ein bekanntes Musical.

11 In diesem Gerichtsverfahren wurde die entscheidende Frage .... geklärt.

Und darum weiß man bis heute nicht, ob der wahre Täter verurteilt wurde.

12 Sie wollen wissen, was ...., ... oder vorvorgestern im Fernsehen kam?

Kein Problem, hier klicken.

13 .... essen macht doch dick, dies ist das Ergebnis einer großen Studie zum Essverhalten

nach 20.00 Uhr.

**ⓑ Was passt? Ergänzen Sie die Adverbien.
Manche passen mehrmals.**

vorhin ◼ immer ◼ lange ◼ manchmal ◼ solange ◼ zweimal ◼ inzwischen ◼ seitdem ◼ oft ◼ selten

1 Riesenerfolg bei der Europameisterschaft: Miller holt .... Gold.

2 Geduld! .... dauert es eben ein bisschen länger, bis das Fleisch gar ist.

3 Du, deine Mutter hat .... angerufen. Du sollst zurückrufen.

4 Danke, dass Sie nachfragen. .... geht es ihr – Gott sei Dank – wieder besser.

5 Endlich habe ich die richtigen Medikamente bekommen. .... habe ich keine Kopfschmerzen mehr.

6 Wie .... gehen Sie ins Internet?

7 Ein Unglück kommt .... allein.

8 Das Angebot gilt nur, ... der Vorrat reicht.

9 Keine Ahnung, wie es ihnen geht, ich habe sie .... nicht mehr gesehen.

10 .... geht es nur um seine Probleme, um seinen Stress, um seine Interessen. Mich langweilt

das langsam.

ⓒ Was bedeuten die folgenden Adverbien?

① Ergänzen Sie die Zeitangaben. Manche passen mehrmals.

ständig ◼ dauernd ◼ häufig ◼ nochmals ◼ alle ... ◼ mehrmals ◼ stets

1 Ich habe .... starke Kopfschmerzen. Ich halte das nicht mehr aus.

2 .... vier Wochen besucht er seine Eltern im Schwarzwald.

3 Antworten auf .... gestellte Fragen zum Thema Mülltrennung finden Sie in unserer Broschüre.

4 Es gibt Bücher, die muss man einfach .... lesen.

5 Die Energiekosten steigen ....

6 „.......................... zu Diensten" bedeutet, immer für jemanden da zu sein.

② Welche Wörter bedeuten ungefähr dasselbe? Wählen Sie aus **①** aus.

immer ....

häufig ....

d Was bedeuten die folgenden Adverbien? Was passt? Ergänzen Sie.
Manche passen mehrmals. Vergleichen Sie dann mit dem Lösungsschlüssel
und übersetzen Sie die Sätze in Ihre Muttersprache oder in eine andere Sprache.

---

zuletzt ▪ kürzlich ▪ seither ▪ anschließend ▪ hinterher ▪ neulich ▪
unterdessen ▪ ... her ▪ schließlich ▪ nun ▪ zurzeit

---

1 Was passiert .... mit den Ergebnissen der Umfrage?

2 Ach, ich weiß nicht, es ist doch alles schon so lange ....

3 ...., als ich aus der Wohnung kam, da habe ich ihn im Treppenhaus gesehen,

aber er sah wirklich schlecht aus.

4 .... bin ich dann doch zum Arzt.

5 Ich gehe nun regelmäßig zur Krankengymnastik, ... fühle ich mich viel besser!

6 Ich koche noch schnell die Nudeln, ... könntet ihr doch schon mal den Tisch decken.

7 Wann ich unsere Nachbarn .... gesehen habe, weiß ich nicht.

8 .... ist hier nichts los.

9 Komm doch auch! Erst gibt es bei uns eine kleine Feier und .... gehen wir noch alle

zum Tanzen.

27 Temporale Konjunktionen

a Welche Sätze gehören inhaltlich zusammen? Ordnen Sie zu und
unterstreichen Sie dann die temporalen Konjunktionen.

1 ☒ Solange ich nicht die richtigen Schuhe habe, kann ich auch keinen Sport machen.
2 ☐ Seit ich im Prüfungsstress bin, trinke ich drei Kannen Kaffee am Tag.
3 ☐ Seitdem ich mein neues Auto habe, steht mein Fahrrad nur noch im Keller.
4 ☐ Das stimmt, ich unterbreche oft andere beim Reden und warte nicht, bis sie ausgeredet haben.
5 ☐ Jörn hat schon oft Verträge unterschrieben, ehe er sie überhaupt genau durchgelesen hatte.

A Sowie die Prüfungen vorbei sind, trinke ich weniger Kaffee.
B Ab heute sage ich kein Wort mehr, bevor andere ausgeredet haben.
C Verträge unterschreibt er ab jetzt nur noch, nachdem er sie ganz genau gelesen hat.
D Ab jetzt fahre ich immer mit dem Rad, wenn das Wetter schön ist.
E Sobald ich das nächste Mal in die Stadt komme, kaufe ich mir endlich Sportschuhe.

b Schreiben Sie die Teilsätze mit den Temporalkonjunktionen (1–5) in das folgende Raster.

Konjunktion		Verb am Ende
....	....	....
....	....	....
....	....	....
....	....	....
....	....	....

28 Zusammenfassende Übungen: temporale Angaben

a Was passt? Lesen Sie, wählen Sie aus und ergänzen Sie.

Tausche Kindheitserinnerungen!

Seit vielen Jahren in Deutschland und trotzdem noch fremd? Dieses Gefühl hatte die Neuseeländerin

Joanne Moar, die (1) .seit............. elf Jahren in Deutschland lebt, (2) .... – und vor allem

(3) ...., wenn es um Kindheitserinnerungen ging. Sie kannte zwar das Lied „99 Luftballons"

von Nena bereits, bevor sie nach Deutschland kam. Doch „Winnetou" und „Pippi Langstrumpf", auch

beides Erinnerungen aus einer „deutschen" Kindheit, waren ihr lange Zeit völlig fremd. Es gab

(4) .... Situationen, in denen ihr das besonders bewusst wurde: Zum Beispiel, wenn sie

abends mit Freunden zusammensaß und alle über Winnetou redeten. Sie wusste (5) .... nie,

worum es überhaupt ging. Oder wenn auf Partys ein Schlager wie „Dschingis Khan" aufgelegt wurde.

Alle jubelten, tanzten und sangen mit, nur Joanne Moar kannte das Lied nicht. Sie tanzte zwar auch,

fühlte sich aber (6) .... immer etwas ausgeschlossen. Ihr wurde langsam immer klarer, dass

Kindheitserinnerungen eine sehr wichtige Rolle für die Identität eines Menschen spielen.

Plötzlich hatte sie eine geniale Idee: Sie entwickelte eine Website, auf der Deutsche ihre Kindheits-

erinnerungen senden und Ausländer sie empfangen können. „Becoming German" (www.becoming-

german) war geboren! (7) .... kennt sie so viele „deutsche" Kindheitserinnerungen, dass sie

(8) .... locker mitreden kann.

1 seitdem ■ seither ■ seit	5 danach ■ hinterher ■ dann
2 oft ■ noch einmal ■ schon wieder	6 dabei ■ unterdessen ■ während
3 immer wieder ■ immer dann ■ schon wieder	7 inzwischen ■ bis jetzt ■ währenddessen
4 immer wieder ■ schon wieder ■ noch einmal	8 momentan ■ jetzt ■ zurzeit

b Welche temporalen Konjunktionen passen? Ergänzen Sie. Manchmal passen mehrere.

solange ■ sobald ■ als ■ ehe ■ bevor ■ nachdem ■ seit ■ seitdem ■ sowie ■ wenn ■ bis

Der Tag, der mein Leben (fast) veränderte

.... (1) ich noch ein Kind war, ging ich einmal mit meiner Mutter in ein Kindertheater.

.... (2) das Stück losging, war mein Interesse für die Theaterwelt nicht sonderlich

groß. Doch .... (3) sich der Vorhang hob, war ich plötzlich in einer anderen, faszinie-

renden Welt. Begeistert verfolgte ich das Stück, und noch .... (4) der erste Akt vorbei

war, wusste ich: Ich will später Schauspielerin werden! .... (5) das Stück zu Ende war,

erzählte ich meiner Mutter von meinen neuesten beruflichen Plänen. Sie seufzte nur und

sagte: „........................ (6) du so groß bist, dass du Schauspielerin werden kannst, muss noch viel

Wasser den Fluss hinunter. Und das Schauspielen ist eine brotlose Kunst. Lerne besser zuerst

einen anständigen Beruf, ... (7) du dich mit dem Schauspielen in den Ruin treibst."

.... (8) ich heute an diesen Tag zurückdenke, werde ich immer ein bisschen sentimen-

tal. Es sind fast 20 Jahre vergangen, ... (9) ich mit meiner Mutter im Kindertheater

gewesen bin; ich war damals fünf Jahre alt. .... (10) ich denken kann, wollte ich

Schauspielerin werden. .... (11) ich meine Lehre als Bankkauffrau angefangen habe,

bleibt jedoch leider keine Zeit mehr für Schauspielunterricht. (...)

29 **ⓐ** Hören Sie den Text mit Friederike F. (Kursbuch S. 45) gegebenenfalls noch einmal.
Wie würde Friederike F. die folgenden Fragen beantworten?

die Stadt so fremd ▪ erste halbe Jahr / einsam fühlen ▪ umziehen in eine andere Stadt ▪
Leute kennenlernen ▪ bisschen das Gefühl, zu Hause zu sein

1 Was hat sich an Ihrem Leben geändert? ....

2 Wie war das für Sie am Anfang? ....

3 Warum? ....

4 Was hat sich seither geändert? ....

ⓑ Hören Sie den Text mit Monika K. (Kursbuch S. 45) gegebenenfalls noch einmal.
Wie würde Monika K. die folgenden Fragen beantworten?

alles planen / nichts spontan machen ▪ von der Stadt aufs Land ziehen ▪
vor zwei Jahren von München nach Bad Reichenhall ▪ schwierig

1 Was hat sich in Ihrem Leben geändert? ....

2 Und wann ist das passiert? ....

3 Was ist für Sie besonders schwierig? ....

4 Wie war die Eingewöhnung? ....

30 Hören Sie den Text mit Kristin M. (Kursbuch S. 45) ev. noch einmal. Machen Sie sich Notizen.
Wählen Sie dann einige der folgenden Fragen aus. Wie würde Kristin M. antworten?

Wie war das für Sie am Anfang? ▪ Wie geht es Ihnen seither? ▪ Was war für Sie am Anfang ungewohnt? ▪
Wie lange hat es gedauert, bis Sie sich an die neue Situation gewöhnt haben? ▪
Was hat sich in Ihrem Leben geändert?

F Oje!

31

31 Was signalisieren die Empfindungswörter? Was passt? Was glauben Sie?
Lesen Sie und kreuzen Sie an. Hören Sie dann und überprüfen Sie Ihre Lösungen.

1 Im Restaurant

◆ Na, und … ?
☐ wie schmeckt dein Essen?
☐ wie geht's?
☐ geht so.

● …, hm! Und deins?
☐ Ist in Ordnung
☐ Echt super
☐ Nicht so toll

◆ Na ja, … Hab schon besseres
Lammcurry gegessen.
☐ geht so.
☐ echt super!
☐ gut.

2 Beim Einkaufen

◆ Siehst du die Frau da drüben? ☐ welche Verkäuferin?
● Welche? Die mit dem grünen Tuch? ☐ die meinst du.
◆ Nein, nein, nicht die! Mit den roten Haaren. ☐ das verstehe ich nicht.
● Ach so, ... Wieso, was ist mit ihr?

◆ Das ist die Verkäuferin, du weißt schon! ☐ super!
● Hm, ... ☐ welche Verkäuferin?
☐ das glaube ich nicht.

◆ Die mir immer Komplimente gemacht hat. ☐ die Verrückte!
● Ach ja, ... Jetzt weiß ich, wen du meinst. ☐ bist du dir sicher?
Hoffentlich erkennt sie dich nicht! ☐ das wäre schön!

3 Geld verliehen

● Übrigens, ich hab dem Martin gestern dreißig Euro geliehen. ☐ verstehe ich nicht.
Meinst du, er gibt mir das Geld zurück? ☐ keine Ahnung.
◆ Hm, ... ☐ super.

PHONETIK: mit Empfindungswörtern reagieren

Empfindungssignale

ⓐ Hören Sie zu, achten Sie auf „hm" und beobachten Sie die Klangkurven.

Klangkurve 1: „hm"   Klangkurve 2: „hm"   Klangkurve 3: „hm"

ⓑ Hören Sie „hm". Achten Sie auf die Länge und die Melodie. Welche Klangkurve
haben Sie gehört? Ordnen Sie zu. Vergleichen Sie dann mit dem Lösungsschlüssel.

1 „Hm": ....   Hm! Wie du wieder gekocht hast! Einfach toll!

2 „Hm": ....   Hm! Das ist aber ziemlich eigenartig. Es ist doch hoffentlich nichts passiert.

3 „Hm": ....   Hm? Meinst du das wirklich ernst? Das ergibt doch gar keinen Sinn.

4 „Hm": ....   Hm! Dann müssen wir uns wohl eine andere Lösung ausdenken.

5 „Hm": ....   Hm! Das riecht aber gut hier! Ah, das ist dieser wunderbare Blumenstrauß!

6 „Hm": ....   Hm? Um sieben Uhr? Das kann nicht sein, da müsste er ja mit dem Flugzeug kommen.
Und das tut er nie.

ⓒ Hören Sie die Sätze aus b noch einmal und sprechen Sie nach.

ⓓ Hören Sie zu, achten Sie auf „ach ja" und beobachten Sie die Klangkurven.

Klangkurve 1: „ach ja"   Klangkurve 2: „ach ja"   Klangkurve 3: „ach ja"

ⓔ Hören Sie „ach ja". Achten Sie auf die Länge und die Melodie. Welche Klangkurve
haben Sie gehört? Ordnen Sie zu. Vergleichen Sie dann mit dem Lösungsschlüssel.

1 „Ach ja": ....   Ach ja. Das überrascht mich gar nicht. Typisch Erich!

2 „Ach ja": ....   Ach ja? Das wäre ja eine großartige Neuigkeit! Und du bist sicher, dass das stimmt?

3 „Ach ja": ....   Ach ja! Heute ist ja der siebzehnte! Mein Gott, das hätte ich glatt vergessen!

4 „Ach ja": ....   Ach ja? Das heißt also, wir können doch schon zum ersten Mai einziehen?

5 „Ach ja": ....   Ach ja. Es ist doch immer dasselbe. Weißt du, allmählich habe ich genug von dieser Arbeit.

6 „Ach ja": ....   Ach ja, natürlich! Er hat es uns ja versprochen!

ⓕ Hören Sie die Sätze aus e noch einmal und sprechen Sie nach.

33 Obligatorisches *es*, Demonstrativpronomen *das*

a *es* oder *das*? Ergänzen Sie.

1 Ich glaube, heute regnet .... nur einmal.

2 Pass auf, jetzt geht .... um die Wurst!

3 Bleib doch noch ein bisschen. Nachher gibt .... noch eine leckere Schwarzwälder Kirschtorte.

4 Mein Handy ist schon wieder kaputt, ... ist doch nicht normal.

5 Nein, ... ist nicht egal, wann du kommst.

6 Heute ist die Kantine geschlossen. .... ist mir aber egal, ich habe sowieso keinen Hunger.

7 Wirklich toll, dein neues Kleid. .... würde mir sicher auch gut stehen.

8 .... ist absolut erforderlich, die Sicherheitsbestimmungen einzuhalten. .... versteht sich doch von selbst.

b Was stimmt? Kreuzen Sie an und korrigieren Sie die falschen Aussagen.

1 ☐ *es* ist manchmal ein fester Bestandteil von Verben und Ausdrücken. Dann kann man es nicht weglassen.

2 ☐ *es* ist immer stark betont.

3 ☐ *das* bezieht sich normalerweise auf eine Information, die noch folgt.

4 ☐ *das* wird oft stark betont.

34 Indirekte Fragesätze im Kontext

a Korrigieren Sie die Sätze.

1 Ich weiß nicht, was soll das bedeuten.
2 Können Sie mir bitte folgende Informationen geben: Wie lange die Reise dauert und wie viel sie kostet.
3 Ich kann leider nicht lesen was hier steht.
4 Ich kann nicht verstehen, warum du hast mir nichts gesagt.

b Schreiben Sie wie im Beispiel.

1 Wo findet der Kurs statt?	Ich weiß nicht,	*wo der Kurs stattfindet*
2 Sind noch Plätze frei?		....
3 Findet der Kurs jeden Tag statt?		....
4 Welche Bücher braucht man?		....
5 Kann man sich hier anmelden?		....

Darüber hinaus

35 Überfliegen Sie den Text. Lesen Sie dann die Aufgaben.
Lesen Sie anschließend den Text noch einmal und lösen Sie die Aufgaben.

Regenwurm zum Frühstück?

Kinder stecken in einem bestimmten Alter alles in den Mund, was ihnen in die Finger kommt. Erde, Gras, Teebeutel oder Eierschalen werden meistens wieder ausgespuckt, anderes nicht. Gänseblümchen etwa schme-
cken gar nicht so übel, und Regenwürmer haben einen aparten Eigengeschmack. Doch lutscht ein Kind zufrieden an einem Regenwurm, stürzt garantiert Mama oder Papa herbei, zieht dem Kind den Wurm aus dem Mund und schreit hysterisch „liiiihhhhhh!" Dies ist aber nicht
überall so. Bei den Aborigines in Australien stehen zum Beispiel Maden auf dem Speiseplan – und werden gerne gegessen.
Die Grenzen zwischen dem, was wir als „normal" oder was wir als ekelhaft empfinden, ist subjektiv und wird
uns von unseren Eltern und der Gesellschaft, in der wir leben, beigebracht. Dass wir jeden Tag Käse essen, also gammlige, vergorene Milch, macht der Mehrzahl der Mitteleuropäer nichts aus. Nur ein kleiner Teil verab-
scheut Käse und kann meistens selber nicht erklären, warum. [20]
Wenn wir exotische Küche genießen, ist sie meistens so europäisiert, dass beispielsweise jeder Chinese über das Angebot der meisten China-Restaurants nur lachen kann. Entenfüße, Schlangensuppe oder hundertjährige Eier bekommt man hier nicht, die Europäer akzeptieren [25] höchstens Bambussprossen und Tofu aus dem Wok.
„Beim Essen und Trinken spielen Emotionen eine große Rolle", so der Ernährungspsychologe Professor Dr. Iwer Diedrichsen von der Universität Hohenheim. Fremdes Essen verunsichere die meisten Menschen, sie [30] reagierten deshalb mit Angst und Zurückhaltung. Fazit: Wer sich auf authentische Gerichte aus fremden Ländern einlässt, braucht Vertrauen. Es fällt daher in der Regel leichter, etwas Fremdes zu probieren, wenn das Essen von einem Freund oder einem guten Bekannten [35] angeboten wird.

Steht das im Text? Kreuzen Sie an.

		ja	nein
1	Kleinkinder essen instinktiv nur Dinge, die für sie gesund bzw. unschädlich sind.	☐	☐
2	Eltern erlauben ihren Kindern, alles zu essen, was ihnen nicht schadet.	☐	☐
3	Die Gesellschaft bestimmt, was gegessen und was nicht gegessen werden kann.	☐	☐
4	„Ekelhafte" Dinge können unschädliche Dinge sein, die den Menschen einer Kultur fremd sind.	☐	☐
5	„Exotische" Speisen werden in „fremden" Kulturen so verändert, dass sie die emotionalen Kriterien der Menschen nicht verletzen.	☐	☐
6	Wir können fremdes Essen leichter von fremden Menschen annehmen als von Freunden.	☐	☐

ÜBUNG ZU PRÜFUNGEN: Hörverstehen

Hören Sie die Nachricht, korrigieren Sie während des Hörens
die fünf falschen Angaben und ergänzen Sie die fehlende Information.

Schulfest der Hauptschule an der Grafstraße

Was?	Wann?	Mit wem?	Wo?	Sonstiges
Beginn	14.00	Lehrer, Eltern, Schüler	in der Eingangshalle	
Rede	14.15	Rektor	in der Eingangshalle	Mikrofon, Verstärker
Rede	14.30	Stadtrat Meier	Turnhalle	Mikrofon, Verstärker
Programm				
Versuche	15.00	Schüler Klasse 5a	Physiksaal	Aufsicht: Münster
Literatur	15.00	Schüler Klasse 6b	Raum 107	Aufsicht: Kiesele
Theater	15.00	Schüler Klasse 7/8	Raum 005	Aufsicht: Klein
Buffet	16.15	alle	Turnhalle	
Ende	18.00			

B   Der schöne Schein

WIEDERHOLUNG

1 Warum geht Veronika regelmäßig ins Fitnessstudio? Welches Ziel / Welche Absicht hat sie? Wählen Sie fünf Ziele aus. Verwenden Sie die Struktur *weil ... will*.

fit werden ■ gesund bleiben ■ gut aussehen ■
beim Sport nette Leute kennenlernen ■ viel Sport treiben ■
nicht den ganzen Tag zu Hause sitzen ■ abnehmen ■
anderen Leuten ein Vorbild sein ■ andere Leute trainieren

Sie geht regelmäßig ins Fitnessstudio, weil ...

WIEDERHOLUNG

2 **ⓐ** Was machen Sie, wenn Sie am nächsten Tag einen wichtigen Termin haben? Bilden Sie Sätze mit *um ... zu*.

1 Ich sehe mir keine spannenden Krimis an, *um gut schlafen zu können*. (gut schlafen können)

2 Ich nehme ein heißes Bad, ... (mich entspannen)

3 Ich gehe früh ins Bett, ... (morgens richtig wach sein)

4 .... (nicht nervös werden), mache ich am Morgen Yoga-Übungen.

5 .... (nichts vergessen), packe ich meine Tasche schon am Abend vorher.

ⓑ Bilden Sie vier Sätze mit *um ... zu* wie im Beispiel.

sie
er
es

geht
geht weg
kommt zurück
kommt

weinen
schreiben   bleiben
sein Glück suchen
leben   lernen

Er kommt, um zu bleiben.

WIEDERHOLUNG

3 Bilden Sie Sätze mit *damit*

1 bei uns die originellsten Valentinstagssträuße bekommen / Ihr Valentinstag ist nicht der letzte gemeinsame Tag sein.

   Bei uns bekommen Sie die originellsten Valentinstagssträuße, damit Ihr Valentinstag nicht der letzte gemeinsame Tag ist.

2 in der Pause auf die Toilette gehen / niemand sieht, dass ich weine

   ....

3 die Industrie in die Forschung investieren sollen / unser Trinkwasser bleibt sauber

   ....

4 viele Menschen machen Seminare zum Thema Lebensplanung / ihr Leben gelingt ihnen besser

   ....

5 Polizei Kurse für den Fahrradführerschein für Zehnjährige organisieren / die kleinen Fahrradfahrer kommen sicher durch den Verkehr

   ....

damit oder *um ... zu*? Johannes hat den Beruf seines Vaters erlernt.
Mit welchem Ziel? Formulieren Sie Sätze mit *um ... zu* oder *damit*.

1 Ich habe den Beruf meines Vaters erlernt / die Firma einen Nachfolger haben
2 Ich möchte unseren Familienbetrieb leiten / meine Ideen verwirklichen
3 Und zeigen / dass man mit einem Familienunternehmen auch heutzutage erfolgreich sein kann
4 Ich will den Familienbetrieb erhalten / meine Kinder die gleiche Chance wie ich haben

ⓐ Ziele eines künftigen Topmanagers. Bilden Sie fünf Sätze wie im Beispiel.

meine Ziele immer erreichen ■ viel Geld verdienen ■ viele spannende Fernreisen machen ■ immer wissen, was ich will ■ nicht zuerst an andere denken ■ verantwortungsvolle Arbeit haben ■ eine eigene Firma gründen ■ auf allen Kontinenten Geschäftspartner haben

Mein Ziel ist es, meine Ziele immer zu erreichen.

....

....

....

....

ⓑ Was sind die Motive dieses Trainingsteams? Bei welchen Zielen will es Ihnen helfen?
Bilden Sie fünf Sätze wie im Beispiel.

Ihre Ziele erreichen ■ neuen Beruf finden ■ in Zukunft glücklicher sein ■ erfolgreicher im Beruf sein ■ mehr Geld verdienen ■ bessere Aufstiegschancen haben ■ erfolgreiche Vorstellungsgespräche führen

Unser Ziel ist es, dass Sie Ihre Ziele erreichen.

....

....

....

....

ⓒ Drücken Sie die Ziele mit *um ... zu* und *Sein/Ihr Ziel ist (es), ...* aus.

1 Herr Müller füllt einen Lottoschein aus, *um viel Geld zu gewinnen* .... (viel Geld gewinnen)
  Sein Ziel ist (es), Millionär zu werden. (Millionär werden)

2 Frau Meier spielt Lotto, ... (gewinnen)
  .... (nie wieder ins Büro gehen müssen)

3 Jens kauft sich einen Lottotipp, ... (die Chance auf den Jackpot nicht verpassen)
  .... (eine Firma gründen)

ⓐ Was trieb die Menschen auf die Straße?
Formulieren Sie die Überschriften mit *der Wunsch nach*.

mehr Sicherheit in unseren Städten ■
mehr Arbeitsplätze für das Bundesland
Saarland ■ billigere Wohnungen ■
mehr Kindergartenplätze ■
mehr Lohn und Gehalt

trieb gestern Tausende von Menschen auf die Straße. Sie demonstrierten vor dem Regierungsgebäude und forderten ein Gespräch mit dem Ministerpräsidenten

ⓑ Frage an einen pensionierten Arzt: Was waren seine Ziele?
Ergänzen Sie. Es gibt mehrere Möglichkeiten.

Sein Ziel war es ■ Er hatte den Wunsch ■ Er hatte das Ziel ■ Sein Motiv war der Wunsch nach

1 ...., mit der Organisation „Ärzte ohne Grenzen" Menschen in armen Regionen der Welt

zu helfen.

2 .... einem sinnvollen Beruf, mit dem man vielen Menschen helfen kann.

3 ...., ein neues und gutes Medikament gegen die Alzheimer-Krankheit zu entdecken.

4 ...., kranken Menschen zu helfen.

VERTIEFUNG

ⓒ Weitere Ausdrücke. Was passt? Ergänzen Sie.
Übersetzen Sie die Sätze dann in Ihre Muttersprache.

der Wunsch nach ■ Suche nach ■ Verlangen nach ■ Frage nach ■ die Forderung nach

1 Süchtige wissen meist nicht, wann ihr .... Drogen begonnen hat.

2 Das Telefon- und Branchenbuch ermöglicht die einfache .... Telefonnummern, Personen

und Dienstleistern.

3 .... einem Verbot gefährlicher Computerspiele wird in der Politik immer lauter.

4 Wenn Manager und Politiker sich nicht an die Gesetze halten, nimmt .... mehr Kontrolle

in der Bevölkerung zu.

5 In einem Bewerbungsgespräch wird den Bewerbern immer wieder die .... Stärken und

Schwächen gestellt.

7 Was passt? Bilden Sie Sätze mit *der Wunsch nach / ... Ziel ist es ... zu / weil ... wollen /*
um ... zu / damit / zu. **Manchmal gibt es mehrere Lösungen.**

1 .... (ein tolles Auto) steht oft ganz oben, wenn

man Personen zwischen 18 und 25 Jahren befragt.

2 Politiker sind oft schwer zu verstehen: ....

.... (das Leben der Menschen in der Gesellschaft verbessern), und trotzdem

passiert nichts.

3 Vor einer Wahl besuchen die Politiker oft unzählige kleine Gemeinden, ...

.... (viele Wählerstimmen bekommen).

4 Manchmal ist es .... (mehr Gerechtigkeit), der Menschen

dazu bringt, sich in Parteien zu engagieren.

5 Mein Bruder lernt Tag und Nacht, ...

.... (eine Klasse überspringen), ...

(schneller mit der Schule fertig sein).

6 .... (Erfolg), braucht man auch ein wenig Glück.

WORTSCHATZ: Ziele, Motive, Absichten

8 Welche der folgenden Motive sind für die Berufswahl aus Ihrer Sicht eher positiv,
welche eher negativ?

Geld ■ Karriere ■ Rache ■ Ehre ■ Spaß ■ Ruhm ■ Abenteuer ■ Medienpräsenz ■ Macht ■ Risiko ■ Erfolg

(eher) positiv	(eher) negativ

Welche Verben passen zu den Wörtern in Übung 8? Lösen Sie die Aufgaben a–h.

ⓐ Ergänzen Sie das passende Verb.

erleben ■ bestehen ■ suchen

1 Unsere Urlaubsangebote sind genau das Richtige für junge Leute, die immer wieder neue Abenteuer

....

2 Frage zu den Spielregeln zu „Siedler von Catan": Wenn ich mein drittes Abenteuer .... habe,

bekomme ich dann den Sondersiegpunkt sofort oder erst nach der Rückkehr ins Dorf?

3 Die neue Kinderserie erzählt die Geschichte von einem kleinen Hund, der spannende Abenteuer

....

ⓑ Markieren Sie die Verben, die Sie nicht verstehen. Schlagen Sie sie in Zusammenhang mit Geld in Ihrem Wörterbuch nach. Ergänzen Sie dann passende Verben.

haben ■ verdienen ■ besitzen ■ bekommen ■ bringen ■ verlieren ■ sparen ■
wechseln ■ ausgeben ■ anlegen ■ finden ■ leihen ■ zurückgeben ■ zurückzahlen

Welcher Geld-Typ sind Sie?

Gehören Sie zu den Leuten, die mehr Geld ausgeben, als sie .... (1)?

Wenn Sie sich Geld leihen, ... Sie es auch .... (2)?

Wenn Sie Geld .... (3), ... (4) Sie es dann ins Fundbüro?

Wozu bringen *Sie* Ihr Geld zur Bank? Ich bringe mein Geld auf die Bank, weil ich Geld .... (5) will.

ⓒ Was passt? Ergänzen Sie.

erlangen ■ genießen ■ bringen

1 Wir wünschen der Band, dass sie mit diesem Album endlich den Ruhm ...., den sie schon

lange verdient!

2 Der Biologin Christiane Nüsslein-Volhard hat der Nobelpreis 1995 internationalen Ruhm ....

3 Wenn du im Staate Hochachtung und Ruhm .... möchtest, dann erarbeite dir zuallererst die

Kenntnisse, welche du für die Aufgaben brauchst, die du lösen willst! (Sokrates)

ⓓ Was passt? Entscheiden Sie.

üben ■ machen

Du sollst nicht Rache ....

ⓔ Was passt? Ergänzen Sie.

starten ■ machen ■ beenden ■ unterbrechen

1 Fast jeder will heute in seinem Beruf Karriere .... – aber nur wenige wählen dafür die richtige

Ausbildung.

2 Es ist heute für viele 50-Jährige nicht ungewöhnlich, eine zweite Karriere zu ....

3 Die berühmte Schauspielerin hat beschlossen, nach der Geburt ihrer Tochter ihre Karriere für ein Jahr zu

.... Aber das bedeutet nicht, dass sie ihre Karriere für immer ....

will, betonte sie auf einer Pressekonferenz.

f Was passt? Ergänzen Sie.

haben ■ bringen ■ genießen

1 Unternehmen, die klare Ziele haben, ... meistens auch mehr Erfolg.

2 Eine Umfrage hat ergeben: Erfolgreiche Menschen können ihren Erfolg ....

3 Noch eine letzte Frage: Welcher Ihrer Filme hat Ihnen den internationalen Erfolg .... ?

g Können Sie die folgenden Verben in eine Reihenfolge bringen?
Wie fängt das Leben eines Herrschers an, wie endet es?

haben ■ genießen ■ erlangen ■ ausüben ■ verlieren ■ missbrauchen

Macht .... → .... → .... → .... → .... → ....

h Was antworten die Kinder? Ergänzen Sie.

haben ■ machen ■ verderben

◆ So, ab nach Hause.　　　　　　　　　　　▼ Nie kann man mal richtig Spaß ....

● Immer musst du uns den Spaß ....　　■ Immer dann, wenn's mal richtig Spaß ....

SÄTZE BAUEN: Ziele / Absichten formulieren

10 Welche Absichten / Ziele hatten die Personen wohl bei ihrer Berufswahl? Formulieren Sie Sätze.

Menschen glücklich machen ■ Abenteuer erleben ■ reich werden ■ Spaß haben ■
berühmt werden ■ Menschen helfen ■ ein spannendes Leben haben ■ ...

um ... zu ■ weil ... will ■ damit ■ Mein Ziel ist (es) ■ Mein Motiv ist der Wunsch nach

Ich bin Clown geworden, weil ich die Menschen glücklich machen wollte. Mein Ziel war (es), ...

Clown

Ich wurde Entdeckerin, damit ...

Entdeckerin

...

Astronaut / Kosmonaut

...

Einbrecher

...

Medizinprofessor

...

Glücksspieler

1 Lesen Sie die beiden Texte und beantworten Sie die Fragen
mit den Wendungen und Ausdrücken.

---
um ... zu ... ■ sein/... Ziel ist (es), ... zu ... ■ sein/... Motiv ist der Wunsch nach ... ■
..., weil er ... will. ■ ..., damit er ...

A Herr Andreas Z., Erbe eines erfolgreichen international tätigen Familienunternehmens, hat beim Lotto
den Jackpot geknackt. Er sagte, er habe eigentlich nur aus Spaß mal einen Lottoschein ausgefüllt.
Er hat nun beschlossen, das Geld (6,5 Millionen Euro) in einer Stiftung anzulegen und mit dem Ertrag
Schulprojekte auf der ganzen Welt zu unterstützen. Er will von dem Geld nichts für sich und seine Familie.

---
anderen Menschen helfen ■ Gutes tun ■ ein Vorbild sein ■ internationalen Ruhm erlangen ■
noch mehr Erfolg haben ■ Unternehmen international erfolgreich sein ■ seine Kinder stolz auf ihn sein
---

Warum tut Herr Z. das? Was ist wohl sein Ziel / seine Absicht?

....
....
....

B

ÄRZTE FÜR DIE DRITTE WELT
Was wir in Afrika tun

Der Mathare-Valley-Slum mitten in Nairobi, wo über 180 000 Menschen leben, gilt als einer der übelsten Slums in ganz Afrika. Bereits ab vier Uhr morgens stehen hier die Kranken vor unserer Ambulanz, um von unseren Ärzten Hilfe zu erhalten. Deshalb heißt diese Gesundheitsstation auf Kisuaheli auch „Baraka", was Hoffnung oder Wohltat bedeutet. Ständig sind vier unserer Ärztinnen oder Ärzte in diesem riesigen Slum tätig. Für die Ärmsten der Armen bieten wir kostenlose medizinische Hilfe an, geben Medikamente, übernehmen notwendige Weiterbehandlungen in Krankenhäusern für Menschen, die sonst niemanden in ihrer Not und Armut haben. Unterernährte Kinder erhalten eine tägliche Mahlzeit. Mitarbeiter werden ausgebildet, damit sie die Schwerkranken in ihren Hütten besuchen und pflegen oder mit Ihnen vorbeugendes Verhalten einüben.

4

Warum tun die Ärzte das? Was ist wohl ihr Ziel / ihre Absicht?

....
....
....

WORTSCHATZ: Film/Buch

Film

a Was passt? Kreuzen Sie an.

	ansehen	im ... sein	anschauen
1 Kino	☐	☐	☐
2 Film	☐	☐	☐

b Setzen Sie ein. Manchmal sind mehrere Lösungen möglich.

(die) Vorstellung ■ (die) Vorführung ■ (die) Darstellung ■ (der) Farbfilm ■ (der) Schwarz-Weiß-Film ■ (der) Film
---

1 Sag mal: Wann fängt .... eigentlich an?

2 Die .... der Tsunami-Katastrophe war in diesem Film sehr unrealistisch.

3 Sag mal: Der Film ist ja in Farbe! Ich dachte, das wäre .... Ist der nicht aus den 50er-Jahren?

4 Im Kino sieht man heute normalerweise .... Nur Dokumentarfilme sind

manchmal noch schwarz-weiß.

c Und Ihr Alibi soll stimmen? Ergänzen Sie. (Es gibt mehrere Möglichkeiten.)

Star ■ Hauptdarsteller/in ■ Darsteller/in ■ Filmschauspieler/in ■
Schauspieler/in ■ Regisseur/in ■ Handlung ■ Szene ■ Uraufführung

◆ Also, im Kino waren Sie gestern. Wie hieß denn der ....?

● Keine Ahnung.

◆ Und wie hat Ihnen die .... in der Rolle der Mara gefallen?

● Keine Ahnung.

◆ Aber Sie werden doch wissen, wer der .... war?

● Keine Ahnung.

◆ Wie fanden Sie denn die ....? Spannend?

● Keine Ahnung.

◆ Aber an eine .... können Sie sich doch sicher erinnern. Na?!

● Nee. Hab geschlafen.

◆ Und warum waren Sie dann in dem Film?

● Ist doch klar, war doch eine ....

13 Bücher

a Welche Wörter kennen Sie? Kreuzen Sie an.
Klären Sie die Bedeutung der anderen Wörter mit dem Wörterbuch.

Literatur ⬚	Bücherei ⬚	Umschlag ⬚
Text ⬚	Buchhandlung ⬚	Band ⬚
Seite ⬚	Herausgeber/in ⬚	Inhalt ⬚
Titel ⬚	Druck ⬚	Hauptfigur ⬚
Autor/in ⬚	Vorwort ⬚	Figur ⬚
Schriftsteller/in ⬚	Untertitel ⬚	Taschenbuch ⬚
Dichter/in ⬚	Verlag ⬚	Prosa ⬚
Bibliothek ⬚	Kapitel ⬚	

○ 37 **b** Wie bewerten die Personen die Bücher? Welche Adjektive haben Sie gehört?
Kreuzen Sie an.

1 interessant ⬚ ■ dünn ⬚ ■ schlecht ⬚ ■ blöd ⬚ ■ informativ ⬚ ■ langweilig ⬚
2 modern ⬚ ■ unterhaltsam ⬚ ■ spannend ⬚ ■ politisch ⬚ ■ schwach ⬚ ■ kritisch ⬚ ■ intelligent ⬚ ■
   dick ⬚
3 schön ⬚ ■ lesenswert ⬚ ■ lustig ⬚ ■ dünn ⬚ ■ komisch ⬚ ■ ernst ⬚ ■ bekannt ⬚ ■ kritisch ⬚
4 modern ⬚ ■ intelligent ⬚ ■ gut ⬚ ■ lustig ⬚ ■ dumm ⬚ ■ traurig ⬚ ■ interessant ⬚ ■ unterhaltsam ⬚
5 spannend ⬚ ■ komisch ⬚ ■ unbekannt ⬚ ■ ernst ⬚ ■ politisch ⬚ ■ traurig ⬚

c Finden Sie zu jedem Adjektiv ein Buch aus Ihrem eigenen Bücherschrank.

4 **Welche Antwort passt? Kreuzen Sie an. Es sind immer zwei Antworten möglich.**

1 Und, hat der Film dir doch noch gefallen?
- ☐ a Der Film hat mich überrascht, er war echt gut.
- ☐ b Na ja, aber es spricht doch für den Film, dass er ein aktuelles Thema behandelt.
- ☐ c Ja, insgesamt ein interessanter und spannender Film.

2 Also, ich finde, diesen Film sollte man nicht ansehen. Er ist doch wirklich langweilig.
- ☐ a Finde ich auch. Das Thema hat mich noch nie interessiert.
- ☐ b Na ja, aber es spricht doch für den Film, dass er ein aktuelles Thema behandelt.
- ☐ c Insgesamt ein interessanter und spannender Film.

3 Sag mal, wie würdest du den Film bewerten?
- ☐ a Der Film hat mich überrascht: Er ist unterhaltsam, interessant und informativ.
- ☐ b Also, insgesamt ein toller Film. Interessant, informativ und spannend.
- ☐ c Aber es spricht doch für den Film, dass er ein aktuelles Thema behandelt.

ⓐ Ergänzen Sie die Wendungen und Ausdrücke in der folgenden Filmkritik.

Dem Film gelang es … ■ Es geht in dem Film um … ■ Besonders gut haben mir … ■
… haben mich schon immer interessiert. ■ Der Film, den ich gesehen habe … ■ insgesamt …

.... (1), heißt „Unsere Erde".

.... (2) die Schönheit unserer Erde, aber auch um

die Umweltgefahren. .... (3) die wunderbaren Bilder der Tier- und

Pflanzenwelt gefallen. Die Landschaften anderer Kontinente .... (4).

.... (5), mein Interesse für die Umweltprobleme zu wecken.

Also, ... (6) ein interessanter Film.

ⓑ Ergänzen Sie die Wendungen und Ausdrücke in der folgenden Filmkritik.

Er erzählt die Geschichte von … ■ Eigentlich hat mich der Film nicht besonders interessiert … ■
Insgesamt ist es … ■ Der Zeichentrickfilm, den ich gestern Abend bei TV-e gesehen habe, heißt … ■
Besonders gut haben mir die … ■ Aber es spricht doch für den Film …

.... (1) Asterix bei den Olympischen Spielen.

.... (2), weil ich keine Zeichentrickfilme mag.

.... (3), dass ich ihn mir ganz angesehen und nicht umgeschaltet habe.

.... (4) den zwei Figuren Asterix und Obelix, die an den Olympischen Spielen

teilnehmen. .... (5) Szenen mit den Figuren gefallen, die unseren heutigen

Sportlern ähnlich sind. .... (6) ein unterhaltsamer Film. Aber man

muss ihn nicht gesehen haben. Der Original-Comic ist viel lustiger.

16 Wie schreibe ich eine kurze Buchkritik/Filmkritik?

a So können Sie eine Buch- oder Filmkritik aufbauen. Lesen Sie die Punkte 1–4. Wählen Sie dann aus dem Angebot der Wendungen **jeweils** *zwei* für jeden der Punkte 1–4 aus.

1 Anfang

☐ Das Buch, das ich gelesen habe, heißt …
☐ Der Film, den ich gesehen habe, hat den Titel …
☐ Der Titel des Films / Buches ist / lautet …
☐ Das Buch ist von dem Autor / der Autorin …
☐ Der Film ist von dem Regisseur / der Regisseurin …
☐ Der Regisseur / Die Autorin heißt …

2 Inhalt wiedergeben / zusammenfassen (siehe auch Lektion 1)

☐ Das Thema des Buches / des Films ist …
☐ Es geht in dem Buch / Film um …
☐ Es/Er handelt von …
☐ Der Film / Das Buch beschäftigt sich mit …
☐ Der Film / Das Buch berichtet über …
☐ Der Film / Das Buch behandelt …
☐ Bei dem … handelt es sich um einen Film / ein Buch über …
☐ Das Buch / Der Film erzählt die Geschichte von …

3 Bewertung / eigene Meinung

☐ Der Film / Das Buch hat mich überrascht …
☐ Das Thema an sich hat mich (schon / gar nicht) interessiert.
☐ Das Thema an sich hat mich begeistert / gelangweilt / …
☐ Besonders gut hat mir (auch) … gefallen.
☐ Überhaupt nicht hat mir … gefallen.
☐ Es gelingt dem Film / dem Buch, … zu …
☐ Es spricht für das Buch / den Film, dass es ihm gelungen ist, mein Interesse an … zu wecken.

4 Ende: Resümee

☐ Insgesamt hat mir das Buch / der Film (nicht) sehr gut gefallen.
☐ Alles in allem ist es ein sehr langweiliger / … Film.
☐ Also, insgesamt ist es ein sehr interessantes / … Buch.

b Schreiben Sie jetzt mithilfe Ihrer Wendungen eine kurze Buchkritik oder Filmkritik. Entnehmen Sie die Inhaltspunkte den folgenden Notizzetteln.

A

Titel: Schwarze Dame
Autor: Andreas Gruber

Inhalt: In Prag verbrennen bei einem Museumsbrand wertvolle Bilder. Die Bilder sind bei einer Gesellschaft in Wien versichert. Die Versicherung vermutet Versicherungsbetrug. Der Detektiv Peter Hogart soll den Fall aufdecken und gerät in die Mordfälle eines Serientäters.

Bewertung: Spannend, die Figur des Mörders ist interessant, das Ende auch. Gut geschrieben.
Figuren: interessante Personen
Fazit: gutes Buch ★★★★

Titel: Geliebte Jane

Regisseur: Julian Jarrold

Inhalt: Jane Austen glaubt fest an die wahre Liebe. Doch ihre Eltern wollen, dass sie des Geldes wegen ihren Neffen heiratet. Als die 20-jährige Jane dem attraktiven jungen Iren Tom Lefroy begegnet, ist sie von ihm begeistert. Darf Jane gegen den Wunsch ihrer Eltern handeln und die Vorstellungen der Gesellschaft Ende des 18. Jahrhunderts ignorieren?

Bewertung: Handlung nicht so gut

Bilder, Kostüme: wunderbar

Dialoge: sehr gut

Schauspieler: Hauptdarsteller sehr gut

Fazit: sehenswert ☆☆☆☆

C Die neue Welt des Essens

WORTSCHATZ: Lebensmittel

UNG

ⓐ Einkaufen im Internetshop. Einfach bestellen, dann wird geliefert. Aber was finden Sie wo? Schreiben Sie zu jedem Oberbegriff mindestens einen Artikel. Die folgende Wortsammlung hilft Ihnen. Es gibt mehrere Möglichkeiten.

4

Diese Wörter kennen Sie schon.

Bonbons ▪ Torte ▪ Erdbeerkonfitüre ▪ Cola ▪ Milch ▪ Wasser ▪ Orangensaft ▪ Limonade ▪ Linsen ▪ Rot-/Weißwein ▪ Bier ▪ Likör ▪ Karotten ▪ Tomaten ▪ Pilze ▪ Kartoffeln ▪ Salate ▪ Erdbeeren ▪ Bananen ▪ Orangen ▪ Aprikosen ▪ Äpfel ▪ Zitronen ▪ Tiefkühlpommes ▪ Tiefkühlpizza ▪ Reis ▪ Nudeln ▪ Spaghetti ▪ Müsli ▪ Grieß ▪ Nüsse ▪ Kalb-/Schweine-/Rind-/Lammfleisch ▪ Bohnen ▪ Hackfleisch ▪ Schinken ▪ Speck ▪ Wurst ▪ Würstchen ▪ Brötchen ▪ Salz ▪ Pfeffer ▪ Senf ▪ Knoblauch ▪ Ketchup ▪ Öl ▪ Essig ▪ Mayonnaise ▪ Zucker ▪ Kakao ▪ Tee ▪ Joghurt ▪ Butter ▪ Mehl ▪ Erbsen

Diese Wörter sind neu.

Schnittlauch ▪ Vanille ▪ Vanillepudding ▪ Kabeljau ▪ Bratkartoffeln ▪ Gans ▪ Hähnchen ▪ Schokoladenriegel ▪ Hartkäse ▪ Weichkäse ▪ Quark / Topfen (A) ▪ Vollkornbrot ▪ Schwarzbrot ▪ Weißbrot ▪ Gebäck ▪ Toast ▪ Fischsuppe ▪ Hering ▪ Forelle ▪ Kräuter ▪ Süßspeise ▪ Süßigkeiten

Backen & Pudding:	Kaffee / Tee / Kakao: ....
Bio-Produkte:	Kartoffelprodukte: ....
Brot & Backwaren:	Knabberartikel: ....
Diät-Produkte:	Konserven: ....
Feinkost:	Milchprodukte: ....
Fertiggerichte:	Öl / Essig / Gewürze: ....
Fisch & Meeresfrüchte:	Suppen & Soßen: ....
Gemüse & Obst:	Süßwaren: ....
Getränke / Spirituosen:	Teigwaren & Reis: ....
Frühstück:	Wurst & Fleisch: ....
Hülsenfrüchte:	

ⓑ Lesen Sie die Definition. Beantworten Sie dann die folgenden Fragen.

Grundnahrungsmittel

Als **Grundnahrungsmittel** werden die Nahrungsmittel bezeichnet, die im jeweiligen Kulturkreis mengenmäßig den Hauptbestandteil der menschlichen Ernährung ausmachen. Sie stellen die Grundversorgung mit Kohlenhydraten, Eiweiß und Fett sicher, nicht jedoch unbedingt eine ausreichende Versorgung mit Vitaminen und Spurenelementen.

1 Wie sehen Sie das? Was sind die Grundnahrungsmittel in Ihrer Heimat?

In meiner Heimat isst man vor allem …
Zu den Grundnahrungsmitteln gehören auch …
Außerdem isst man noch oft …

2 Wie sehen Sie das? Was sind die Grundnahrungsmittel in den deutschsprachigen Ländern?

In Deutschland / In Österreich / In der Schweiz isst man vor allem …
Zu den Grundnahrungsmitteln gehören auch …
Außerdem isst man noch oft …

ⓒ Gibt es für alle Ihre Lieblingslebensmittel deutschsprachige Wörter?
Wenn nicht, versuchen Sie, die Lebensmittel zu beschreiben.
Verwenden Sie die folgenden Wendungen und Ausdrücke.

…, das gehört zu … ◼ … ist ein …produkt / … ◼ … ist so ähnlich wie … ◼ … schmeckt so ähnlich wie …

GRAMMATIK: Wortbildung: Adjektiv

18 ⓐ Adjektive verstehen: -voll und -los

1 Welche Nomen sind in den folgenden Adjektiven versteckt? Ergänzen Sie sie.
2 Übersetzen Sie die Adjektive. Bei welchen Wörtern ist die Übersetzung ähnlich, bei welchen ganz anders?

Adjektiv	Nomen	Endung	Bedeutung in der Muttersprache oder in einer anderen Sprache
liebevoll	die Liebe	-voll	
sorgenvoll			
fantasievoll			
hoffnungsvoll			
geheimnisvoll			
arbeitslos			
fantasielos			
hoffnungslos			
lieblos			
zeitlos			
sorglos			
problemlos			
leblos			
endlos			

erfolglos ....

klanglos ....

obdachlos ....

b Zwei ungleiche Schwestern. Ergänzen Sie die Adjektive mit der Endung *-los* bzw. *-voll*.
Achten Sie auf die Endungen.

1 Die eine trägt gern zeit................ Kostüme. Die andere kleidet sich ganz modisch.

2 Die eine hat eine gute Arbeitsstelle. Die andere ist gerade arbeits............... geworden.

3 Die eine sammelt wert............... Möbelstücke. Die andere mag wert............... Plunder vom Flohmarkt.

4 Die eine lacht nicht gern, sie ist humor............... Die andere ist immer gut drauf, sie ist humor................ .

5 Die eine fährt rücksichts............... Auto. Die andere dagegen ist immer rücksichts................ .

6 Die eine macht sich ständig Sorgen. Die andere lebt glücklich und sorg................ .

a Adjektive verstehen: *-bar* und *-lich*

1 Welche Verben sind in den folgenden Adjektiven versteckt? Ergänzen Sie sie.

2 Übersetzen Sie die Adjektive. Bei welchen Wörtern ist die Übersetzung ähnlich, bei welchen ganz anders?

Adjektiv	Verb	Endung	Bedeutung in der Muttersprache oder in einer anderen Sprache
bezahlbar	bezahlen	–bar	
essbar			
brauchbar			
genießbar			
machbar			
lösbar			
heilbar			
teilbar			
verständlich			
verkäuflich			

b Setzen Sie die Wörter aus a in die folgenden Sätze ein.

1 Wenn Sie noch .... Sachen haben, die Sie nicht wegwerfen, aber auch nicht verkaufen

wollen, dann bringen Sie sie uns, dem Sozialen Kaufhaus.

2 Ist ein Joghurt noch .... , auch wenn das Haltbarkeitsdatum abgelaufen ist?

3 Bleibt Ihre Krankenversicherung im Alter .... ?

4 .... oder nicht? Sie sind lecker und gesund – wenn es die richtigen Blüten sind.

Manches, was grünt und blüht, ist nämlich giftig.

5 Eine Zahl ist durch eine andere .... , wenn kein Rest übrig bleibt. Zum Beispiel: 12 : 3 = 4.

6 Ein Blumenbild von Nolde ist immer gut ....

7 Konflikte sind ....

8 Auch Schlaflosigkeit ist .... – man muss nur die Ursachen finden.

9 Alles ist .... – man muss es nur wollen.

10 Die Sprache von Kleinkindern ist oft nur für die Eltern ....

C Umformungen sind oft möglich. Lesen Sie die Sätze 1–4.

1 Gerade Zahlen sind durch 2 teilbar. – Man kann gerade Zahlen durch 2 teilen.
2 Manche Blüten sind essbar. – Manche Blüten kann man essen.
3 Die Probleme der Gesellschaft sind lösbar. – Man kann die Probleme der Gesellschaft lösen.
4 Die Erklärungen sind unverständlich. – Die Erklärungen kann man nicht verstehen.

Manchmal bedeutet die Umformung etwas anderes. Lesen Sie Satz 5.

5 Das Essen gestern war ungenießbar. (Es war schlecht.) Wir konnten das Essen gestern nicht genießen (z.B. weil es im Restaurant zu laut war oder weil die Kinder gestritten haben).

20 Adjektive verstehen: -sam

1 Welche Verben sind in den folgenden Adjektiven versteckt? Tragen Sie sie ein.

2 Übersetzen Sie die Adjektive. Bei welchen Wörtern ist die Übersetzung ähnlich, bei welchen ganz anders?

Adjektiv	Verb	Endung	Bedeutung in der Muttersprache oder in einer anderen Sprache
wirksam	....	....	....
bedeutsam	....	....	....
schweigsam	....	....	....
sparsam	....	....	....
unterhaltsam	....	....	....
erholsam	....	....	....
ratsam	....	....	....

21 Die Vorsilbe *un-*. Einige der Adjektive auf *-lich* und *-sam* lassen sich mit *un-* negieren. Ergänzen Sie.

1 Das Medikament wirkt nicht. (-sam) Das Medikament ist .... *sam*.
2 Dieses moderne Sofa kann man nicht verkaufen. (-lich) Dieses moderne Sofa ist ....
3 Man kann den Roman hier nicht verstehen. (-lich) Der Roman hier ist ....

Aber: Lernen Sie auch immer, welche Adjektive man mit *un-* negieren kann und welche nicht.
Zum Beispiel: *genießbar – ungenießbar*, aber *essbar – unessbar*

RHOLUNG
2

Was auf den Tisch kommt

ⓐ Geschirr: Sehen Sie die folgenden Bilder an und ordnen Sie zu.

☐ tiefer Teller (Suppenteller) ■
☐ kleiner Teller (Dessertteller/Salatteller) ■
☐ Salatschüssel ■ ☐ Salzstreuer ■
☐ flacher großer Teller ■ ☐ Kuchenplatte ■
☐ Tasse mit Untertasse ■ ☐ Becher ■
☐ Teekanne ■ ☐ Eierbecher ■
☐ kleine Schüssel ■ ☐ Salatplatte

ⓑ Besteck: Sehen Sie die folgenden Bilder an und ordnen Sie zu.

☐ kleiner Löffel (Kaffeelöffel/Teelöffel) ■
☐ kleine Gabel (Dessertgabel) ■
☐ Messer ■ ☐ Gabel ■
☐ großer Löffel (Suppenlöffel/Esslöffel)■
☐ Tortenheber ■ ☐ Servierbesteck

ⓒ Gläser: Sehen Sie die folgenden Bilder an und ordnen Sie zu.
Ein „Glas" passt nicht! Was ist das?

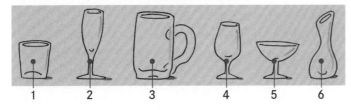

☐ Bierkrug ■ ☐ Sektglas ■
☐ Wasserglas ■ ☐ Sektkelch■
☐ Weinglas ■ ☐ ....

Gemeinsam kochen

ⓐ Kochgeschirr: Sehen Sie die folgenden Bilder an und ordnen Sie zu.

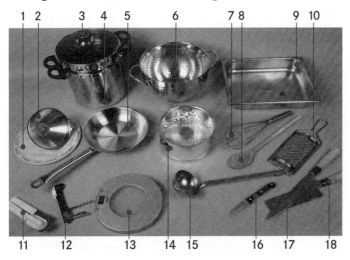

☐ Deckel ■ ☐ Pfanne ■ ☐ Topf ■
☐ Trichter ■ ☐ Dosenöffner ■
☐ Kochlöffel ■ ☐ Waage ■
☐ Korkenzieher ■ ☐ Schneebesen ■
☐ Schneidebrett ■ ☐ Schneidemesser
(Fleischmesser) ■ ☐ Schöpflöffel ■
☐ Hackbeil ■ ☐ Schälmesser ■
☐ Backform ■ ☐ Reibe ■ ☐ Sieb ■
☐ Bräter

4

ⓑ Wie wird etwas zubereitet? Ordnen Sie zu.

A	B	C	D	E	F	G

H	I	J	K	L	M	N

☐ anrichten ■ ☐ rühren / umrühren ■ ☐ schälen ■ ☐ hinzufügen ■ ☐ zum Kochen bringen ■
☐ klein / in Scheiben schneiden ■ ☐ halbieren ■ ☐ kneten ■ ☐ hacken ■ ☐ anbraten ■ ☐ braten ■
☐ backen ■ ☐ aufgießen ■ ☐ erhitzen ■ ☐ ausrollen

VERTIEFUNG

ⓒ Was passt? Ergänzen Sie Verben aus b.

Tipps und Tricks vom Küchenprofi

1 Zwiebeln: Für die Fleischbrühe .... Sie die Zwiebeln und geben Sie sie dann in die Suppe.

Das bringt ein besseres Aroma.

2 Nudeln: Sehr viel Wasser mit ausreichend Salz oder Fertigbrühe ...., Nudeln

.... Achtung beim Kochen: Kein kaltes Wasser ....

3 Rote Bete am besten mit Einweghandschuhen ....

4 Plätzchenteig niemals mit der Knetmaschine ...., denn dann wird der Teig zu warm.

5 Fleisch immer erst .... und dann erst mit Wein oder Brühe ....

6 Das Gemüse für Gemüsesuppe immer ...., für Fleischbrühe eher in größeren Stücken lassen.

7 Fleisch schmeckt meistens besser, wenn Sie es im Ofen bei niedrigen Temperaturen ....

Das dauert aber ziemlich lange.

8 .... Sie Brot am Anfang bei ziemlich hohen Temperaturen, dann stellen Sie den Backofen

etwas niedriger ein. So wird das Brot knusprig.

VERTIEFUNG

ⓓ Was macht man mit dem fertigen Essen / Kuchen? Ergänzen Sie die Sätze.

aufwärmen ■ einfrieren ■ kühl lagern ■ auftauen ■ abkühlen lassen

1 Frisch gebackenes Brot muss man vor dem Anschneiden unbedingt ....

2 Kuchen sollte man rechtzeitig aus dem Tiefkühlfach nehmen und bei Zimmertemperatur ....

3 Vanillesoße schmeckt besonders gut, wenn man sie vor dem Servieren leicht ....

4 Fleischsuppen sollte man immer ...., da sie leicht schlecht werden.

5 Viele Kuchensorten lassen sich besonders gut ....

Kochrezepte. Ergänzen Sie die Wendungen und Ausdrücke im folgenden Rezept.

hinzufügen und umrühren ■ Zuerst wäscht man ■ schneidet sie dann in Scheiben ■ Erhitzen Sie ■
schneiden Sie sie in kleine Stücke ■ Für Bratkartoffeln braucht man folgende Zutaten ■
Danach schält man ■ schälen Sie ■ braten ■ Achten Sie dabei vor allem ■ Man darf auf keinen Fall

Rezept: Bratkartoffeln

.... (1): eine Tasse Öl, ca. 600 g Kartoffeln, 80 g Butter,

5 g Schnittlauch, 2 kleine Zwiebeln, Salz und Pfeffer. .... (2) die Kartoffeln und

kocht sie dann. .... (3) die noch warmen Kartoffeln. Anschließend lässt man die

Kartoffeln abkühlen und .... (4). Inzwischen .... (5)

die Zwiebeln und .... (6). .... (7) das Öl

in einer Pfanne und .... (8) Sie die Kartoffelscheiben. .... (9)

auf die richtige Temperatur: Das Öl darf nicht zu heiß sein, sonst verbrennen die Kartoffeln. Es darf

aber auch nicht zu kühl sein, sonst nehmen die Kartoffeln das Öl auf. Zuletzt die Butter und die

Zwiebelstücke .... (10). Alles noch einmal kurz braten und zum Schluss

mit Salz und Pfeffer würzen. Noch ein Tipp: .... (11) die Zwiebeln

zuerst ins Öl geben; sie verbrennen dann, und die Bratkartoffeln werden bitter.

25 Beschreiben Sie jemandem, wie man Frikadellen zubereitet.

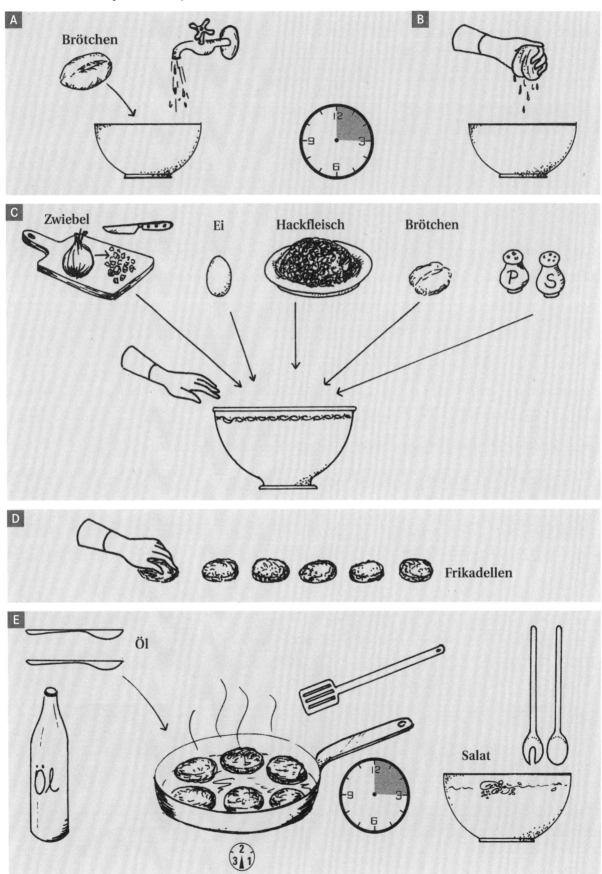

D Eine wirklich nette Kollegin

WHOLUNG

a Was macht man regelmäßig mit seinem Hund? Schreiben Sie mit den Verben Sätze zu den Bildern.

waschen ■ kämmen ■ Zähne putzen ■ anziehen ■ föhnen

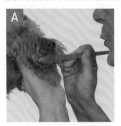
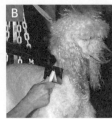

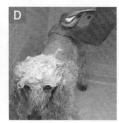

b Was machen Sie morgens, bevor Sie frühstücken?
Schreiben Sie die Verben zu den Fotos. Schreiben Sie sie in der 1. Person.

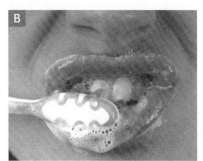

....

....

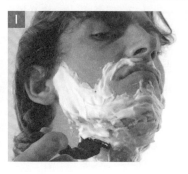

....

27 Die meisten reflexiven Verben haben das „sich" im Akkusativ.

ⓐ Ergänzen Sie in den folgenden Sätzen die korrekte Form von „sich".

1 Wenn sich Elefanten irren, dann irren sie .... sehr.

2 Wenn du glaubst, du kannst hier tun und lassen, was du willst, dann irrst du .... aber gewaltig.

3 Hier steht es schwarz auf weiß. Es ist eindeutig, dass ich .... geirrt habe. Aber wie konnte mir so etwas passieren?

4 Unsere Chefin – also, das ist 'ne ganz besondere Nummer – sie irrt .... nämlich nie, glaubt sie.

5 So, hier ist das Ergebnis, und wenn wir .... nicht geirrt haben, dann machen wir mit jedem Buch 3 Cent Gewinn. Na, immerhin.

6 Ihr glaubt, ich bin es gewesen? Gut, verhaftet mich. Aber glaubt es mir, ihr irrt ...., und das werdet ihr merken, wenn das nächste Verbrechen passiert.

7 Sie irren .... bestimmt. Mein Sohn malt keine Hauswände an, da bin ich mir ganz sicher. Das war jemand anderes.

ⓑ Hier können Sie sich in einer Tabelle Übersicht verschaffen.

ich irre	....	wir irren	....
du irrst	....	ihr irrt	....
er irrt	....	sie/Sie irren	*sich*
sie irrt	....		

28 **ⓐ** Einige Verben haben das „sich" im Dativ. Ergänzen Sie in den folgenden Sätzen die korrekte Form von „sich".

1 Sag mal, wie stellst du .... das vor, einfach von der Schule zu gehen und nichts zu tun?

2 Weißt du, das versteht meine Mutter niemals, dass ich .... vorstelle, ein berühmter Musiker zu werden. Für sie ist meine Musik einfach Krach.

ⓑ Hier können Sie sich in einer Tabelle Übersicht verschaffen.
Markieren Sie die Stellen, die sich vom Reflexivpronomen im Akkusativ unterscheiden.

Ich stelle	*mir* vor, wie es wäre, wenn …	Wir stellen	....	alles ganz toll vor.
Was stellst du	.... vor?	Ihr stellt	....	vor, wie schön das wäre.
Er stellt	.... nichts vor.	Und was stellen Sie	....	so vor?
Sie stellt	.... vor, dass alles anders wäre.			

29 Reflexivpronomen im Satz. Lesen Sie die Beispiele und machen Sie sich die Wortstellung klar.

ⓐ Reflexivpronomen im Hauptsatz

1 Mein Sohn stellt **sich** manchmal wunderbare Dinge vor, die es aber gar nicht gibt.
2 Immer morgens stelle ich **mir** wunderbare Dinge für den kommenden Tag vor.
3 Was stellst du **dir** denn vor?
4 Also, das haben **sich** meine Kollegen wirklich anders vorgestellt.
5 Also, das haben sie **sich** wirklich nicht so vorgestellt.

ⓑ Reflexivpronomen im Nebensatz

Du willst wissen,
1 was mein Sohn **sich** so alles vorstellt? Wenn ich das wüsste.
2 warum ich **mir** das so und nicht anders vorstelle?
3 warum **sich** meine armen überarbeiteten Kollegen das anders vorgestellt haben? Ich weiß es nicht.
4 warum sie **sich** das wirklich nicht so vorgestellt haben?

c Im Wörterbuch finden Sie *sich* immer im Zusammenhang mit dem Verb.
Überprüfen Sie die folgenden Wortstellungs-Tendenzen in den Sätzen der Übungen a und b.

- Im Satz steht das Reflexivpronomen in der Regel nahe beim Subjekt. Steht das Subjekt am Anfang des Satzes, steht es nach dem Verb.
- Ist das Subjekt ein Personalpronomen, steht das Reflexivpronomen immer dahinter. Ist das Subjekt sehr lang, kann es auch davor stehen.

Verben mit *sich*

a Was passt? Ergänzen Sie.

---
sich versprechen ■ sich verschreiben
---

1 „Sag mal, hier schreibst du ‚Kümmern Sie bitte ...' " – „Oh Gott, ich habe ...., ich meinte ‚kommen'."

2 „Anna, hör mal, ich soll Herrn Müller zur Jahresversammlung einladen." – „Was? Sicher nicht."
„Doch, das hat er gestern gesagt." – „Niemals, da hat er .... sicher ....; er meinte Herrn Meier."

b Tratsch im Treppenhaus. Ergänzen Sie die Verben in den Sprechblasen.

---
sich ärgern (über) ■ sich scheiden lassen ■ sich fürchten (vor) ■
sich trennen (von) ■ sich beschweren (über) ■ sich missverstehen ■
sich streiten ■ sich auf die Nerven gehen ■ sich irren
---

1 Wussten Sie schon? Die Meiers, ja, die haben doch erst vor ein paar Monaten geheiratet, und, stellen Sie sich vor, jetzt ... .

2 Frau Meier glaubte, ich würde die Treppe putzen. Und ich dachte, sie putzt die Treppe. Ich glaube, da haben wir ... .

3 Der alte Herr Kovacek, der muss ... von seinem Hund ..., er ist einfach zu alt für einen Hund.

4 Sie glauben, Sie können tun, was Sie wollen, da ... Sie ... aber. Ich habe ... nämlich schon bei der Hausverwaltung über Sie ... .

5 Der Herr Senf und ich, wir ... ganz schön ...: Er mir mit seinem dummen Gerede und ich ihm, weil ich immer genau sehe, wann er nach Hause kommt. So ist das.

6 Die beiden Kinder der Müllers ... ständig, und die alte Frau Selige ... über den Lärm.

7 Na ja, heute ... ja niemand mehr vor der Hausmeisterin, das war früher anders, kann ich Ihnen sagen.

c Lesen Sie und entscheiden Sie, ob diese Dinge für Sie persönlich wichtig sind.

Welche Dinge sind für Sie im Urlaub wichtig?
Machen Sie den folgenden Test - Wir sagen Ihnen, welches
unserer Urlaubsangebote für Sie genau das richtige ist.

☐ Sie wollen sich erholen.
☐ Sie wollen sich mal wieder so richtig ausschlafen.
☐ Sie wollen sich abends amüsieren.
☐ Sie wollen sich Städte und Sehenswürdigkeiten ansehen.
☐ Sie wollen sich vom Alltag ausruhen.
☐ Sie wollen sich einfach nur entspannen.
☐ Sie wollen sich das Rauchen abgewöhnen.
☐ Sie wollen sich mal wieder mit Ihrer Familie vergnügen.
☐ Sie wollen sich in ein neues Land verlieben.
☐ Sie wollen sich einfach mal wieder auf etwas Neues freuen können.
☐ Sie sehnen sich nach Sonne, Meer und Sand.

Schicken Sie jetzt den ausgefüllten Test ab -
in einigen Minuten erhalten Sie unser passendes Angebot per E-Mail.

WORTSCHATZ: eine Arbeitssituation beschreiben

31 Wie kann man sich in einer Arbeitsgruppe (Arbeitsplatz / Lerngruppe) verhalten?
Ordnen Sie die Wendungen und Ausdrücke den Kategorien zu.

ein entspanntes / gutes / kollegiales Verhältnis haben ■ unzuverlässig sein ■ den anderen loben ■
den anderen / etwas behindern ■ den anderen / etwas unterstützen ■ den anderen / etwas kritisieren ■
dem anderen helfen ■ mit den anderen streiten ■ sich auf den anderen verlassen können ■
den anderen beruhigen ■ sich über die anderen ärgern ■ ein kollegiales / solidarisches Verhalten zeigen ■
stolz sein auf ■ zuverlässig sein ■ die Situation anstrengend finden ■ etwas strengt jemanden an ■ Streit
haben / Konflikte haben

positiv	negativ

SÄTZE BAUEN: eine Arbeitssituation beschreiben

32 Unterschiedliche Arbeitsplätze

a Lesen Sie die Sätze und formulieren Sie mithilfe der Wendungen und Ausdrücke in 31
das Gegenteil.

1 Wir haben ein sehr gutes kollegiales Verhältnis und verbringen auch manchmal die Freizeit zusammen.

2 In unserer Arbeitsgruppe ist das Prinzip: Ich helfe dir, du hilfst mir. Wir unterstützen uns auch bei
   den Hausarbeiten. So etwas ist für uns in unserer Arbeitsgruppe selbstverständlich.

3 Meine Kollegen sind alle total zuverlässig. Ich kann mich wirklich auf jeden Einzelnen in der Gruppe
   verlassen. Und wenn ich total nervös werde, dann beruhigen sie mich.

4 Ich habe auch noch nie erlebt, dass mich jemand bei der Arbeit behindert hat. Sie kritisieren mich auch
   manchmal und helfen mir damit, aber wir haben keine Konflikte. Und unserem Chef gegenüber zeigen
   wir immer ein solidarisches Verhalten.

b Was passt? Ergänzen Sie die folgenden Wendungen und Ausdrücke.

----
der Chef – loben ■ die eigene Arbeit behindern ■ sich ärgern ■ Urlaubsvertretung machen ■
sich dabei ertappen ■ das Gefühl von Stress – sich steigern ■ das Gefühl der Angst – sich steigern ■
sich nicht ruhig verhalten ■ sich steigern

Hier können Sie lesen, warum ich mit meiner Situation in meiner Projektgruppe nicht zufrieden war
und was sich geändert hat. Vielleicht hilft es Ihnen auch.

1 Immer muss ich ...., wenn jemand aus meiner Projektgruppe in die Ferien geht.

   Aber das steht nicht in meinem Arbeitsvertrag. Und das .... meine ....

2 Letztens habe ich ...., dass ich auf ein Lob von den anderen gewartet habe.

   Aber für die ist das selbstverständlich, dass ich mich für sie anstrenge. Und es wird nicht besser:

   ....

3 .... und allen gesagt, dass das toll wäre, was ich

   leisten würde. Aber den anderen ist es eigentlich egal, solange alles klappt.

4 Und für mich macht niemand Urlaubsvertretung. Meine Arbeit bleibt liegen. Und ich hatte richtig Angst

   vor meiner Rückkehr. Und ...., als ich die viele Arbeit auf meinem

   Schreibtisch sah. Darüber habe ich .... Und nun habe ich beschlossen, mir einen

   anderen Arbeitsplatz zu suchen.

5 Gestern habe ich es ihnen gesagt. Und: Danach haben sie .... nicht mehr ....

   Sie sind zum Chef gegangen. Sie haben sich beschwert. Der Konflikt hat .... ,

   bis der Chef von meinem Chef mir eine neue Position und mehr Geld versprochen hat. So kann's gehen.

4

PHONETIK

a Lesen Sie die Sätze und beachten Sie die markierten Vokale am Wortanfang
oder nach einer Vorsilbe.

Ich erlebe unsere Arbeitssituation als ausgesprochen unerfreulich.
Einige ältere Arbeitskollegen ärgern uns andere ununterbrochen.
Ihnen ist alles egal.

b Hören Sie die Sätze und sprechen Sie sie nach.

c Hören Sie das Gedicht und sprechen Sie es nach. Achten Sie dabei auf die Vokale.

Um acht Uhr beginnt meine Arbeit,
um neun Uhr das erste Problem,
um zehn eine erste Verzweiflung.
Um elf wird die Lage extrem.

Um zwölf ruf' ich leise um Hilfe,
um eins ist das Unglück passiert,
um zwei kann ich's nicht mehr verbergen,
um drei ist der Chef alarmiert.

Um vier bin ich fristlos entlassen,
um fünf bin ich wieder zu Haus.
Acht Stunden in derselben Firma –
das halt' ich nicht jeden Tag aus!

34 Beschreiben Sie die Situation in Ihrer Arbeits-/Lerngruppe.
Verwenden Sie die Wendungen und Ausdrücke aus Übung 31.

FOKUS GRAMMATIK: Test

35 Finale Angaben

ⓐ Verbinden Sie die beiden Sätze mit den angegebenen Ausdrücken.

Ich fahre mit dem Fahrrad. Ich möchte schnell und sicher in die Stadt kommen.

1 um ... zu: ....

2 damit: ....

3 mein Ziel: ....

4 Wunsch nach: ....

ⓑ Wozu macht sie das? Formulieren Sie die Sätze mit *damit*.

1 ihr Wunsch nach einem guten Job
2 ihr Ziel, viel Geld zu verdienen
3 um von anderen Kollegen anerkannt zu werden

36 Reflexive Verben

ⓐ Welche Verben können ein *sich* haben? Kreuzen Sie an.

1 lesen ☐
2 treffen ☐
3 verlassen ☐
4 anstrengen ☐
5 ankommen ☐
6 vorstellen ☐
7 interessieren ☐
8 erraten ☐
9 verwenden ☐
10 ärgern ☐

ⓑ Korrigieren Sie die Sätze.

1 Am besten, wir treffen morgen um acht.
2 Kannst du dich vorstellen, was dann passiert ist?
3 Wenn die Umsätze nicht steigern, sehe ich schwarz!
4 Ich habe für Sport schon immer interessiert.
5 Ich habe sehr über das Geschenk gefreut.

Lesen Sie den folgenden Text und ergänzen Sie jeweils das passende Wort.

1 **a** Qualität   **b** Nachfrage   **c** Nahrung   **5** **a** Mahlzeiten **b** Bewegung **c** Lebensmittel
2 **a** Lebensmittel **b** Umwelt   **c** Nahrung   **6** **a** Bewegung   **b** Essen   **c** Nahrung
3 **a** Ernährung   **b** Qualität   **c** Lebensmittel **7** **a** Bewegung   **b** Umwelt   **c** Lebensmittel
4 **a** Mahlzeiten   **b** Qualität   **c** Bewegungsmangel **8** **a** Qualität **b** Umwelt   **c** Nahrung

Verantwortung für gesunde Ernährung

München gehört bundesweit zu den Städten mit der höchsten .... (1) nach Bioprodukten. Nun soll die Landeshauptstadt zur „Biostadt" werden. Angelika Lintzmeyer vom Referat für Gesundheit und .... (2) erklärt, welche Ziele sich die Initiatoren gesetzt haben.

Frau Lintzmeyer, München soll „Biostadt" werden. Wie kam es zu dieser Entscheidung?

70 Milliarden Euro Krankheitskosten pro Jahr gehen auf das Konto falscher .... (3) und .... (4). Fettleibigkeit und Diabetes sind ein wachsendes Problem auch im Kindesalter, was durch falsche Ernährung, zu viel Fett und Kohlenhydrate und zu wenig Bewegung verursacht wird. Der Organismus von Kindern reagiert zudem stärker auf Chemikalien in der Nahrung – mit Aufmerksamkeitsstörungen, Lernproblemen und Allergien. Schon über 40 Prozent aller .... (5) werden außer Haus eingenommen. Damit wächst die Verantwortung der Köche und der Hersteller von Gerichten, ihren großen und kleinen Gästen gesunde .... (6) anzubieten. Mit Bio sind sie da auf der sicheren Seite. Daneben gibt es natürlich noch den ganzen Bereich der positiven Effekte des Biolandbaus auf die Umwelt wie sauberes Wasser, vitaler Boden, Schadstofffreiheit, keine Gentechnologie im Essen und geringerer Ausstoß klimaschädlicher Gase.

Welche konkreten Ziele hat sich die Stadt München nun gesetzt?

Wir haben im Projekt „Biostadt München" drei Schwerpunkte entwickelt: Mehr ökologische .... (7) in Schulen und Kindergärten. Mehr Bio in der Gastronomie. Mehr Bio im eigenen Geschäfts- und Veranstaltungsbereich der Landeshauptstadt.

Und wie wollen Sie diese Ziele umsetzen?

Für den Hotel- und Gaststättenbereich bieten wir Infoveranstaltungen an, die bisher großen Anklang gefunden haben. Hier informieren wir über die .... (8) der Bioprodukte, über die Zertifizierungspflicht sowie über Bezugsquellen und ermöglichen den kollegialen Fachaustausch. Die Gaststätten mit Bioangebot sind begeistert von der Resonanz bei den Gästen.

Für das Werbeplakat eines neuen Restaurants sollen Sie eines von drei Fotos auswählen.

1 Welches Bild würden Sie nehmen? Und warum?
2 Widersprechen Sie Ihrer Gesprächspartnerin / Ihrem Gesprächspartner.
3 Einigen Sie sich auf ein Foto.

GRAMMATIK: Verben und Ausdrücke mit festen Präpositionen

WIEDERHOLUNG

1 Ergänzen Sie in a, b und d die passenden Präpositionen und wo nötig den Artikel.

a Lokale Präpositionen

1 Wir fahren .... Meer.

2 Wir laufen .... Wald.

3 Ich wohne .... meinen Großeltern.

b Modale Präpositionen

1 Dieser Schrank ist .... Holz, nicht .... Kunststoff.

2 Ich hätte gern den Erdbeerbecher, aber bitte .... Sahne.

3 Was hast du denn gemacht? – Ach, nichts Besonderes, ich hab mir nur .... einem Messer

in den Finger geschnitten.

c Temporale Präpositionen: siehe Lektion 3, Übung 25, Seite 57–58

Kausale Präpositionen: siehe Lektion 1, Übung 17–19, Seite 13–14

d Feste Präposition beim Nomen

1 Sie hält ihre Reden .... Deutsch, ... Englisch oder .... Italienisch.

2 Sie übersetzt viele Romane .... Niederländische.

2 Markieren Sie in den folgenden Sätzen die Verben und ihre festen Präpositionen wie im Beispiel.

1 Darauf müssen Sie beim Kauf eines Handrührgeräts achten.

2 Natürlich können Sie sich auch telefonisch für ein Geschenk bedanken, vor allem, wenn es Ihnen wirklich gefallen hat.

3 Alle denken an sich, nur ich denke an mich.

4 Heute Abend im Ersten: Wissenschaftler und Betroffene diskutieren über Jugendgewalt.

5 Karl Richter in München – Zeitzeugen erinnern sich an den weltberühmten Musiker.

6 Mehrere Zehntausend Menschen versammelten sich in Berlin-Friedrichsfelde, um an Karl Liebknecht und Rosa Luxemburg zu erinnern.

7 Unsere Katzen hier im Tierheim würden sich über ein neues Zuhause freuen.

8 Vor wem muss ich mich in Zukunft mehr fürchten? Vor Verbrechern oder vor den Banken?

9 Ich glaube an das Gute im Menschen.

10 Die Sportler der Olympia-Rudermannschaft hoffen auf einen Medaillensieg.

11 Frau Meier und ihre Schwester kümmern sich gemeinsam um ihre Mutter.

12 Man darf ruhig auch mal über ernste Themen herzhaft lachen.

13 Viele Computeranwender warten auf kostenlose Programme zum Runterladen.

14 „Hör mal, hier steht: *Großeltern interessieren sich nicht fürs Enkelkind*“ – „So ein Unsinn, so was gibt es doch gar nicht.“

Achtung: Gleiche Präpsition – anderer Kasus!

ⓐ Verben und die Präposition *an*. Schreiben Sie kurze Sätze und übersetzen Sie sie.

① meine Großeltern ▪ meine Begabung ▪ das Klima ▪ Urlaub

Ich glaube an meine Begabung.

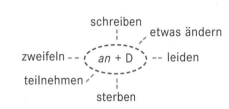

schreiben
sich erinnern
schicken (eine E-Mail) -- *an + A* -- glauben
sich gewöhnen   denken

② mein Leben ▪ eine chronische Krankheit ▪
eine Diskussion ▪ meine Diplomarbeit

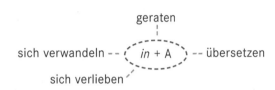

schreiben
etwas ändern
zweifeln -- *an + D* -- leiden
teilnehmen
sterben

ⓑ Verben und die Präposition *in*

① Schreiben Sie kurze Sätze und übersetzen Sie sie.

Panik ▪ meine Muttersprache ▪

.... (Name, Person) ▪ ein Baum

geraten
sich verwandeln -- *in + A* -- übersetzen
sich verlieben

② Schreiben Sie kurze Sätze und übersetzen Sie sie.

diese Sache ▪ kleine Details

③ Ergänzen Sie den folgenden Satz. Lernen Sie dann den Ausdruck.

Das Problem besteht **darin, dass** ...

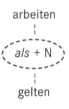

sich täuschen

in + D

sich unterscheiden

ⓒ Verben und die Präposition *als*

① Schreiben Sie kurze Sätze und übersetzen Sie sie.

(mein Beruf) ▪ Retter in der Not

② *als* + A: Lesen Sie die folgenden Sätze und übersetzen Sie sie.

1 Er **sieht** das **als** unlösbares Problem **an**. (ansehen als)
2 Er **bezeichnete** ihn **als** den größten Trottel der Welt. (bezeichnen als)

arbeiten

als + N

gelten

Ein Verb, verschiedene Möglichkeiten

ⓐ Was bedeutet jeweils *bestehen*? Übersetzen Sie die Sätze.

1 Das Problem besteht darin, dass an dem Tag alle Flüge bereits ausgebucht sind.
2 Ich bestehe darauf, dass ihr mich rechtzeitig informiert.
3 Der Tisch besteht aus Holz.
4 Ich habe die Führerscheinprüfung bestanden.

ⓑ Wie ist es richtig? Kreuzen Sie an.

1 ☐ Ein Verb kann immer nur eine Präposition haben.
☐ Manche Verben können mehrere Präpositionen und eine Ergänzung ohne Präposition haben.

2 Die verschiedenen Präpositionen bzw. die Ergänzung ...
☐ verändern die Bedeutung des Verbs.
☐ verändern die Bedeutung des Verbs nicht.

3 ☐ Jede Präposition hat eine feste Bedeutung. Wenn man diese Bedeutung kennt, weiß man,
was der Ausdruck bedeutet.
☐ Das Verb und die feste Präposition bilden die Bedeutung. Man muss immer den ganzen Ausdruck lernen.

5

c Was bedeuten die folgenden Ausdrücke (Verben mit den festen Präpositionen)? Schlagen Sie im Wörterbuch nach.

1 Die Eltern **sorgen sich um** ihre Kinder.
2 Die Eltern **sorgen für** ihre Kinder.
3 Die Eltern **machen sich Sorgen um** ihre Kinder.

5 Verben mit Präpositionen im Satz

a Im Hauptsatz

1 Machen Sie ein Raster und ergänzen Sie die Sätze aus 4c.

Satzanfang	Verb 1		Satzende	
			Satzteil mit Präposition	Verb 2
Die Eltern	sorgen	sich	um ihre Kinder.	

2 Schreiben Sie nun die folgenden beiden Sätze in die Tabelle.

Die Sportler der Olympia-Rudermannschaft hoffen auf einen Medaillensieg.
Frau Meier und ihre Schwester haben sich gemeinsam um ihre Mutter gekümmert.

3 Wie ist es richtig? Kreuzen Sie an.

Im Hauptsatz steht der Satzteil mit der Präposition ...
☐ möglichst in der Mitte des Satzes.
☐ möglichst weit hinten im Satz.
☐ möglichst nah an Verb 1.

b Im Nebensatz

1 Machen Sie ein Raster und ergänzen Sie die unterstrichenen Nebensätze.

Es ist nett, dass sich Frau Meier um ihre kranke Mutter kümmert.

Man kann gut verstehen, dass viele Kinder Angst vor der Dunkelheit haben.

Satz 1	Konjunktion		Satzende	
			Satzteil mit Präposition	Verb/Verben
Es ist nett,	dass			

2 Wie ist es richtig? Kreuzen Sie an.

Im Nebensatz steht der Satzteil mit der Präposition ...

☐ möglichst in der Mitte des Satzes.
☐ möglichst weit hinten im Satz.
☐ möglichst nah an Verb 1.

6 Übung macht den Meister.

a Ergänzen Sie: *in*, *als*, *aus* und wo nötig den Artikel.

Bernhard Kempen arbeitet seit vielen Jahren .... (1) freiberuflicher Übersetzer. Hauptsächlich übersetzt er .... (2) Englischen .... (3) Deutsche und gilt .... (4) Experte für Star-Trek-Übersetzungen. Er sieht es .... (5) wichtig an, als Übersetzer unsichtbar zu bleiben, und sagt: „Die Schwierigkeit besteht .... (6) Frage, ob man möglichst nah am Original übersetzt oder etwas freier mit dem Text umgeht."

b Ergänzen Sie die fehlenden Präpositionen und die Artikel wo nötig.

„Die größte Gefahr für einen Filmemacher ist, dass er die eigene Idee irgendwann langweilig findet. Ich habe

fünf Jahre .... (1) Drehbuch zu ‚Das Leben der Anderen' geschrieben. Nach einigen Jahren fragt

sich jeder Filmemacher: Ist diese Idee wirklich so toll, dass es sich lohnt, so viele Jahre .... (2)

Idee zu arbeiten? Dann muss man sich dar................. (3) erinnern, wie einen die Idee begeisterte, als sie noch

ganz frisch für einen war." *Florian Henckel von Donnersmarck*

c Ergänzen Sie die fehlenden Präpositionen und die Artikel wo nötig.

Seine Mutter kümmerte sich .... (1) Haushalt und sein Vater arbeitete .... (2) Mechaniker

und sorgte da................. (3), dass das Geschäft lief.

Hans jedoch interessierte sich nicht .... (4) Reparatur von Fahrrädern – er wollte sich ja nicht

die Finger mit Fahrradschmiere* schmutzig machen.

Im Laden konzentrierte er sich mit ganzem Engagement .... (5) Verkauf von Handschuhen und

anderen Accessoires, die farblich .... (6) Rad des Besitzers passten.

Als Hans' Vater, Grundner senior, keine Lust mehr hatte und .... (7) Geschäft aufhörte, dachte

sein Sohn nicht lange .... (8) Veränderungen nach:

Er verwandelte das Lager und den Laden .... (9) modernes Radlerparadies.

Um die Neueröffnung in der Kleinstadt bekannt zu machen, veranstaltete er ein Radrennen mit

Preisausschreiben, dessen Preis, ein nigelnagelneues Rennrad, sein Vater gewann. Er selbst nahm nicht

.... (10) Rennen teil.

Hans sprach nie schlecht .... (11) Frauen, sie waren ihm schlichtweg egal. Doch dann begegnet er

Nancy und verliebt sich .... ihr................. (12) Mandelaugen. Am Ende wurde er .... ein................. (13)

guten Familienvater, wor................. (14) niemand mehr geglaubt hatte.   * Fahrradschmiere = Fett am Fahrrad

d Welche Präposition passt? Kreuzen Sie an.

1 Manchmal sehnt man sich ☐ auf ☐ nach Großstadtluft und buntem Treiben.

2 Berlin gilt ☐ als ☐ für eine der interessantesten Städte der Welt.

3 Berlin besteht noch immer ☐ mit ☐ aus zwei Teilen, meinen einige Historiker und sehen
   ☐ darauf ☐ darin eine große Chance für die Stadt.

4 Die Museumsinsel lädt ☐ mit ☐ zu ☐ zum Stöbern in der Geschichte ein, und an manchen
   Wochenenden wird ein Kunstmarathon um Mitternacht veranstaltet.

5 Anstatt gestresst jede Sehenswürdigkeit abhaken zu wollen, ist es ratsam,
   sich ☐ an ☐ auf ☐ mit ein paar Highlights zu beschränken.

6 Nacht und Tag haben einiges zu bieten: Der Tresor in Berlin zählt ☐ zu ☐ als den bekanntesten
   Techno-Klubs, und der Botanische Garten Berlin zählt mit einer Fläche von über 43 Hektar und etwa
   22 000 verschiedenen Pflanzenarten ☐ bei ☐ zu den größten und bedeutendsten botanischen Gärten
   der Welt und ist der größte in Europa.

7 Fragewörter mit Präpositionen: *wo(r)*- und *da(r)*-

a Was passt? Ergänzen Sie.

1 Wo *mit* und mit *wem* verbringen Sie Ihre Freizeit?

2 Wo............. oder für .... würden Sie Ihr letztes Hemd hergeben, d.h. alles tun?

3 Bei .... können Sie auch spätabends noch anrufen?

4 An .... schreiben Sie regelmäßig E-Mails?

5 Wo............. oder über .... können Sie mit Ihrer Freundin stundenlang sprechen?

6 Wo............. und auf .... freuen Sie sich oft?

7 Mit .... teilen Sie Ihr Geld?

b Wie ist es richtig? Kreuzen Sie an.

1 Sind Dinge gemeint, bildet man die Frage ...

☐ mit *wo(r)* + Präposition.   ☐ mit Präposition und Fragewort.

2 Sind Personen gemeint, bildet man die Frage ...

☐ mit *wo(r)* + und Präposition.   ☐ mit Präposition und Fragewort.

c Was passt? Ergänzen Sie.

dafür ▪ für dich ▪ über sie ▪ darüber

1 Über wen redet ihr denn die ganze Zeit? – ...., über wen denn sonst?

2 Es geht um meine Karriere. .... lerne ich sogar Deutsch.

3 Das war wirklich ein nettes Geschenk. Ich habe mich sehr .... gefreut.

4 .... würde ich einfach alles tun. Du bist mein Ein und Alles.

d Wie ist es richtig? Kreuzen Sie an.

1 Sind Dinge gemeint, bildet man das Präpositionaladverb ...

☐ mit *da(r)* + Präposition.   ☐ mit Präposition und Personalpronomen.

2 Sind Personen gemeint, bildet man das Präpositionaladverb ...

☐ mit *da(r)* + Präposition.   ☐ mit Präposition und Personalpronomen.

8 Ergänzen Sie die Fragen und antworten Sie dann, bei Satz 1, 3, 5, 6 frei.

1 Mit *wem* würden Sie sich gerne mal treffen? – *Mit* ....

2 Wo............. schmeckt diese Suppe? – .... (Knoblauch)

3 .... träumen Sie schon lange? – ....

4 Wo............. kann man Ihnen nichts Neues erzählen? – .... (Politik)

5 Wo............. oder .... erinnern Sie sich gerne? – ....

6 Wo............. wollten Sie schon immer mal anfangen? – ....

9 Ordnen Sie die Präpositionen mithilfe des Wörterbuchs zu und bilden Sie Sätze.

bei ▪ für ▪ gegen ▪ nach ▪ mit ▪ über ▪ um ▪ von ▪ zu

sprechen   *mit, von,*   sich erkundigen   ....   kämpfen   ....

sich unterhalten   ....   sich beschweren   ....   sagen   ....

a Wie arbeitet man mit einer thematischen Wortliste? Lesen Sie unseren Lerntipp.

1 Wählen Sie ein Thema aus. Markieren Sie dann die Wörter, die Sie schon aktiv können.
2 Markieren Sie nun die Wörter, die Sie verstehen.
3 Schlagen Sie die Wörter, die für Sie neu sind und die Sie nicht verstehen, im Wörterbuch nach.
4 Wählen Sie dann die Wörter aus, die Sie lernen möchten. Bilden Sie mit diesen Wörtern Sätze oder suchen Sie Beispielsätze im Internet.

b Bearbeiten Sie nun die folgende Wortliste in den oben genannten vier Schritten.

Kunst	das Porträt	das Denkmal
das Museum	die Zeichnung	die Ruine
das Foto	die Skizze	die Epoche
die Galerie	das Aquarell	die Geschichte
das Gemälde	das Ölbild	die Antike
die Kunst	die Plastik	das Mittelalter
die Ausstellung	die Skulptur	die Neuzeit

c Wählen Sie nun ein anderes Thema aus und verfahren Sie ebenso.

Literatur
der Roman
die Geschichte
das Märchen
das Gedicht
die Kurzgeschichte
die Erzählung
die Novelle
der Krimi (Kriminalroman)
die Biografie
das Schauspiel /
   das Drama
die Tragödie
die Komödie

Reise
die Sehenswürdigkeit
das Denkmal
die Stadt
das Kloster
die Höhle
die Architektur
das Museum
die Ruine
die Ausgrabung
die Kultur
die Sprache

→ weitere Wörter:
   siehe Lektion 2,
   Landschaftswörter,
   Übung 20

Sprache
das Alphabet
das Zeichen
der Buchstabe
der Laut
die Silbe
die Schrift
das Wort
die Stimme
der Klang
die Melodie
die Literatur
der Film
die Kultur

Musik
das Orchester
der Sänger/die Sängerin
das Konzert
die Oper
die Ballettaufführung
der Dirigent/
   die Dirigentin
der Komponist/
   die Komponistin
der Hit
das Lied
die Melodie
die Klassik

→ weitere Wörter:
   siehe Lektion 2, Musik,
   Übung 27

Konsum
der Verkaufsstand
das Schaufenster
die Auslage
die Sportabteilung
die Buchhandlung
das Einkaufszentrum
die Werbung
die Auktion
der Markt
die Börse

Medien
das Fernsehen
das Radio
der Rundfunk
die Sportübertragung
die Satellitenübertragung
das Interview
der Bericht
die Serie
der Krimi
die Zeitschrift
die Illustrierte
das Magazin
die Zeitung
der Artikel
die Abend-/Morgen-/
   Mittags-/Wochenendausgabe
die Kolumne
das Computerspiel
das Internet

11 **ⓐ** Lesen Sie die Wendungen und Ausdrücke. Sehen Sie sich dann die Abbildungen an. Was trifft auf Sie zu? Formulieren Sie zu „Ihrem" Foto Sätze wie in den Beispielen.

Ich kann jeden Tag in die Welt der Einkaufszentren eintauchen, immer wieder.
Ich würde am liebsten jeden Tag in der Welt herumsurfen — in der virtuellen Welt.

Ich könnte stundenlang ...	diesen Klängen lauschen ■ die Statue betrachten ■ in meinen Büchern lesen ■ einkaufen ■ im Internet surfen
..., vergesse ich die Welt um mich herum.	Wenn ich mich in das Betrachten dieser Statue vertiefe ■ Wenn ich mich in meine Bücher vertiefe ■ Wenn ich mich in diese wunderschönen Klänge vertiefe ■ Wenn ich mich in diese tollen Auslagen vertiefe ■ Wenn ich mich in meine Internetrecherche vertiefe
Ich liebe es, jeden Tag nach der Arbeit ... Das ist meine Welt.	im Einkaufszentrum herumzulaufen ■ meine Statue zu betrachten ■ in meinen Büchern zu blättern ■ meine Lieblingsmusik zu hören ■ im Internet zu surfen
Ich kann jeden Tag in die ... eintauchen, immer wieder.	Welt der Bücher ■ Welt der Kunst ■ Welt der Musik ■ Welt der Einkaufszentren ■ Welt der Internetseiten
Ich würde am liebsten jeden Tag ...	in der Welt herumsurfen – in der virtuellen Welt ■ in meinen Büchern lesen ■ den Klängen der Instrumente lauschen ■ durch die Geschäfte des Einkaufszentrums laufen ■ meine Lieblingskunstwerke in den Museen betrachten

ⓑ Lesen Sie die folgenden Sätze zum Thema *Eintauchen in Musik*. Markieren Sie die Wendungen und Ausdrücke, mit denen man über seine Lieblingsbeschäftigung sprechen kann.

Ich könnte stundenlang Klavierkonzerte hören, das ist meine Welt. Wenn ich in ein Konzert gehe, vergesse ich alles um mich herum. Am liebsten würde ich für ein klassisches Orchester arbeiten, öfter bei Proben und Vorspielen dabei sein und in diese fremde Welt, von der ich wenig weiß, eintauchen.

ⓒ Ergänzen Sie die folgenden Wendungen und Ausdrücke zum Thema *Eintauchen in die Kunst*.

Ich könnte stundenlang / jeden Tag ....

Wenn ich mich in .... vertiefe, vergesse ich ....

Ich würde am liebsten jeden Tag ....

Ich liebe es, ...

Ich könnte .... in die Welt .... eintauchen.

ⓓ Wählen Sie aus Übung 10 zwei Themenbereiche aus. Schreiben Sie mithilfe
VERTIEFUNG der Wörter und mit den Wendungen und Ausdrücken aus 11 a–c zwei kurze Texte.

Lieblingsbeschäftigungen

a Betrachten Sie die Abbildungen und lesen Sie die Beschreibungen.
Hören Sie dann drei Textbeispiele und entscheiden Sie: Welcher Typ sind Sie?

Der sachliche Typ

Der sachliche Typ: Er/Sie spricht ruhig, ohne besondere Akzente. Wenn er vom absoluten Höhepunkt seines Lebens erzählt, hört es sich an wie eine Routinebemerkung über das Wetter.

Der dramatische Typ

Der dramatische Typ: Er/Sie spielt Theater. (Eher langsame, eindringliche Sprechweise, die Akzentsilben sind lang gedehnt, die Gestik ist theatralisch: Blick an die Decke oder in die Ferne, Hand aufs Herz gelegt ...)

Der überschwängliche Typ

Der überschwängliche Typ: Er/Sie spricht schnell und laut, mit starken Satzakzenten. Er begleitet seine Rede mit impulsiven Gesten und berührt im Eifer auch mal den Arm seines Gesprächspartners.

b Was tun Sie besonders gern?

1 Notieren Sie drei bis vier Sätze: Im ersten Satz sagen Sie allgemein, was Sie sehr gern tun; im zweiten bis vierten Satz beschreiben Sie Einzelheiten dieser Tätigkeit, die Ihnen besonders große Freude macht.

2 Üben Sie nun, Ihre Sätze so zu sprechen, dass sie Ihrem Typ entsprechen.

3 Nehmen Sie, wenn Sie die Möglichkeit haben, Ihre Sätze auf einen Computer auf. Spielen Sie sie dann im Kurs ab. Die anderen hören sich Ihren Text an und sagen Ihnen, welchen Typ Sie dargestellt haben. Alternative: Sie tragen Ihre Sätze in Gruppen vor.

5

Virtuell in einer Stadt

Obligatorisches *es* in der Begrüßung
Hören Sie drei Situationen. Was ist richtig? Notieren Sie die Ziffern.

a Die Personen kennen sich sehr gut (1) flüchtig (2).
b Die Frage ist eine Begrüßungswendung (3) / ist eine ehrliche Frage nach dem Befinden (4).

	a b		a b		a b
Situation 1	☐ ☐	Situation 2	☐ ☐	Situation 3	☐ ☐

Obligatorisches *es* im Alltagsgespräch

a Hören Sie drei Situationen. Was ist richtig? Kreuzen Sie an.

a Die Personen kennen sich gut (1) / flüchtig (2).
b Die Frage ist eine Begrüßungswendung (3) / ist eine ehrliche Frage nach dem Befinden (4).
c *Es* bezieht sich hier auf etwas Allgemeines (5) / auf die spezielle Situation des Gesprächspartners (6).

Noch schlechter als gestern!

Wie geht's?

Situation 1: a ☐ b ☐ c ☐   Situation 2: a ☐ b ☐ c ☐   Situation 3: a ☐ b ☐ c ☐

ⓑ Manchmal hat man die Wahl, wie man auf *Wie geht's* reagiert.

a Man möchte nichts über sich sagen und antwortet mit einem Ausdruck.
b Man möchte mitteilen, wie die eigene persönliche Situation im Moment ist.

**Sehen Sie sich die folgende Situation an. Lesen Sie die Antworten 1–3.
Zu welcher Antwort passt die Erklärung a, zu welcher die Erklärung b?**

Hallo, Maria! Lange nicht gesehen! Wie geht's?

Was sage ich ihr jetzt? Dass mein neuer Job toll ist oder dass ich heute schreckliche Kopfschmerzen habe? Oder soll ich überhaupt etwas sagen?

1 ☐ Ach, ganz gut.

2 ☐ Nicht so toll. Ich habe mal wieder furchtbare Kopfschmerzen.

3 ☐ Prima. Mein neuer Job macht viel Spaß.

🔘 43 **ⓒ** „Wie war's?" Sehen Sie sich die Zeichnungen an.
Hören Sie dann zwei Kurzdialoge und beantworten Sie die Fragen.

Heute Abend gehe ich ins Kino.

Heute Abend gehe ich mit Maria, der Netten aus dem Sportverein, ins Kino.

Was bedeutet *es*? Auf welches gemeinsame Wissen bezieht es sich?

Dialog 1: Kollege Kurt meint mit *es*   Dialog 2: Hans' Schwester meint mit *es*

☐ den Kinoabend.   ☐ den Kinoabend.
☐ das Rendezvous.   ☐ das Rendezvous.

WORTSCHATZ: Computer und Internet

VERTIEFUNG
15 **ⓐ** Hardware: Ordnen Sie die Begriffe den Abbildungen zu.

der Computer (1) ◼ der Laptop / das Notebook (2) ◼ der Bildschirm (3) ◼ die Maus (4) ◼ die Tastatur (5) ◼
der Drucker (6) ◼ der Lautsprecher (7) ◼ die externe Festplatte (8) ◼ das Kabel (9) ◼ der Kopfhörer (10) ◼
der Adapter (11) ◼ das Mikrofon (12) ◼ der USB-Stick (13) ◼ der Mikrofon-Kopfhörer (14) ◼
der Wireless-Router (15) ◼

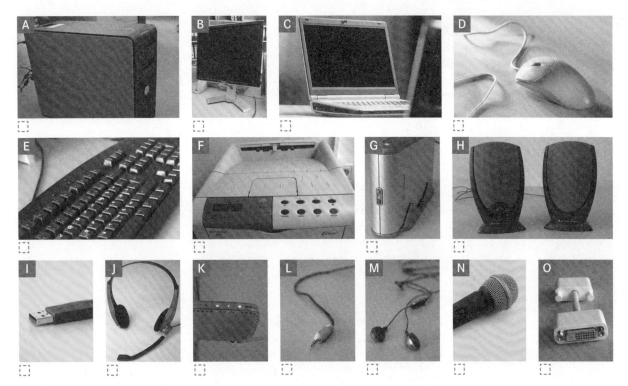

b Software: Ordnen Sie die Begriffe den Definitionen zu.

1 Systemsoftware
2 Anwendungssoftware
3 Textverarbeitungssoftware
4 Virenschutz
5 Foto- und Bildbearbeitung
6 Videobearbeitung

a Damit kann man digitale Fotos und Grafiken bearbeiten.
b Schützt den Computer vor Viren, Würmern und Trojanern.
c Unterstützt das Arbeiten am Computer.
d Damit kann man digitale Videofilme bearbeiten.
e Sorgt für das ordnungsgemäße Funktionieren des Computers.
f Damit kann man Textdokumente erstellen.

Arbeiten Sie mit dem Computer? Welche Tätigkeiten sind für Sie selbstverständlich? Kreuzen Sie an.

☐ den Computer / ein Programm **starten**
☐ ein Programm **installieren**
☐ eine Datei **öffnen**
☐ eine Datei / Daten / ein Bild ... **speichern**
☐ eine Datei / einen Text / ein Bild ... **kopieren**
☐ eine Datei / einen Text / ein Bild ... **löschen**
☐ eine Datei / einen Text / ein Bild ... **einfügen**
☐ eine Datei / einen Text / ein Bild ... **markieren**
☐ eine Stelle / ein Zeichen / einen Button **anklicken** / **auf ... klicken**
☐ eine Datei / einen Text / ein Bild / eine Grafik / ein Foto **ausdrucken**

☐ etwas auf einem Server **speichern**
☐ einen Zugang zum Internet **einrichten**
　 eine Netzverbindung **einrichten**
☐ ins Internet **gehen**
☐ im Internet **surfen**

☐ Nachrichten / E-Mails **senden** / **verschicken**
☐ Nachrichten / E-Mails **empfangen**
☐ Nachrichten / E-Mails **beantworten**
☐ Nachrichten / E-Mails **weiterleiten**
☐ eine E-Mail-Adresse **einrichten**
　 eine Internetseite / Homepage / Website **einrichten**

17 **ⓐ** Lesen Sie die Dialoge. Was passt? Ergänzen Sie.

Wie jetzt? ■ Oje! ■ meinetwegen ■ Und jetzt? ■ Quatsch!

1 ■ Hallo, ich dachte, wir könnten uns gleich jetzt treffen, und nicht erst Freitag.

● .... Das passt mir im Moment gar nicht.

2 ■ Hallo, du, ich dachte, wir könnten heute Abend ins Kino gehen.

● Ich wollte heute eigentlich zu Hause bleiben. Aber ....

3 ■ Reg dich nicht auf, aber ich hab das Examen nicht geschafft.

● .... Wie soll es weitergehen?

4 ■ Hallo, ich habe nachgedacht. Du bist die ideale Frau für mich.

● .... Du weißt doch, dass wir nicht zusammenpassen.

5 ■ Hallo, ich hab's mir überlegt, ich fahr doch mit dir in Urlaub, nicht mit Sonja, warte, vielleicht

doch erst mit Sonja drei Tage und dann mit dir ... oder vielleicht wir drei doch zusammen ...

● .... Mal so, mal so! Kannst du dich nicht endlich mal entscheiden?

44 **ⓑ** Sehen Sie sich die Zeichnungen an. Hören Sie dann und
markieren Sie die passende Antwort.

1		2		3	
a Quatsch.	☐	a Wie jetzt?	☐	a Wie jetzt?	☐
b Meinetwegen.	☐	b Und jetzt?	☐	b Oje!	☐
c Oje!	☐	c Quatsch.	☐	c Meinetwegen.	☐

ⓒ Reagieren Sie passend mit den Ausdrücken und Wendungen aus a und b.
(Es gibt mehrere Möglichkeiten). Sprechen Sie.

1
Stell dir vor, gestern waren wir
Ski fahren, und dabei hat meine
Schwester sich das Bein gebrochen!

2
Ich habe so einen
Hunger. Bestellen
wir uns eine Pizza?

3
Wenn es weiter so
regnet, fällt morgen
die Schule aus!

4
Du, die Katze von den Nachbarn, auf die ich aufpassen
muss, ich glaube wirklich,
die ist weggelaufen.

5
An der ersten Kreuzung biegst du
links ab, nein, doch rechts, und
die zweite, die dritte wieder links
und dann die erste, warte ...

6
Ich komme nich
ins Internet!
Es ist bestimm
kaputt!

D

Eintauchen in eine Geschichte

:HOLUNG

Futur I

a **Was wird in den folgenden vier Situationen mit dem Futur I ausgedrückt? Ordnen Sie zu.**

4 Ich werde mir eine neue Stelle suchen – die Arbeit macht keinen Spaß mehr.

Mama, ich werde jeden Tag meine Hausaufgaben machen, ehrlich.

Sie werden mich jetzt sofort bedienen.

Der arme Hund, er wird sein Herrchen suchen.

1 jemanden auffordern ● 2 etwas vermuten ● 3 etwas versprechen ● 4 sich etwas vornehmen

b **Was wird in den folgenden vier Situationen mit dem Futur I ausgedrückt? Ordnen Sie zu.**

Du wirst jetzt sofort meinen Platz verlassen, oder ...

Sie werden im Lotto gewinnen, sehr, sehr viel Geld.

Es wird bald regnen.

Mach dir keine Sorgen, du wirst das Abitur bestehen.

5 die Zukunft voraussagen („wahrsagen") ● 6 eine Vorhersage machen ● 7 jemandem drohen ●
8 jemanden beruhigen

c **Schreiben Sie die Sätze C, D und E in das folgende Raster.**

Satzanfang	Verb 1		Verb 2
Sie	werden		

d **Wie wird Futur I gebildet? Konjugieren Sie den Satz.**

Ich werde im Lotto gewinnen.
Du ...
...

Futur II

a **Was wird in den folgenden drei Situationen mit dem Futur II ausgedrückt? Ordnen Sie zu.**

  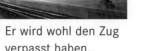 

Es wird ihr sicher jemand etwas zu fressen gegeben haben.

Er wird wohl den Zug verpasst haben.

Sie wird jetzt aus ihrer Narkose aufgewacht sein. Mach dir keine Sorgen.

1 etwas vermuten ● 2 etwas hoffen ● 3 jemanden beruhigen

b Schreiben Sie die Sätze aus a in das folgende Raster.
Vergleichen Sie dann mit dem Lösungsschlüssel.

Satzanfang	Verb 1		Verb 2

c Wie wird das Futur II gebildet? Konjugieren Sie die beiden folgenden Sätze.

1

Ich werde die Zusage schon bekommen haben.
...

2

Ich werde doch nicht etwa krank geworden sein.
...

Achten Sie beim Futur II auf die Infinitivform von *haben* oder *sein*.
Er **wird** den nächsten Zug **genommen** *haben*.
Ich vermute, dass er den nächsten Zug **genommen** *hat*.

d Futur II: Bedeutung

1 Lesen Sie die beiden Vermutungen a und b. Welche Sätze (1, 2) drücken jeweils den gleichen Inhalt aus?
Kreuzen Sie an.

   a Er wird den nächsten Zug genommen haben.
     1 ☐ Ich vermute, dass er den nächsten Zug nimmt.
     2 ☐ Ich vermute, dass er den nächsten Zug genommen hat.

   b Er wird schon gegangen sein.
     1 ☐ Ich vermute, dass er schon geht.
     2 ☐ Ich vermute, dass er schon gegangen ist.

2 Wie ist es richtig? Kreuzen Sie an.

   Sätze mit Futur II drücken die Vermutung/Hoffnung/Beruhigung aus, dass …
   ☐ etwas in der Gegenwart passiert.
   ☐ etwas in der Zukunft passiert.
   ☐ etwas in der Vergangenheit passiert ist.

🔊 45

20 **a** Hören Sie die folgenden Sätze. Ordnen Sie dann die Bedeutungen zu (a–h).

---
a etwas vermuten ■ **b** eine Vorhersage machen ■ **c** jemandem drohen ■ **d** sich etwas vornehmen ■
e eine Hoffnung ausdrücken ■ **f** jemanden auffordern, etwas zu tun ■ **g** etwas versprechen ■
h jemanden beruhigen
---

1 Ich werde dich immer lieben. ☐g☐
2 Er wird sich erkältet haben. ☐
3 Ich werde um zwölf zurück sein. ☐
4 Wenn du das machst, werde ich dir die Ohren lang ziehen. ☐
5 Du wirst dich jetzt erst einmal informieren. ☐
6 Das wirst du bitter bereuen. ☐
7 Das wird dir noch leidtun. ☐
8 Er wird das Geld von seiner Großmutter bekommen haben. ☐
9 Er wird das Examen bestehen. ☐
10 Komm, er wird die Führerscheinprüfung schon bestanden haben. ☐
11 Mit dieser Einstellung wirst du nie einen anständigen Job bekommen. ☐
12 Ab heute wird alles anders werden. ☐

b Lesen Sie den Text. Ergänzen Sie dann die Sprechblase.
Drücken Sie Ihre Hoffnung aus oder beruhigen Sie jemanden.

Seit letzten Dienstag ist unsere Katze verschwunden. Wer sie gesehen hat oder uns sagen kann, wo sie ist, soll uns bitte anrufen.

> Mein Gott, was ihr wohl passiert ist, die Katzenfänger ... (nicht fangen.) Irgendwer ... (ins Haus lassen). Jemand ... (füttern)

ⒻUNG

a Vermutungen: Sie haben mehrere Möglichkeiten.

1 Lesen Sie die Beispiele.

Ich vermute, der Hund sucht sein Herrchen.
Ich vermute, dass der Hund sein Herrchen sucht.
Vermutlich / Wahrscheinlich / ... sucht der Hund sein Herrchen.
Der Hund sucht vermutlich / wahrscheinlich sein Herrchen.
Der Hund sucht wohl sein Herrchen.
Der Hund wird sein Herrchen suchen.

2 Wie ist es richtig? Kreuzen Sie an.

Um eine Vermutung auszudrücken, ...

☐ reicht ein sprachliches Mittel, z. B. Futur.

☐ muss man mehrere sprachliche Mittel verwenden, z. B. Futur und *vermutlich*.

b Vermutungen ausdrücken: Lesen Sie die Sätze 1 und 2. Verstärken Sie dann die
Vermutungen mit den Adverbien *möglicherweise, vielleicht, wohl, vermutlich, wahrscheinlich*.

1 Er wird sein Herrchen suchen. (Futur I)
2 Er wird sein Herrchen verloren haben. (Futur II)

Er wird wohl sein Herrchen suchen.

5

SÄTZE BAUEN: Vermutungen äußern und bewerten

Warum bleibt jemand sitzen?

a Was vermuten Sie? Spekulieren Sie und schreiben Sie in die Sprechblasen.

- -
nicht lernen ■ faul sein ■ die Lehrer können ihn nicht leiden ■ die Schule – ihn nicht interessieren ■
es – die falsche Schule sein ■ für andere Fächer begabt sein ■ nicht für das Gymnasium geeignet sein ■
kein Ziel haben ■ die Gefahr nicht erkennen
- -

„Das Sitzenbleiben war das Schrecklichste, was ich je erlebt habe", sagte ein Schüler
des mathematisch-naturwissenschaftlichen Gymnasiums in Villach ...

> Er wird nicht gelernt haben.

> Warum ist der Schüler sitzen geblieben?

> ...

> Vermutlich war er faul.

> ...

> ...

b Was wird der Schüler im kommenden Schuljahr machen? Ergänzen Sie die Satzanfänge.

- -
am Anfang lernen ■ dann wieder faul sein ■ gar nichts mehr tun, weil schon alles können ■
noch langweiliger finden ■ wieder sitzen bleiben ■ viel lernen ■ ein gutes Zeugnis haben ■ Angst haben ■ ...
- -

1 Also, ich denke, dass ...
2 Ich glaube, ...
3 Es ist irgendwie immer wieder spannend: Er ...
4 Es ist irgendwie immer wieder dasselbe: Zuerst ... , und dann ...

23 Verabredung vor dem Kino: Warum ist Gustav nicht da?
Bilden Sie Sätze und formulieren Sie Vermutungen wie in Übung 22.

im Stau stehen ■ noch zu Hause telefonieren ■ Verabredung vergessen ■
im falschen Kino sein ■ den falschen Bus nehmen ■ einen wichtigen Termin haben ■
in einer Besprechung sein ■ eine Fahrradpanne haben ■ sein Handy vergessen ■
gleich kommen ■ bestimmt anrufen ■ etwas passiert sein ■ Handy leer sein ■
kein Geld mehr haben

GRAMMATIK: irreale Bedingungen mit *dann würde* ...

WIEDERHOLUNG

24 Was ist passiert? Was würde Sophie dann machen? Was hätte Sophie gemacht?

ⓐ Lesen Sie Monis E-Mail und die Antworten von Nadja und Timo.

Hallo Nadja, hallo Timo,
nur ganz kurz, Sophie ist gestern nicht am Flughafen
angekommen. Wir haben stundenlang gewartet.
Wenn wir mehr wissen, melden wir uns.
LG Moni

A ... Vielleicht hat sie ja das Flugzeug verpasst. Ist mir auch schon mal
passiert, dass ich die Durchsage nicht gehört habe. Sie kommt
sicher heute an.
LG Nadja

B ... Vielleicht konnte das Flugzeug wegen einem Streik nicht starten.
Gruß Timo

ⓑ Lesen Sie die Antworten 1–4. Welche Antwort bekommt Nadja von Moni,
welche bekommt Timo? Ordnen Sie zu. Es sind mehrere Antworten möglich.

1 Dann würde sie uns doch anrufen.

2 Wenn das Flugzeug wegen einem Streik nicht starten konnte, und sie
noch immer auf den Start wartet, dann würde sie uns doch anrufen.

3 Wenn Sophie das Flugzeug verpasst hätte, dann hätte sie sicher
angerufen.

4 Aber dann hätte sie uns doch angerufen.

ⓒ Irreale Bedingungen mit dem *würde*-Konjunktiv.
Setzen Sie die Verben in Klammern in den *würde*-Konjunktiv.

1 Wenn Sophie wirklich heute *kommen würde* (kommen), dann .... sie sich

doch bei uns .... (melden).

2 Wenn die Flugzeuge nicht .... (starten), ... man uns doch

.... (informieren).

3 Man .... uns das doch .... (sagen), wenn das Flugzeug

später .... (landen).

Irreale Bedingungen der Vergangenheit. Was ist passiert? Sophie ist nicht angekommen.
Die Freunde spekulieren. Ergänzen Sie die Verben in der richtigen Form.

1 Wenn Sophie das Flugzeug _verpasst hätte_ (verpassen), dann .... sie

   uns doch .... (informieren).

2 Vielleicht hat sie ja eine E-Mail geschickt. – Dann .... ich sie doch

   .... (lesen).

3 Es .... besser .... (sein), wenn wir vorher

   ....(anrufen).

SÄTZE BAUEN: gemeinsam eine Geschichte entwickeln

Gemeinsam eine romantische Geschichte erfinden. Was passt?
Ergänzen Sie die Wendungen und Ausdrücke.

Das glaube ich nicht. Dann … ■ Ja klar ■ Glaubst du wirklich, dass … ■ Na, also, der Gedanke
wäre mir nie gekommen. ■ Das ist gut, das ist sogar sehr gut ■ Was hältst du davon, wenn …

„Dreißig Jahre lang haben
wir nichts voneinander
gehört. Und dann …
Das wollen wir mit euch
feiern."

▼ Ihr habt doch auch die Einladung gesehen. Ich würde gern eine Geschichte dazu erfinden, habt ihr

   eine Idee? Was ist wohl passiert, nachdem er seine Jugendliebe verlassen hat? Sie haben sich dreißig

   Jahre nicht gesehen und dann?

■ .... er sie dann in einer Reisegruppe zufällig

   wiedergesehen hat, oder so ähnlich?

● ....

   Und dann haben sie sich auch zu Hause wieder öfter getroffen.

▼ .... wäre das doch keine romantische Geschichte.

   Ich glaube, die haben sofort geheiratet.

■ .... sie sofort geheiratet haben? Ich denke, sie haben

   sich erst öfter getroffen. Dann ist ihr Freund böse geworden. Und dann hat sie sich für ihre Jugendliebe

   entschieden. Und dann sind sie zusammengezogen.

▼ Aber sie haben doch geheiratet, oder?

● ...., ganz bestimmt, sonst würden die uns doch jetzt nicht einladen.

Hören Sie und vergleichen Sie.

47

26 Romantische Szene in der Schweiz

a Sprechen Sie jeden Satz langsam, aber ohne Luft zu holen oder abzusetzen.
Achten Sie dabei auf den Satzakzent. Hören Sie dann und sprechen Sie noch einmal.

Die Sonne sinkt.
Es riecht nach Sommer.
Über die Wiese steigt die Sichel des Mondes.
Unsichtbar segeln sieben Fledermäuse leise zum Sihlsee.
Einsiedeln zeigt sich mit wenigen silbernen Lichtern hinter der Straße beim See.
Ein rosafarbenes Boot segelt langsam durch das stille Wasser.
Sorgfältig schneidet Susanne die Rosen beim Zaun.
Am Himmel sieht man blasse Sterne.
Am See summen Insekten.
Leise kommt die Nacht.

48 **b** Hören Sie jetzt die Wendungen und Ausdrücke in Übung 25. Markieren Sie die Satzakzente.

46 **c** Hören Sie jetzt das Gespräch in Übung 25 noch einmal und sprechen Sie nach.

E Alte Liebe rostet nicht.

WIEDERHOLUNG

27 **a** Bilden Sie aus den beiden folgenden Fragen indirekte Fragesätze.

1 Welche Kassette war deine erste Kassette?
2 Haben dir Kassetten schon als Kind gefallen?

1 Erinnerst du dich, ...?

2 Weißt du noch, ...?

b Ordnen Sie die indirekten Fragesätze aus a in das folgende Raster.

Konjunktion/Fragewort		Verb am Ende
1 welche............	....	....
2	....	....

c Wie ist es richtig? Kreuzen Sie an.

Nach indirekten Fragen, die einer Frage folgen,
☐ steht ein Punkt. ☐ steht ein Fragezeichen.

d Sie finden Ihre Sachen nicht. Formulieren Sie Fragen mit *Kannst du mir sagen, ... /*
Weißt du, ... / Hast du eine Ahnung, ...

Handy hingelegt ■ Telefonnummer von Hans aufgeschrieben ■ sich mit Hans treffen ■ Jörg kommt auch.

Weißt du, wo ich mein Handy hingelegt habe?

a Was kann man sammeln? Wie heißen die Gegenstände?
Ordnen Sie die Wörter den Bildern zu.

Käfer (1) ■ Schmetterlinge (2) ■ Sammeltassen (3) ■ Steine (4) ■ Modellautos (5) ■ Briefbeschwerer (6) ■
Briefmarken (7) ■ Figuren (8) ■ Muscheln (9) ■ Vasen (10) ■ Hüte (11) ■ Haarnadeln (12)

b Was sammeln Sie oder haben Sie schon mal gesammelt? Notieren Sie.

Lesen Sie die Antworten. Formulieren Sie dann passende Fragen mithilfe der folgenden
Wendungen und Ausdrücke.

Was sammelst ... ■ Weißt du noch, welch... ■ Erinnerst du dich noch an ... ■ Erinnerst du dich daran, ob ... ■
Du bist also eine echte Sammlerin? ■ Wann hast du ... ■ Sammelst du auch heute noch ... ■ Welches war ... ■
Welch... gefällt dir am besten? ■ Wie viele ... ■ Müssen es ...

1 Was sammelst du denn?
Nummernschilder.

2 ....
Angefangen habe ich mit dem Sammeln, als ich meinen ersten VW bekam, das war an meinem
achtzehnten Geburtstag.

3 ....
Ja, die hier an der Wand, das waren so die ersten, die ich gesammelt habe.

4 ....
Ja, das kann man so sagen.

5 ....
Ein altes Nummernschild, das mein Onkel mir mitgebracht hat, vor ein paar Jahren.

6 ....

Ja, klar, Autos und Nummernschilder haben mich schon als Kind fasziniert.

7 ....

Ja, natürlich, damit kann man doch nicht aufhören. Wichtig ist mir als Sammlerin auch, eine umfangreiche

Sammlung aufzubauen.

8 ....

An eine ungewöhnliche Geschichte? Ja, stell dir vor, als ich in Amerika war: Da lag in Los Angeles ein

Nummernschild auf der Straße. Das habe ich natürlich gleich mitgenommen.

9 ....

Ich habe ein Schild aus der Vorkriegszeit, das hing in einem alten Bauernhaus. Darauf bin ich besonders stolz.

10 ....

Inzwischen besitze ich 3725 Schilder.

11 ....

Was? Natürlich müssen es immer echte Nummernschilder sein. Was für eine Frage!!

PHONETIK: nachfragen, um ein Gespräch in Gang zu halten

30 **ⓐ** Wie man spricht und wie man schreibt.
Hören Sie die folgenden Sätze und sprechen Sie nach.

1 Wann hast du angefangen mit dem Sammeln?
2 Weißt du noch, welches Sammelstück am meisten Geld verschlungen hat?
3 Was macht so großen Spaß beim Sammeln?
4 Würdest du sagen, dieses Sammeln ist sehr wichtig für dich?
5 Wie sind Sie zu diesem Hobby gekommen?
6 Was hat Sie auf diese Idee gebracht?
7 Tut es Ihnen nicht leid, so viel Geld durch ihre Sammelwut durchgebracht zu haben?

ⓑ So könnten die Sätze aussehen, wenn man sie so schreiben würde,
wie man sie spricht. Lesen Sie.

1 wann hastu angefangen mittem sammeln?
2 weißtu noch, welchessammelstück ammeisten geld ferschlungen hat?
3 was machtso großen spaß beim sammeln?
4 würdestu sagen, diesessammeln istsehr wichtig für dich?
5 wie sintsie zu diesem hobby gekommn?
6 was hatsie auf diese Idee gebracht?
7 tut es ihnennich leid, dassie soviel geldurch ihre sammelwudurchgebracht haben?

ⓒ Hören Sie jetzt noch einmal und sprechen Sie nach.

Verben und Präpositionen

ⓐ Welche feste Präposition/en passt / passen? Kreuzen Sie an.

	als	an	auf	aus	für	mit	nach	über	von	vor	zu
achten	☐	☐	☐	☐	☐	☐	☐	☐	☐	☐	☐
fragen	☐	☐	☐	☐	☐	☐	☐	☐	☐	☐	☐
antworten	☐	☐	☐	☐	☐	☐	☐	☐	☐	☐	☐
arbeiten	☐	☐	☐	☐	☐	☐	☐	☐	☐	☐	☐
sich beschäftigen	☐	☐	☐	☐	☐	☐	☐	☐	☐	☐	☐
jemanden beschäftigen	☐	☐	☐	☐	☐	☐	☐	☐	☐	☐	☐
vorbereiten	☐	☐	☐	☐	☐	☐	☐	☐	☐	☐	☐
sich freuen	☐	☐	☐	☐	☐	☐	☐	☐	☐	☐	☐
sich interessieren	☐	☐	☐	☐	☐	☐	☐	☐	☐	☐	☐
denken	☐	☐	☐	☐	☐	☐	☐	☐	☐	☐	☐
bestehen	☐	☐	☐	☐	☐	☐	☐	☐	☐	☐	☐
lachen	☐	☐	☐	☐	☐	☐	☐	☐	☐	☐	☐
warnen	☐	☐	☐	☐	☐	☐	☐	☐	☐	☐	☐
gehören	☐	☐	☐	☐	☐	☐	☐	☐	☐	☐	☐
träumen	☐	☐	☐	☐	☐	☐	☐	☐	☐	☐	☐

ⓑ Korrigieren Sie die Wortstellung.

1 Ich träume von dir immer.
2 Kannst du an mich auch mal denken?
3 Sie haben ihren Firmensitz nach Indien letztes Jahr verlegt.
4 Ich bestehe auf einer Entschuldigung – sofort.

Futur I und II

ⓐ In welchen Sätzen wird Futur II verwendet? Kreuzen Sie an.

1 ☐ Sie wird wohl beim Einkaufen sein.
2 ☐ Du wirst sicher mal ein guter Vater sein.
3 ☐ Sie werden jetzt mein Zimmer verlassen, und zwar sofort!
4 ☐ Wir werden jetzt erst einmal Ruhe bewahren und warten, was passiert.
5 ☐ Es wird doch nichts passiert sein!
6 ☐ Bleib ganz ruhig. Sie wird den Zug verpasst haben.
7 ☐ Ab morgen werden wir die innerbetriebliche Kommunikation verbessern.
8 ☐ Wenn der Betrag nicht bis in spätestens einer Woche auf unserem Konto eingegangen ist, werden wir die Angelegenheit an unsere Rechtsabteilung übergeben.

ⓑ Was bedeutet Futur? Formulieren Sie die Sätze aus a mit den folgenden Ausdrücken.

Ich fordere Sie auf ■ Unser Ziel ist es ■ Ich vermute ■ Mach dir keine Sorgen ■
Dies ist unsere letzte Warnung ■ Ich mache mir Sorgen ■ Ich bin mir sicher ■ Ich schlage vor

1 ...., dass sie beim Einkaufen ist.

2 ...., dass du später ein guter Vater bist.

3 ...., mein Zimmer zu verlassen, und zwar sofort.

4 ...., dass wir jetzt erst einmal Ruhe bewahren und warten, was passiert.

5 ...., dass etwas passiert ist.

6 .... Sie hat sicher den Zug verpasst.

7 ...., dass wir ab morgen die innerbetriebliche Kommunikation verbessern.

8 .... Wenn der Betrag nicht bis in spätestens einer Woche auf unserem Konto

eingegangen ist, übergeben wir die Angelegenheit an unsere Rechtsabteilung.

33 Lesen Sie den folgenden Text. Ordnen Sie die Überschriften den jeweiligen Abschnitten zu.

1 Sammelleidenschaft zieht sich durch die ganze Bevölkerung ■ 2 Was sammeln Frauen – was sammeln Männer? ■ 3 Die Deutschen sind leidenschaftliche Sammler ■ 4 Die beliebtesten Sammelobjekte ■ 5 Sammelobjekte dienen auch als Wertanlage ■ 6 Deutsche sammeln auch Kurioses

A ⸬

TNS Emnid-Studie zeigt: Motive sind Spaß, Erinnerung und Wertanlage – Beliebtes Sammelobjekt ist der Bonuspunkt

Bielefeld, 20. August 2003 – Drei von vier Deutschen sind leidenschaftliche Sammler. Das ergab eine aktuelle TNS-Emnid-Untersuchung. Die Bielefelder Marktforscher befragten im Auftrag der Loyalty Partner GmbH (München) Ende Juli bundesweit 977 Bürger ab 16 Jahren über ihr persönliches Sammelverhalten. 76 Prozent der Befragten gaben an, etwas zu sammeln. Als Hauptmotiv dafür nannte der überwiegende Teil Spaß (83 Prozent), für jeden zweiten Sammler spielen Erinnerungen eine bedeutende Rolle. Schon jeder Vierte (28 Prozent) begreift seine Sammlung als Wertanlage.

B ⸬

Männer (75 Prozent) sammeln ebenso wie Frauen (76 Prozent), Jung (79 Prozent) begeistert sich wie Alt (80 Prozent). Vom Schüler (80 Prozent) über den Realschulabsolventen (75 Prozent) bis zum Akademiker (74 Prozent) zieht sich die Sammelleidenschaft durch alle Bildungsschichten.

C ⸬

Die Befragten haben ein recht junges Produkt als Sammelobjekt entdeckt: Den Bonuspunkt, den sie über die Teilnahme an Kundenprogrammen sammeln können. Mehr als jeder Zweite (54 Prozent) punktet regelmäßig, schon mehr als jeder Vierte (26 Prozent) setzt die Karte des Marktführers Payback ein. Dabei gilt auch für den Bonuspunkt: Er wird von jedermann gern gesammelt.

Als begehrtester traditioneller Sammelgegenstand wurde von den Befragten das Buch (36 Prozent) genannt, gefolgt von der Audio-CD (30 Prozent). Dahinter rangiert ein echter Klassiker: Die Münze, für die sich 18 Prozent der Bundesbürger begeistern. Auf den weiteren Plätzen folgen Geschirr, Kristall und Glas (16 Prozent), Figuren (15 Prozent), Stofftiere und Puppen (12 Prozent), Porzellan (11 Prozent), Antiquitäten (11 Prozent), Briefmarken (10 Prozent), Mineralien und Steine (10 Prozent), Miniaturmodelle (9 Prozent) und Spielzeug (5 Prozent).

D ⸬

Die Studie bestätigt Klischees: Die meistgenannten Sammelobjekte bei Frauen und Männern sind zwar identisch, doch unterscheiden sie sich stark in ihrer Reihenfolge: 68 Prozent der Geschirr-, Kristall- und Glas-Sammler sind weiblich, bei den Porzellan-Sammlern sogar 81 Prozent. Bei Stofftieren und Puppen fällt das Verhältnis noch eindeutiger aus: 92 Prozent der Sammlungen werden von Frauen gehegt und gepflegt. Männer hingegen sind die interessierteren Münzsammler (58 Prozent), auch bei den Briefmarkensammlern liegen die Männer mit 67 Prozent vorne.

Als drittwichtigstes Sammelargument – neben Spaß und persönlicher Erinnerung – spielt der Wertzuwachs eine große Rolle. Für Männer (33 Prozent) noch mehr als für Frauen (22 Prozent). Somit kann sich der Wert der deutschen Sammlungen durchaus sehen lassen: Jeweils etwa ein Fünftel der Sammlungen ist zwischen 100 und 500, zwischen 500 und 1000 oder zwischen 1000 und 5000 Euro wert. Und etwa jede achte Kollektion (13 Prozent) hat einen Wert von mehr als 5000 Euro.

Über die etablierten Sammelgebiete hinaus kennt die Fantasie der Bundesbürger keine Grenzen. Von Abzeichen bis zum Zollstock findet sich in deutschen Sammlungen auch Kurioses: Brillen, Grubenlampen, Computerviren und Bierdeckel, Tintenfässer und Fingerhüte oder Zeichnungen der Enkel. Selbst Tiere wie Kaninchen wurden genannt. Das Sammeln liegt den Deutschen im Blut: Die Bundesbürger sammeln für sich selbst, sie sammeln aus Eltern- oder Großelterntradition (12 Prozent) oder weil sie Klubs und Vereinen angehören (5 Prozent), die sich auf ihr Sammelgebiet spezialisiert haben. Und so manche (8 Prozent) macht Sammeln sogar süchtig.

ÜBUNG ZU PRÜFUNGEN: Sprachbausteine

Lesen Sie den folgenden Text und entscheiden Sie, welches Wort (a, b oder c) in die jeweilige Lücke passt. Vergleichen Sie dann mit dem Lösungsschlüssel.

5

Hallo, liebe Anna,

viele Grüße .... (1) Vermont! Wie geht es Dir?

Ich bin jetzt .... (2) der Uni Vermont. Dies ist hier mein letztes Semester. Und ich habe mich

gerade für ein Programm in Berlin .... (3), so kann ich meine Deutschkenntnisse verbessern

und auch die Stadt kennenlernen. Es heißt FU-BEST und ist ein Programm an der Freien Universität

Berlin. Das Programm scheint gut zu sein. – Ich kann dann .... (4) des Programms bei einer

deutschen Familie wohnen und muss mich nicht .... (5) ein Zimmer in einer WG kümmern.

Es beginnt Anfang Januar. Du weißt ja, ... (6) ich immer davon geträumt habe, in einem

.... (7) Land zu arbeiten, aber ich weiß noch nicht, ... (8) in Berlin oder nicht doch lieber

in Wien oder vielleicht auch in Basel.

Viele liebe Grüße, Dana

1	a aus	b in	c auf
2	a bei	b in	c an
3	a anmelden	b angemeldet	c gemeldet
4	a innerhalb	b während	c unter
5	a um	b mit	c auf
6	a weil	b ob	c dass
7	a deutschsprachigen	b deutschsprachigem	c deutschsprachiges
8	a ob	b warum	c weil

B Vier zu eins

WORTSCHATZ: Sport

1 Rund um den Sport

WIEDERHOLUNG

a Welches Verb passt? Ergänzen Sie. Welches Verb passt gar nicht?

machen ● spielen ● tun ● fahren ● treiben

1 Sport, Wintersport ....

2 Fußball, Schach, Ball ....

3 Ski, Snowboard, Fahrrad ....

b Welches Verb passt? Kreuzen Sie an.

einen 　　　　☐ werfen ☐ schlagen ☐ schießen ☐ ziehen ☐ rollen ☐ fangen ☐ schleudern

mit einer 　　　☐ werfen ☐ schlagen ☐ schießen ☐ ziehen ☐ rollen ☐ fangen ☐ schleudern

VERTIEFUNG

c Was machen die folgenden Sportler? Ordnen Sie zu.

1 Mountainbike fahren ● 2 turnen ● 3 Volleyball spielen ● 4 Karate machen ● 5 joggen ●
6 Wasserball spielen ● 7 segeln ● 8 kraulen ● 9 springen (Weitsprung) ● 10 springen (Stabhochsprung) ●
11 Speer werfen ● 12 Tischtennis spielen ● 13 Diskus werfen ● 14 Skispringen machen ● 15 laufen ●
16 springen (Kunstspringen) ● 17 Tennis spielen ● 18 boxen ● 19 Golf spielen ● 20 Handball spielen ●
21 Rennrad fahren ● 22 reiten ● 23 Basketball

Sportbekleidung und Sportgeräte

a Was braucht man für diese Sportarten / diesen Sport? Ergänzen Sie.

~~der Helm~~ ∎ das Fahrrad ∎ das Trikot ∎ die Skier ∎ der Trainingsanzug ∎ die Shorts ∎ die Sportschuhe ∎
die Mütze ∎ die Handschuhe ∎ die Stiefel ∎ der Schläger ∎ der Ball ∎ die Brille ∎ die Stöcke ∎ das Pferd
---

reiten: *einen Helm,* ....

Mountainbike fahren: *einen Helm,* ....

joggen: ....

Golf spielen: ....

Tennis spielen: ....

Ski fahren: *einen Helm,* ....

b Für welche Sportarten braucht man diese Sportgeräte und diese Sportbekleidung?
Gibt es mehrere Möglichkeiten? (Achtung: Ein Gegenstand ist immer falsch.)

1 .... Stiefel, Helm, Handschuhe, Ball

2 .... Stöcke, Handschuhe, Pferd, Schuhe

3 .... Fahrrad, Schuhe, Schläger, Trikot

c Für welche Sportart wird hier etwas angeboten? Ergänzen Sie das passende Wort.

Für Anfänger und Profis, alles aus einer Hand, Top-Marken: ....hose oder
........................rock und ....hemd bei uns schon ab 79,90 €, ...schuhe
ab 119,00 €, ...schläger für Junioren ab 69,90 €, für sie und ihn ab 119,00 €.
........................bälle bis zu 60% billiger. Stirnband und ....socken, passend zum
Outfit, beim Kauf einer kompletten ....ausrüstung gratis dazu.

Lesen Sie die Ankündigungen aus einem Fitnessstudio.
Im Text wurden Wörter vertauscht. Korrigieren Sie.

1 **Fahrrad ~~reiten~~ oder Ski gehen: Bei uns sind Sie in jedem Fall an der richtigen Adresse.**
   fahren

2 **Die Anmeldung für alle Ballsportarten außer Eishockey und Tennis erfolgt
am Donnerstag um 16:00 Uhr. Für die anderen Sportarten findet die Einschreibung
(und der Eignungstest) beim ersten Training statt.**

3 **Die Palette unserer Angebote ist groß und reicht von Hallensportarten wie Skifahren
bis zu Kampfsportarten wie Jogging, von Ausdauersport wie Judo bis zu Wintersport
wie Handball.**

Gewinnen kann man im Deutschen vieles.
Übersetzen Sie die folgenden Ausdrücke in Ihre Muttersprache.
Welche werden auch mit dem Wort *gewinnen* formuliert?

ein Spiel gewinnen	....	Zeit gewinnen	....
einen Preis gewinnen	....	Freunde gewinnen	....
Geld gewinnen	....	Strom aus Wind gewinnen	....
jemanden als Kunden gewinnen	....	eine Wahl gewinnen	....
		Öl gewinnen	....

6

5 Verbindungen mit *-einander*

a Welche Antwort passt zu welchem Satz? Ordnen Sie zu.

1 Heute spielt Borussia – gegen Sturm Graz. ⬚

2 Ich ertrage es nicht mehr! Sie streitet schon wieder mit ihrem Bruder. ⬚

3 Du, in dieser Klasse sind die Jahrgänge 1 bis 3 zusammen. Und die Lehrerin meint, die Kleinen lernen von den Großen und umgekehrt. Wie soll das gehen? ⬚

a Klar lernen die voneinander, das weiß man doch.

b Was, die spielen gegeneinander? Schon heute? Das müssen wir uns ansehen.

c Ach, hör doch einfach nicht hin. Die streiten doch immer miteinander, das ist in dem Alter völlig normal.

b Ergänzen Sie die Präposition + *-einander*.

1 Team A spielt gegen Team B
↘ ↙
Sie spielen ....

2 Person A streitet mit Person B
↘ ↙
Sie streiten ....

3 Person A lernt von Person B
↘ ↙
Sie lernen ....

6 **a** Welche Präposition passt? Ergänzen Sie. Manchmal sind auch mehrere Lösungen möglich. Vergleichen Sie dann mit dem Lösungsschlüssel.

mit ● für ● von ● über ● auf ● gegen

1	erzählen	....	
2	sich freuen	....	
3	sich informieren	....	
4	sich interessieren	....	
5	sich wundern	....	
6	träumen	....	
7	lachen	....	

8	warten	....
9	wissen	....
10	kämpfen	....
11	sprechen	....
12	da sein	....
13	sagen	....

b Lesen Sie und ergänzen Sie.

voneinander ● miteinander ● aufeinander ● voneinander ● füreinander ● übereinander

1 Als Babys wurden die beiden getrennt. Erst 35 Jahre später trafen sie sich durch Zufall wieder.

Die ganze Zeit hatten sie nichts .... gewusst.

2 Bei meinen Bekannten war es nicht ganz so dramatisch, aber so was gibt's sonst auch nur im Film:

Mit siebzehn waren sie ein Paar, aber dann mit zwanzig wollten sie plötzlich nichts mehr

.... wissen. Als sie sich später mit über 60 Jahren wieder trafen, waren beide

noch immer Singles: Sie hatten .... gewartet!

3 Es ist schon lustig: Wir sind die allerbesten Freundinnen und haben nie was Schlechtes

.... gesagt. Bloß im Sport, sobald wir in verschiedenen Mannschaften spielen,

tun wir so, als ob wir noch nie ein Wort .... gesprochen hätten. Aber Hauptsache,

privat sind wir immer .... da – und so soll es auch bleiben.

c Welche Präposition passt zu *-einander*? Ergänzen Sie (auch mithilfe Ihres Wörterbuchs). Vergleichen Sie dann mit dem Lösungsschlüssel.

1 Ich kann mich noch ganz genau daran erinnern, wann und wo wir uns …………einander verabschiedet haben. Ich fürchtete schon, es wäre für immer gewesen. Wer hätte gedacht, dass wir so schnell wieder …………einander Kaffee trinken würden?

2 Was soll das? Es gibt doch einfach keinen Grund, ständig …………einander zu schimpfen.

3 Okay, wir sollten mehr …………einander lachen als …………einander streiten, mehr …………einander als …………einander arbeiten. Aber es ist halt nicht immer ganz so einfach!

4 Wer sie kennt, weiß: Sie sind beide eher Pechvögel als Glückspilze. Ich glaube, die zwei haben absolut keinen Grund, …………einander zu lachen.

GRAMMATIK: Relativsatz mit den Relativpronomen *der*, *die*, *das*

OLUNG

Relativpronomen: *der*, *die* und *das*

a Welche Wörter passen in die Lücken? Ergänzen Sie. Vergleichen Sie dann mit dem Lösungsschlüssel.

das ▪ das ▪ der ▪ der ▪ den ▪ die ▪ die ▪ die ▪ die ▪ die

Er hat endlich einmal einen Preis gewonnen, ………… (1) wirklich Sinn macht und ………… (2) ihn auch wirklich freut: Es ist nicht einfach Geld, ………… (3) ja schnell wieder ausgegeben ist. Es ist auch kein CD-Player oder ein MP3-Player, alles Sachen, ………… (4) man entweder schon besitzt oder aber gar nicht erst haben möchte. Oder gar ein Fernseher, ………… (5) er gleich weiterverschenken würde. Der Preis ist auch kein Wellness-Wochenende mit Freunden, ………… (6) man vielleicht schon eine Ewigkeit nicht gesehen hat, oder eine Fahrt ins Blaue, ………… (7) oft toll beginnt, dann aber häufig im Streit endet. Ja, sicherlich, über ein Auto hätte er sich schon auch sehr gefreut, da das Fahrzeug, ………… (8) in seiner Garage steht, schon viele Besitzer hatte, ………… (9) er nicht kennt und ………… (10) das Fahrzeug nicht immer gut behandelt haben, so wie es aussieht. Nein, was er gewonnen hat ist – Zeit, ………… (11) er sich nehmen kann, wann er will und wo er will und wie oft er will.

b Ergänzen Sie in der Tabelle die Relativpronomen. Vergleichen Sie dann mit dem Lösungsschlüssel.

	maskulin	neutral	feminin	Plural
Nominativ				*die*
Akkusativ		*das*		

c Ergänzen Sie die passenden Relativpronomen im Dativ.

1 Das ist doch die Sportlerin, ……………… der Wettkampfrichter beim letzten Wettbewerb null Punkte gegeben hat.

2 Stell dir mal vor, der kleine Spaniel, ……………… bei der Hundeschau der erste Preis verliehen wurde, gehört meiner Nachbarin.

3 Die Radrennfahrer, ……………… gestern Nacht die Räder geklaut worden sind, sollen in einen Doping-skandal verwickelt sein.

4 Guck mal, da fährt das Team, ……………… man letztes Jahr die Teilnahme verboten hat. Ob sie dieses Jahr gewinnen?

d Ergänzen Sie in der Tabelle die Relativpronomen.

	maskulin	neutral	feminin	Plural
Dativ				

e Ergänzen Sie die passenden Relativpronomen. Achten Sie auf die Präpositionen.

1 So sieht die Wohnung aus, für .... ich mein ganzes Geld ausgeben würde. Wenn ich welches hätte.

2 Ich sage es dir ganz ehrlich, das war bisher der einzige Film, bei .... ich geweint habe.

3 Verträge, bei .... die Gesetze nicht eingehalten werden, sind ungültig.

4 Er redet und redet, und meistens nur von Dingen, von .... ich echt keine Ahnung habe.

5 Das gibt es doch nicht, guck mal, das ist die Frau, von .... ich den alten Golf damals gekauft habe, du weißt doch, der dann sofort kaputt war.

6 Meinst du den Zahnarzt Horst Meier, also zu .... gehe ich nie wieder.

7 Für echte Sportler ist es völlig klar: Sie gehen nur in Kneipen, in .... nicht geraucht werden darf.

f Aus einer Rede zur Wahl der „Sportlerin des Jahres". Lesen Sie und ergänzen Sie die fehlenden Relativpronomen.

„... und sie ist eine Sportlerin, ... (1) trotz ihrer großen Erfolge immer bescheiden und fair geblieben ist, ... (2) Hilfsbereitschaft und Kameradschaft genauso wichtig sind wie perfekte Technik und Siegeswille. Es gibt nicht viele, ... (3) sich schon so lange mit so großem Erfolg an der Spitze halten und ich kenne niemanden, ... (4) sich den Titel „Sportler oder Sportlerin des Jahres" so verdient hätte, niemanden, für .... (5) wirklich das ganze Land so sehr gezittert und gehofft hat, niemanden, ... (6) nicht das ganze Land immer wieder die Daumen gehalten hätte. Meine Damen und Herren, begrüßen Sie mit mir ..."

g Was ist ein Weblog? Lesen Sie und ergänzen Sie die Relativpronomen.

Fast jeder Benutzer und Betreiber eines Weblogs*, ... (1) manche in der Umgangssprache auch Blogger nennen, definiert ihn anders. Die einen sehen den Weblog als eine Art Tagebuch, in .... (2) der Verfasser jeden Tag seine Gedanken und Gefühle oder Erfahrungen notiert. Andere bieten in ihren Weblogs kommentierte Links zu anderen Seiten an, ... (3) sie interessant finden. Andere wiederum verbinden auf ihren Seiten eigene Erlebnisse durch Links mit Informationen, von .... (4) sie annehmen, dass sie für alle interessant sind. Weblogs sind aber auch das Medium, durch .... (5) jeder zum aktiven Internetnutzer werden kann. Andere wiederum sehen den Nutzen von Weblogs darin, dass man Neuigkeiten, ... (6) man erfährt, ungefiltert und sofort verbreiten kann: der schnellste Nachrichtendienst der Welt.

* *das* oder *der* Weblog

FUNG

ⓐ Lesen Sie den Anfang des Romans *Seitenwechsel* und markieren Sie die Relativpronomen und das Wort, auf das sie sich beziehen.

Der Soldat, der zwischen den groben Holzbohlen des Beobachtungsturms hochkletterte, hatte keinen Blick für den schmalen Mond und den Widerschein des Lichtes auf den regenglänzenden Winterfeldern, die steil zum Fluss hinunter im Dunkel verschwanden, er hatte auch kein Ohr für das Zischen und Raunen der mährischen Thaya, die dort unterhalb der Felder zwischen den dunklen Weiden wilder auf- und niedersprang als sonst, der Soldat war noch viel zu aufgeregt, weil bei dem Sturm vor anderthalb Stunden rechts unten beim Fluss eine große Föhre auf den Grenzzaun gefallen war und dadurch diesen schrillen Alarm ausgelöst hatte, der einen richtig verrückt machen kann, [...] sodass sich, nach einigen Minuten der Spurensuche, bei der Anzeichen von „Republikflucht" zu erkennen gewesen waren, nun doch alle beruhigt in ihre Baracken verzogen.

Gerald Szyszkowitz

ⓑ Ergänzen Sie.

dessen ■ deren ■ dessen ■ deren

1 Hier, der Artikel „Pressefreiheit und .... Bedeutung", den Artikel musst du unbedingt lesen.

2 Hier finden Sie die Termine aller wichtigen Sportveranstaltungen unserer Region und ....
Veranstalter.

3 Hast du vorgestern nicht auch diesen fürchterlichen Krimi gesehen? Siehst du, heute kommt eine Sondersendung mit dem Titel: Ein Fernsehfilm und .... Folgen.

4 ◆ Hier eine Frage aus der Mathematik: Gibt es ein Quadrat .... „Zahl" der Diagonale (cm) genauso groß ist wie die „Zahl" des Flächeninhalts (cm³)?

● Sonst geht's dir noch gut, oder?

ⓒ Ergänzen Sie die Tabelle.

	maskulin	neutral	feminin	Plural
Genitiv				

GRAMMATIK: Relativsätze mit den Relativpronomen *wer, wo, was*

ⓐ Drücken die Sätze a und b dasselbe aus? Kreuzen Sie an: ja oder nein.

1 a Personen, die zehn Punkte erreichen, dürfen an der nächsten Runde des Wettkampfes teilnehmen. Die anderen, die weniger als zehn Punkte haben, müssen leider ausscheiden.
  b Wer zehn Punkte erreicht, darf an der nächsten Runde des Wettkampfes teilnehmen.
  ☐ ja   ☐ nein

2 a Schau mal da drüben, der Fahrer, der den Opel fährt. Der wird gewinnen, das ist ganz klar.
  b Wer einen Opel fährt, wird gewinnen.
  ☐ ja   ☐ nein

3 a Alle Personen, die im Januar dieses Jahres einen Smira-Wagen gekauft haben, sollen sich bitte umgehend bei ihrem Händler oder bei ihrer Werkstatt melden.
  b Wer im Januar dieses Jahres einen Smira-Wagen gekauft hat, soll sich bitte umgehend bei seinem Händler oder bei seiner Werkstatt melden.
  ☐ ja   ☐ nein

b Rückrufaktionen, Warnhinweise, Bekanntmachungen und Lebensweisheiten.
Setzen Sie das passende Relativpronomen ein.

1 Die Brunnen GmbH informiert.

.... in der vergangenen Woche das Brunnen-Erfrischungsgetränk, Sorte Grüner Apfel,

Haltbarkeitsdatum 28.Mai, gekauft hat, soll die gekauften Flaschen bitte in das Geschäft zurückbringen.

In den Flaschen befinden sich Fremdkörper.

2 .... sachdienliche Hinweise zum gestrigen Bankeinbruch in der Innenstadt geben kann,

sollte sich bitte sofort bei der nächstliegenden Polizeidienststelle melden.

3 .... man wohnt, kann man sich nicht immer aussuchen. Oft entscheiden der Arbeitsplatz,

die Schulsituation der Kinder oder andere Faktoren über die Wohnortwahl.

4 ◆ .... ich mache, ist eigentlich egal, solange ich dafür gut bezahlt werde.

● Sag mal, spinnst du?

5 Seit Wochen kann man im Internet immer wieder Bilder von brennenden und verbrannten Laptops sehen.

Aber keine Panik: Nur .... ein Gerät von der Firma ABC mit Akkus des Typs MHZ-07 zu Hause

stehen hat, sollte sofort mit seinem Berater im Kundenservice sprechen.

6 .... in den Wochen zwischen dem 4. Dezember und dem 15. Januar Kontakt mit der Familie

Meier aus der Marktstraße hatte, soll sich bitte sofort bei Frau Dr. Müller im Gesundheitsamt,

Zimmer 104, melden.

c „Sprichwörter" mit *was* und *wer*. Was passt? Ergänzen Sie die Sätze.

Wer andern eine Grube gräbt, fällt selbst hinein.
Was ich nicht weiß, macht mich nicht heiß.

----
nicht richtig Walzer tanzen können ▪ früh im Kaffeehaus sitzen ▪
abends erledigt haben ▪ joggen gehen ▪ der Bauer nicht kennen
----

1 ...., kann man am Morgen vergessen.

2 ...., findet nie eine Frau.

3 ...., kommt verschwitzt nach Hause.

4 ...., macht dem Wirt große Freude.

5 ...., das frisst er nicht.

10 **a** Wortstellung im Relativsatz. Schreiben Sie die <u>unterstrichenen Relativsätze</u> in das Raster.

1 Das ist der Mann, <u>dem ich 1000 Euro schulde.</u>
2 <u>Wer andern eine Grube gräbt,</u> fällt selbst hinein.
3 Verträge, <u>bei denen die Gesetze nicht eingehalten werden,</u> sind ungültig.

Relativpronomen (plus Präposition)		Verb am Ende
1	....	....
2	....	....
3	....	....

ⓑ Auf welches Wort bezieht sich das Relativpronomen? Markieren Sie es.

1 Hast du den Joghurt, **den** ich in den Kühlschrank gestellt hatte, gegessen?

2 Hast du den Joghurt gegessen, **den** ich in den Kühlschrank gestellt hatte?

3 Welchen Pullover ich suche? Ja den, **den** ich gestern gekauft und in den Schrank gehängt habe, und jetzt ist er weg.

4 Er hat endlich einmal einen Preis gewonnen, **der** wirklich Sinn macht und **der** ihn auch wirklich freut.

ⓒ Wo steht ein Komma? Ergänzen Sie.

1 Der Schiedsrichter der letztes Jahr beim Spiel Austria Salzburg gegen St. Pölten eine rote Karte gezeigt hat muss nun wegen Bestechung vor Gericht.

2 Der Kollege mit dem ich gestern noch in dem Projekt zusammengearbeitet habe hat heute seine Kündigung bekommen. Und ich habe keine Ahnung warum.

3 Die Kassiererin der ich vor Kurzem die zehn Euro zurückgegeben habe grüßt mich jetzt immer ganz freundlich.

SÄTZE BAUEN: Regeln erklären

Was bedeuten diese Hinweisschilder? Schreiben Sie.

A	B	C	D	E
Zutritt nur ab 18!	Zutritt nur mit entwertetem Fahrschein!	8–88, Spieldauer: ca 10 Minuten/ 2–4 Personen	Wir müssen draußen bleiben.	Keine Fotos und Videos während der Aufführung!

Wer ... will, ...
Es ist (nicht) erlaubt / verboten / möglich ...
Man darf (nicht), kann ...
Das Spiel dauert ...
Ziel ist es, ...
Wenn man ..., dann ...

Es ist verboten, unter achtzehn in die Disco zu gehen.

TEXTE BAUEN: Regeln erklären

Ergänzen Sie im folgenden Text die fehlenden Ausdrücke.

an ▪ ausgeübt ▪ bei (2x) ▪ darf (2x) ▪ erlauben ▪ gewonnen ▪ können ▪ möglichst viele ▪ so wie ▪ teilgenommen ▪ und zwar ▪ zwischen ▪ ist es verboten ▪ Ziel

Tanzen ..kann.. (1) auch als echte Sportart .... (2) werden. Dabei unterscheidet man .... (3) dem Breitensport für jedermann und dem Leistungssport für Amateure und Profis. .... (4) bei anderen Sportarten gibt es dann auch Wettkämpfe, die sogenannten Turniertänze. .... (5) den Turnieren des Deutschen Tanzsportverbandes treten Tanzpaare gegeneinander an, ... (6) in verschiedenen Leistungsgruppen (je nach Können und nach Alter geordnet). .... (7) der Wett-kämpfe ist es, für den gezeigten Tanz .... (8) Punkte zu bekommen. .... (9) hat das Paar mit der höchsten Punktzahl. Dieses .... (10) an den nächsten Wettkämpfen in einer besseren Gruppe teilnehmen. .... (11) den Wettkämpfen .... (12), sich nach dem eigenen Geschmack anzuziehen. Man .... (13) nur in Kleidern tanzen, die die Regeln .... (14). .... (15) dem Showtanzen nach den Turnieren dürfen nur die Tanzpaare teilnehmen, die auch an dem Turnier .... (16) haben.

13 Formulieren Sie mithilfe der Stichwörter die wichtigsten Regeln des Eishockeys.

Eishockey	Mannschaftssportart
Spielorte	im Freien, in Hallen
Mannschaften	fünf Spieler und ein Torwart je Mannschaft auf der Eisfläche, mit den Ersatzspielern insgesamt 22 Spieler pro Team
Spielfeld	Eisfläche, etwa 60 m lang und 30 m breit
Ausrüstung	Schutzkleidung (Helm, Körperschutz), Eishockeyschläger
Spielgerät	Hartgummischeibe, Puck genannt
Ziel des Spiels	Puck in das gegnerische Tor schießen
Spieldauer	60 Minuten (3 mal 20 Minuten, dazwischen je 15 Minuten Pause)
Regeln	erlaubt: Spieler während des Spiels austauschen, Puck mit der Hand stoppen oder schlagen
	verboten: den Eishockeyschläger über die Schulter heben, dem Gegner ein Bein stellen, Schläge auf bestimmte Körperteile

VERTIEFUNG

14 Familienwochenende: Zwei Spiele für die ganze Familie.

🔘 50 **ⓐ** Lesen Sie die Stichpunkte zum ersten Spiel.
Hören Sie dann die Spielbeschreibung und schreiben Sie die Spielregeln auf.

----
für die ganze Familie ■ sich möglichst lange nicht bewegen ■ alle auf dem Boden liegen ■
eine Person steht ■ Jäger sein ■ die anderen beobachten ■ Bewegung verboten, auch kleine ■
Jäger: Bewegung sehen ■ Person aufrufen ■ Person aufstehen ■ jetzt zwei Jäger ■ Jäger darf:
Quatsch machen, herumspringen, ... ■ Jäger darf nicht: anfassen, kitzeln, ... ■ Spielende: alle stehen
----

🔘 51 **ⓑ** Hören Sie den zweiten Spielvorschlag, machen Sie sich Notizen und
schreiben Sie die Spielregeln auf.

C Es muss nicht immer joggen sein

GRAMMATIK: Infinitiv mit *zu*

15 „Keine Lust, mich zu bewegen"

ⓐ Mit oder ohne *zu*? Setzen Sie die Verben in die richtige Form.

----
anstrengen ■ herumlaufen ■ aufstehen ■ sitzen ■ machen ■ lesen ■ treiben ■ bewegen
----

Mein Freund Herwig ist das, was man bei uns einen richtigen „Sportmuffel" nennt: Er hat weder Lust, früh

.... (1), noch ist er bereit, Morgensport .... (2). Er will sich überhaupt nur möglichst

wenig .... (3). Am liebsten ist es ihm, wenn er möglichst lange im Café .... (4) kann,

man ihn in Ruhe Zeitungen .... (5) lässt und er sich nicht weiter .... (6) muss. Dabei

gäbe es tausend Gründe, regelmäßig Sport .... (7). Aber was willst du machen, er findet es total

abstoßend, mit verschwitzten Klamotten .... (8).

ⓑ Wie geht es Ihnen heute? Bilden Sie Sätze und kombinieren Sie. Es gibt viele verschiedene Möglichkeiten.

mit dir sprechen ◼ Vokabeln lernen

Ich habe keine Lust, …	Es ist für mich wichtig, …
Es hat für mich heute keinen Sinn, …	Es ist einfach noch zu früh, …
Ich habe heute überhaupt keine Zeit, …	Ich sollte lernen, …
Es ist für mich sinnlos, …	Ich würde mir selbst empfehlen, …

Heute ist es einfach noch zu früh, Vokabeln zu lernen.

Wohlgemeinter Rat für den Berufseinstieg
Mit oder ohne *zu*? Ergänzen Sie. Es sind mehrere Varianten möglich.

sich selbstständig machen ◼ nicht aufgeben ◼ auch seltene Sprachen lernen ◼ berufliches Wissen regelmäßig erweitern ◼ für längere Zeit ins Ausland gehen ◼ sich qualifizieren ◼ Erfahrungen sammeln ◼ nicht zu schnell zufrieden sein ◼ spezielle Kurse besuchen ◼ mit den richtigen Leuten „per Du" sein ◼ zur richtigen Zeit mit den richtigen Leuten zu Mittag essen

1 Diese Gelegenheit darfst du nicht verpassen, das ist die Chance, ...

2 Wer heutzutage sein Berufsziel erreichen will, muss ....

3 Nutze alle Gelegenheiten, dann wird es dir schon gelingen, ...

4 Du musst dir immer wieder vornehmen, ...

5 Streng dich nur ein bisschen an, ...

6 Wenn du ganz nach oben kommen möchtest, darfst du ....

7 Manchmal aber musst du einfach ....

8 Verlass dich aber nicht immer nur darauf, ...

GRAMMATIK: adversative Angaben: Argumente gegenüberstellen

ⓐ *Während* hat zwei Bedeutungen. Ordnen Sie die Bedeutung den Sätzen 1–5 zu.

a *Während* bezeichnet zwei Ereignisse, die gleichzeitig passieren.
b *Während* bezeichnet zwei „Dinge", die einen Gegensatz bilden.

1 Während die Kinder in der Schule sind, kann ich es mir zu Hause gemütlich machen. ☐
2 Während es in Norddeutschland seit Tagen schön ist, regnet es bei uns in Süddeutschland ohne Ende. ☐
3 Während sie als Produktmanagerin sehr viel Geld verdient, kann er von seiner Malerei kaum leben. ☐
4 Während du joggen gehst, mache ich einen kleinen Spaziergang. ☐
5 Während du am Abend vor dem Fernseher sitzt, muss ich die ganze Hausarbeit machen. Das wird sich in Zukunft ändern, meine Liebe! ☐

ⓑ Schreiben Sie die unterstrichenen *während*-Sätze in das Raster.

1 Während du jetzt noch gemütlich zum Joggen gehen kannst, muss ich am Herd stehen und das Abendessen kochen.

2 Während die Parteien vor der Wahl Steuernachlässe versprochen haben, haben sie nach der Wahl eine Mehrwertsteuererhöhung vereinbart.

Konjunktion		Verb am Ende
1		
2		

18   Feste Ausdrücke mit Präposition: *Im Unterschied zu ... / Im Gegensatz zu ...*
Bilden Sie Sätze wie im Beispiel.

besucht gern Jazzkonzerte
hört gern Schallplatten
genießt die Ruhe
schaut gern aus dem Fenster
findet Computerspiele schrecklich

geht auf Rockkonzerte
hört Musik mit dem MP3-Player
mag es laut und hektisch
guckt gern fern
Computerspiele sind sein Hobby

Der Opa besucht gern Jazzkonzerte. Im Gegensatz zu ihm geht sein Enkel auf Rockkonzerte.

Im Unterschied zu ihm geht der Enkel auf Rockkonzerte.

19   *aber, dagegen, jedoch*

ⓐ Lesen Sie die Sätze und markieren Sie *aber*, *jedoch* und *dagegen*.
Achten Sie darauf, wo *aber*, *jedoch* und *dagegen* stehen.

1   Ich muss aus beruflichen Gründen viel mit dem Auto fahren. Aber meine Frau ist eine echte Hobbyfahrerin.

2   Meine Schwester hat schon drei internationale Preise gewonnen. Dagegen bin ich als die beste Schwimmerin von Thüringen eher unbekannt.

3   Milch ist sehr gesund, und deshalb sollte man regelmäßig Milchprodukte essen. Jedoch gibt es immer mehr Menschen, die keine Milch vertragen.

ⓑ Schreiben Sie die Sätze mit *aber*, *jedoch* und *dagegen* aus a in das Raster.

Satzanfang	Verb	weitere Satzteile
1	....	....
2	....	....

ⓒ Schreiben Sie die unterstrichenen Sätze in das Raster. Wo stehen *aber*, *jedoch*, *dagegen*?

1   Ich muss aus beruflichen Gründen viel mit dem Auto fahren, <u>meine Frau ist aber eine begeisterte Hobbyfahrerin.</u>

2   Meine Schwester hat schon drei internationale Preise gewonnen, <u>ich bin dagegen immer noch eher unbekannt.</u>

3   Milch ist sehr gesund, und deshalb soll man regelmäßig Milchprodukte essen. <u>Es wird jedoch immer mehr Menschen mit einer Milchunverträglichkeit geben.</u>

Satzanfang	Verb	weitere Satzteile
1	....	....
2	....	....

20   Was passt? Ergänzen Sie.

im Gegensatz zu / im Unterschied zu ● während ● dagegen ● aber ● jedoch

1   In den Großstädten leben viele Singles in eheähnlichen Beziehungen, ... sie behalten ihre eigenen Wohnungen.

2   .... viele Kinder nur mit Nachhilfeunterricht ihre Abschlussprüfung schaffen, langweilen sich andere Kinder im Unterricht.

3   Wir haben als Kinder früher am liebsten draußen gespielt, unsere Kinder spielen .... lieber im Zimmer am Computer.

4   .... früher studieren heute vor allem Frauen Tiermedizin.

5 Seltsam, ... ihren Eltern interessieren sich die Kinder weder für Kunst noch für Musik.

6 .... allgemeinen Meinung lesen Kinder so viel wie noch nie, behaupten zumindest die Kinderbüchereien.

7 Ich muss jede Sprache systematisch lernen, meine Schwester lernt .... einfach übers Hören.

8 .... es immer mehr große Kinos mit Buffets und Cafés gibt, die nur berühmte Filme zeigen, hat die Anzahl der kleineren Kinos mit alternativen Programmen stark abgenommen.

UNG

aber, dagegen, jedoch im Satz

a **Markieren Sie aber, dagegen, jedoch in den folgenden Sätzen.**

1 Meine Frau ist eine begeisterte Autofahrerin. Ich nehme dagegen lieber den Zug.

2 Wir haben als Kinder früher am liebsten draußen gespielt. Unsere Kinder sitzen aber am liebsten vor dem Computer.

3 Meine Schwester lernt eine Sprache einfach übers Hören, ich lerne jedoch eine Sprache nur, wenn ich regelmäßig in den Unterricht gehe.

b **Wo stehen aber, dagegen, jedoch in den Sätzen in a? Kreuzen Sie an.**

☐ vor dem Verb   ☐ nach dem Verb

c **Verkürzte Sätze**
Manchmal kann das Verb im Folgesatz wegfallen, wenn dasselbe Verb gemeint ist. Ergänzen Sie das fehlende Verb. Vergleichen Sie dann mit dem Lösungsschlüssel.

1 Meine Frau fährt gern mit dem Auto nach Frankreich, ich dagegen lieber mit dem Zug.

2 Unsere Kinder spielen am liebsten Computerspiele, die Nachbarskinder aber lieber Ballspiele im Garten, deshalb verstehen sie sich nicht besonders.

3 Meine Schwester lernt eine Sprache einfach übers Hören, ich jedoch nur, wenn ich regelmäßig in den Unterricht gehe.

d **aber, dagegen, jedoch: Betonung durch Wortstellung**

1 Markieren Sie jedoch, aber und dagegen. Hören Sie dann.

1 Meine Frau ist eine begeisterte Autofahrerin. Ich dagegen nehme lieber den Zug.

2 Wir haben als Kinder früher am liebsten draußen gespielt. Unsere Kinder aber sitzen am liebsten vor dem Computer.

3 Ich muss jede Sprache systematisch lernen. Meine Schwester jedoch lernt einfach übers Hören.

2 Betonung und Wortstellung

a Lesen Sie die Varianten und tragen Sie sie in das Raster ein.

Meine Frau ist eine begeisterte Autofahrerin.

1 **Dagegen** nehme ich lieber den Zug.
2 Ich **dagegen** nehme lieber den Zug.
3 Ich nehme **dagegen** lieber den Zug.

Satzanfang	Verb	weitere Satzteile
1 Dagegen		
2		
3		

b Welche Variante ist für Sie neu und ungewohnt?
c Hören Sie die Varianten und vergleichen Sie.

22 Fußball einmal so und einmal anders

a Lesen Sie die beiden Notizzettel mit Stichwörtern zu den Regeln.
Klären Sie unbekannte Wörter gemeinsam oder schlagen Sie im Wörterbuch nach.

Fußball
11 Spieler
90 Minuten
trockener Rasen
nicht mit der Hand
Fuß, Kopf, Oberkörper
Tore schießen

Sumpffußball
6 Spieler
26 Minuten
sumpfige, nasse Wiese
nicht mit der Hand
Fuß, Kopf, Oberkörper
Tore schießen

b Gegensätze formulieren: Was passt? Gibt es mehrere Möglichkeiten? Ergänzen Sie.

jedoch ■ während ■ dagegen ■ aber ■ im Gegensatz / Unterschied zu

1 .... beim normalen Fußball die Mannschaft aus elf Spielern besteht, spielen beim Sumpffußball nur sechs.

2 .... Fußball spielen beim Sumpffußball nur sechs Personen in einer Mannschaft.

3 Ein Spiel dauert 90 Minuten. .... beim Sumpffußball ist es schon nach 26 Minuten zu Ende.

4 Das Spielfeld beim Fußball ist ein schöner, gemähter Rasen. .... müssen die Spieler beim Sumpffußball – wie der Name schon sagt – auf sumpfigem, schwerem Boden spielen.

5 Es geht bei beiden Spielen darum, möglichst viele Tore zu schießen. Das ist .... beim Fußball leichter als beim Sumpffußball.

23 Was dürfen Jugendliche und was nicht?

a Vergleichen Sie. Bilden Sie Sätze, variieren Sie Ihre Formulierungen,
verwenden Sie die folgenden Ausdrücke.

jedoch ■ während ■ dagegen ■ aber ■ im Gegensatz dazu

	unter 14	14 / 15	ab 16
an Glücksspielen teilnehmen	⊟	⊟	☑
ausgehen bis 24 Uhr	⊟	☑	
Zigaretten kaufen	⊟	⊟	☑
rauchen	⊟	⊟	☑
Auto fahren	⊟	⊟	⊟
Moped fahren	⊟	⊟	☑
eine Wohnung mieten	⊟	⊟	⊟
allein ins Kino gehen	☑		
ein Bier trinken	⊟	⊟	☑

Während Jugendliche mit vierzehn bis 24 Uhr ausgehen dürfen,
dürfen sie erst ab sechzehn Bier trinken.

b Vergleichen Sie mit den Regeln in Ihrem Heimatland oder
mit den Regeln anderer Länder, die Sie kennen.

a Hören Sie das folgende Gedicht und unterstreichen Sie dabei die betonten Silben.

Fridolin hatte gedacht,
Barbara komme um acht.
Aber sie kam schon um vier,
läutete Sturm an der Tür,
klopfte und drehte am Knauf:
„Fridolin! Mach endlich auf!"

Er aber war gar nicht da,
sondern bei seinem Papa.
Der war zur Kur in Bad Grund.
(Eigentlich war er gesund,
aber er liebte die Kur
dort in der schönen Natur.)

Fridolin trank mit ihm Tee
in einem Garten am See.
Barbara aber, verletzt,
dachte, er hätt' sie versetzt,
glaubte, dass er sie belog,
mit einer ander'n betrog –
rief noch ein hässliches Wort,
drehte sich um und ging fort.

Bad Grund im Harz

b Für Musikinteressierte: Welche Taktart passt am besten zum Gedicht?
Achten Sie auf die betonten und die unbetonten Silben in jeder Zeile.

1 Polka: ● • ● • ● • ●   3 Foxtrott: ● • • • ● • •

2 Walzer: ● • • ● • • ●   4 Zwiefacher: ● • • ● • ● •

c In dem Gedicht gibt es vier Sätze mit *aber*.
Hören Sie das Gedicht noch einmal und sprechen Sie diese Sätze nach.

a Lesen Sie die E-Mail an Sonja.

Liebe Sonja,

wie Du ja weißt, werde ich dieses Jahr dreißig. Schrecklich. Und alle glauben, dass ich ein
riesiges Fest machen werde, aber ehrlich gesagt habe ich überhaupt keine Lust zu feiern.
Und wenn ich alle meine Freunde (ca. 50 Personen) einlade, dann wird meine frisch renovier-
te Wohnung, kennst ja meine zwei Zimmer, wieder total dreckig. Und dann ist meine Familie
beleidigt, weil die auch mit mir feiern will. Und außerdem ist mir das auch zu teuer: Getränke
und Essen für 50 Leute, das geht echt ins Geld. Wenn ich aber nichts mache, sind alle beleidigt. Hast Du eine Idee? Peter

ⓑ Lesen Sie Sonjas Antwort und ordnen Sie die Textteile zu.

Du musst aber (1) ■ aber auch ein kleines Fest organisieren (2) ■ dagegen schon um halb vier (3) ■ während Du überlegst (4) ■ jedoch ist billig und schön (5) ■ aber auch mit Deiner Familie feiern (6) ■ Im Gegensatz zu einem großen Fest zu Hause (7) ■ aber nicht wie (8)

Hallo Peter,

also ich finde es unheimlich wichtig, dass du Deinen Geburtstag feierst. Klar möchten wir mit dir feiern. Du schreibst, dass ein Geburtstag sehr teuer ist und dass deine Wohnung für so viele Leute zu klein ist.
Und Du möchtest ⬚, du weißt ⬚. Jetzt hör mal zu: Du überlegst nur, ob du ein großes oder gar kein Fest machst. Du kannst ⬚. Und ⬚, ob du Deine Familie oder Deine Freunde einladen willst, denkst du überhaupt nicht daran, alle einzuladen. Ein großes Fest ist teuer, das stimmt, ein kleines Fest ⬚. Lad doch alle Freunde um sechs Uhr zu einem kleinen Empfang ein, deine Eltern und Geschwister ⬚. Deine Mutter bringt sicher einen Kuchen mit. Wenn dann Deine Freunde kommen, können alle gemeinsam auf Dich anstoßen. Und so kann Deine Familie sogar Deine Freunde kennenlernen. Um acht kannst Du ja dann mit allen Freunden in eine Disco gehen. ⬚ wäre dieses Fest sogar billig, weil in der Disco jeder selber zahlen muss. ⬚ am nächsten Tag Dein Geschirr spülen und wahrscheinlich Deine Wohnung putzen. Im Übrigen, ich würde gern kommen.

Deine Sonja

---

26 **Wo studieren? In einer anderen Stadt oder in der Heimatstadt?**
Ergänzen Sie die beiden E-Mails A und B. Wählen Sie für Ihre E-Mail
sechs Argumente aus der angebotenen Liste. Betonen Sie die Gegensätze.

in der Heimatstadt:

zu Hause wohnen können ■ nicht kochen müssen ■ sich sofort auf das Studium konzentrieren können ■ bei seinen alten Freunden sein ■ in seinen Vereinen bleiben können (Sportverein usw.) ■ nicht mit Geld umgehen lernen ■ nicht selbstständig werden ■ keine neuen Leute kennenlernen ■ keine neue Stadt kennenlernen ■ Leben bleibt, wie es ist ■ viel Zeit fürs Studium haben

in einer anderen Stadt:

selbstständig werden ■ neue Wohnung suchen müssen ■ keine Hilfe von anderen bekommen ■ selber kochen, waschen usw. müssen ■ mit seinem Geld auskommen müssen ■ auch jobben müssen/können ■ vielleicht weniger Zeit fürs Studium haben ■ sich besser verändern können ■ neue Interessen entwickeln ■ neue Leute kennenlernen

A

Hallo, ...
Du schreibst, dass Du nicht weißt, ob Du zu Hause studieren sollst oder in einer anderen Stadt. Also ich verstehe überhaupt nicht, wie man darüber nachdenken kann. Guck mal, in einer neuen Stadt ..., im Gegensatz dazu ... . Während man ..., ... Gut, ich weiß, du hast nicht so viel Geld, aber ... .
..., jedoch ...

Also, so sehe ich das.
Gruß ...

B

Hallo, ...,
also ich sehe das ganz anders als ... . Ich finde, man sollte zuerst zu Hause studieren. Weißt du, ... einem Studium in einer anderen Stadt, ...

D Zeit gewonnen?

GRAMMATIK: Wortbildung: Adverb -weise

ⓐ -weise

1 Welche Nomen finden Sie in den folgenden Adverbien? Tragen Sie sie in die Tabelle ein.
2 Übersetzen Sie die Adverbien.

Adverb	Nomen	Endung	Bedeutung in der Muttersprache oder in einer anderen Sprache
vergleichsweise	*der Vergleich*		
reihenweise			
beispielsweise			
klassenweise			
gruppenweise			
paarweise		–weise	
ansatzweise			
ausnahmsweise			
fallweise			
serienweise			
seitenweise			
tonnenweise			

ⓑ Ergänzen Sie die folgenden Sätze mit einem Adverb aus a.

1 Räuberische Dinosaurier haben vor mehr als 100 Millionen Jahren .... gejagt.

   Das beweisen Fußspuren eines Verwandten des Velociraptor, die in China entdeckt wurden.

2 Die Familienministerin forderte bessere Arbeitsbedingungen für Mütter. Darunter versteht sie

   .... flexiblere Arbeitszeiten.

3 Heute ist er, stell dir das mal vor, ... pünktlich ins Büro gekommen.

4 In einigen Ländern ist der Strom .... billig.

ⓒ Zusammengesetzte Nomen mit die Weise
Übersetzen Sie sie in Ihre Muttersprache oder in eine andere Sprache.

die Vorgehensweise (das Vorgehen + die Weise): ....

die Sichtweise (die Sicht + die Weise): ....

die Arbeitsweise (die Arbeit + die Weise): ....

die Schreibweise (das Schreiben + die Weise): ....

die Sprechweise (das Sprechen + die Weise): ....

28 Manchmal ist kürzer besser. Bilden Sie jeweils zwei Sätze wie im Beispiel.

normal ■ üblich ■ gerecht ■ logisch ■ seltsam ■ ideal ■ freundlich

Es ist normal, dass der Unterricht bei uns um acht Uhr beginnt.
Normalerweise beginnt der Unterricht bei uns um acht Uhr.

WORTSCHATZ: Tagesablauf

29 Ergänzen Sie Saras Text über ihren Alltag. Vergleichen Sie mit dem Lösungsschlüssel.

dreißig Minuten ■ eineinhalb Stunden ■ acht bis neun ■ zwanzig Minuten ■ Dreiviertelstunde

Ich arbeite jeden Tag so ungefähr .... (1) Stunden. Da bleibt nicht mehr viel Zeit für den

Rest. Für das bisschen Hausarbeit (ich lebe alleine) genügen mir eigentlich so .... (2).

Aber ich habe auch Glück: Für meinen Weg zur Arbeit brauche ich in der Regel nicht länger als

.... (3) – ich habe Kollegen, die schaffen das nicht mal in einer .... (4)

Fürs Fernsehen, da bleibt eigentlich nicht viel mehr als jeden Tag die Nachrichten und mal ein Spielfilm. Im

Allgemeinen gehe ich mittwochs zum Sport, da trainiere ich dann so .... (5), das reicht

mir dann aber auch. Freunde treffen, na ja, halt am Wochenende.

30 Decken Sie den Text in Übung 29 ab und ergänzen Sie die fehlenden Wörter.

Ich .... (1) jeden Tag so ungefähr .... (2) Stunden. Da .... (3) nicht

mehr viel Zeit für den Rest. Für das bisschen Hausarbeit (ich lebe alleine) .... (4) mir eigentlich

so .... (5). Aber ich .... (6) auch Glück: Für meinen Weg zur Arbeit

.... (7) ich in der Regel nicht länger als .... (8) – ich .... (9)

Kollegen, die .... (10) das nicht mal in einer .... (11). Fürs Fernsehen, da

.... (12) eigentlich nicht viel mehr, als jeden Tag die Nachrichten und mal ein Spielfilm. Im

Allgemeinen .... (13) ich mittwochs zum Sport, da .... (14) ich dann so

.... (15) , das .... (16) mir dann aber auch. Freunde .... (17), na ja,

halt am Wochenende.

31 Was machen Sie an einem Wochentag? Lesen Sie die vier Wortschatzrubriken. Markieren Sie alle Wörter und Ausdrücke, die Ihren persönlichen Tagesablauf betreffen, also für Ihr Leben wichtig sind.

Haushalt

sauber machen ■ Ordnung machen ■ aufräumen ■ abstauben ■ putzen ■ kehren ■ wischen ■ waschen ■ Wäsche schleudern ■ aufhängen ■ trocknen ■ bügeln ■ etwas wegwerfen ■ Müll trennen ■ einkaufen gehen ■ Besorgungen machen ■ Dinge erledigen ■ Kinder zur Schule bringen ■ Verwandte / Eltern / Großeltern versorgen ■ Müll herunterbringen

Büro

E-Mail / Fax schicken ■ Briefe / Faxe / E-Mails schreiben ■ Briefe wegschicken ■ Termine ausmachen ■ an Sitzungen teilnehmen ■ Sitzungen organisieren ■ Präsentationen organisieren / vorbereiten ■ Pakete / Sendungen aufgeben ■ Pakete / Sendungen abholen ■ Geld schicken / einzahlen / abholen / überweisen ■ Rechnungen bezahlen / ablegen / ordnen ■ telefonieren ■ beschäftigt sein mit ■ sich mit etwas beschäftigen ■ kaufmännische Tätigkeiten erledigen ■ verhandeln ■ Gespräche führen ■ Verhandlungen führen ■ Buch führen ■ ganztags / halbtags arbeiten ■ Weiterbildungen / Fortbildungen ■ besuchen ■ regelmäßig etwas tun

Ausbildung

lernen ■ zur Schule / zur Ausbildungsstätte / zur Universität / zur Hochschule gehen ■ an Vorlesungen / an Seminaren / am Unterricht teilnehmen ■ lernen ■ üben ■ sich auf den Unterricht / auf das Seminar vorbereiten ■ an praktischen Übungen teilnehmen ■ ein Praktikum machen ■ sich auf die Prüfung / den Abschluss / das Examen / das Staatsexamen vorbereiten ■ in die Bibliothek gehen ■ eine Hausarbeit schreiben ■ ein Referat / einen Vortrag vorbereiten / halten

was alle betrifft

aufstehen ■ frühstücken ■ Körperpflege (duschen / baden / Zähne putzen / …) ■ Frühstück machen ■ Mittagessen kochen ■ Pause machen ■ zu Mittag essen ■ Abendessen ■ Kaffee / Tee kochen ■ zur Arbeit / zur Schule / zur Universität / zur Hochschule / zur Ausbildungsstätte fahren ■ Sport machen / zum Sport gehen ■ Feierabend haben ■ Freunde treffen

SÄTZE BAUEN: Tagesablauf

Drei Menschen berichten aus Ihrem Alltag

ⓐ Textpuzzle. Hören Sie den Tagesablauf von Irene. Hören Sie noch einmal und bauen Sie den Text zusammen. Enthält Ihr Text noch Lücken? Hören Sie dann noch einmal oder vergleichen Sie mit dem Lösungsschlüssel.

Normalerweise stehe. ich wochentags um Viertel nach sechs *auf*................... Dann .... ich mir

.... und gehe in die .... Nicht lange, aber das brauche ich, ...

Danach wird es hektisch. ...., mit meinem Auto in die nächste Stadt, wo ....

Ich .... in einem kleinen .... bin ich die erste, das heißt,

ich .... Schaue nach, ob ....

Im Sommer öffne ich auch ein paar Fenster. Dann koche ich mir einen Tee und setze ....

Ich arbeite für eine ganze ....: Ich koordiniere .... – in der Abteilung und mit unseren

Kunden. Ich bin aber auch für die .... , obwohl natürlich meine Kollegen

.... selber .... Ich ...., organisiere

Geschäftsreisen. .... im Haus bin ich natürlich auch zuständig,

sowie für .... während der Veranstaltungen. Manchmal etwas viel,

aber nie langweilig. So .... Zweimal in der Woche .... ,

sonst halte ich die Büroarbeit nicht aus. Den Haushalt ....

.... Für die Überstunden kann ich mir mal zwischen-

durch freinehmen, das sind dann meine ganz privaten Tage, an denen ich etwas für mich tue.

ⓑ Hören Sie. Lesen Sie dann die Notizen. Schreiben Sie anschließend, wie Peter seinen Alltag verbringt. Vergleichen Sie dann mit dem Lösungsschlüssel.

> Sonntagabend: Terminkalender
> Studium: viertes Studienjahr Musik
> sechs Vorlesungen in der Woche
> ein- bis zweimal Unterricht beim Professor
> einige Auftritte, Geld verdienen
> üben für Prüfungskonzerte und Wettbewerbe
> kein Haushalt: Essen in der Mensa,
> Wohnen im Studentenheim, Waschen im Waschsalon
> Sport
> Hobby: Schach spielen im Schachklub
> Freundin auch

c Hören Sie den Tagesablauf von Irmgard. Hören Sie den Text noch einmal und machen Sie sich Notizen. Schreiben Sie dann den Text.

arbeitet als

33 Schreiben Sie nun Ihren eigenen Tagesablauf.

SÄTZE BAUEN: Zweifel / Zustimmung äußern

34 Lesen Sie die folgenden Aussagen. Ergänzen Sie dann die leere Sprechblase mit Ihrer spontanen Meinung. Verwenden Sie die folgenden Wendungen und Ausdrücke.

Man könnte es nicht besser sagen. ■ Mit dieser Sichtweise kann ich gar nichts anfangen. ■
Ich bezweifle, dass … ■ Ich glaube kaum, dass …

Kinder muss man regelmäßig bestrafen, damit sie gute Menschen werden.

Regelmäßige Arbeit und Ruh sperren dem Arzt die Türe zu.

Die alten Menschen werden immer kinderfeindlicher.

Wenn wir uns alle politisch engagieren, werden wir in Zukunft in einer besseren Welt leben.

Wer überhaupt kein Fleisch isst, wird mindestens fünf Jahre älter.

35 Tipps und Tricks zum Deutschlernen. Bewerten Sie die folgenden Ratschläge, die Ihnen ein Lernpsychologe für Ihren Lernalltag gibt.
Verwenden Sie die folgenden Wendungen und Ausdrücke.

Man könnte es nicht besser sagen. ■ Mit diesem Tipp kann ich gar nichts/sehr viel anfangen. ■ Ich bezweifle,
dass … ■ Ich glaube kaum/wirklich, dass … ■ Mir scheint der Vorschlag … besonders wertvoll zu sein.

1 Lernen Sie jeden Tag zehn neue Wörter.
2 Es ist besser, jeden Tag eine halbe Stunde Deutsch zu lernen, als einmal in der Woche drei Stunden am Stück.
3 Hören Sie jeden Tag deutschsprachiges Radio.
4 Lesen Sie ein Buch und hören Sie es dann von der CD.
5 Versuchen Sie, jeden Tag mit einer deutschen Person zu telefonieren.
6 Schreiben Sie auf Deutsch ein Tagebuch.
7 Schreiben Sie jeden Tag einen Kommentar zu einem Ereignis, das in den Nachrichten kommt.
8 Gehen Sie am besten jeden Abend mit deutschsprachigen Freunden aus. Die Sprache lernen Sie dann automatisch.
9 Arbeiten Sie eine Übungsgrammatik durch, dann können Sie alles, was Sie brauchen.

FOKUS GRAMMATIK: Test

Relativsätze
Welcher Satz drückt dasselbe aus? Kreuzen Sie an.

1 Wer fertig ist, kann nach Hause gehen.
   a Sie können jetzt nach Hause gehen. ☐
   b Die Person, die jetzt fertig ist, kann nach Hause gehen. ☐
   c Alle, die fertig sind, können nach Hause gehen. ☐
   d Alle dürfen nach Hause gehen. ☐

2 Was man in der Schule nicht gelernt hat, lernt man später nicht mehr.
   a Alles, was man in der Schule nicht gelernt hat, lernt man später nicht mehr. ☐
   b Alles, was ich in der Schule gelernt habe, musste ich später nicht lernen. ☐
   c Nicht alles, was man in der Schule gelernt hat, lernt man später noch. ☐
   d Einige Dinge lernt man in der Schule oder später. ☐

3 Dieses Spiel kann man nur dort spielen, wo es einen großen Sportplatz gibt.
   a Dieses Spiel kann man nur auf einem Sportplatz spielen. ☐
   b Dieses Spiel kann man auf allen Sportplätzen spielen, die groß sind. ☐
   c Dieses Spiel muss man manchmal auf einem Sportplatz spielen. ☐
   d Dieses Spiel kann man auf einigen Sportplätzen spielen. ☐

Adversative Angaben

ⓐ Formulieren Sie den folgenden Gegensatz mit den Ausdrücken während, aber, dagegen, jedoch, im Gegensatz zu.

Ich bin ein unsportlicher Typ. Meine Frau geht jeden Tag ins Fitnessstudio.

ⓑ Nicht alle Sätze sind richtig. Korrigieren Sie die Fehler in den folgenden Sätzen.

1 Während ich einkaufe, du kannst schon mal den Tisch decken.
2 Im Gegensatz zu dir, ich komme immer pünktlich.
3 Unsere Fußballmannschaft steht kurz vor dem Abstieg. Unsere Handballer haben jedoch die letzten zehn Spiele nicht mehr verloren.
4 Heute Morgen hat es stark geschneit. Aber sind viele Leute ohne Winterreifen gefahren.
5 Ich mag Rockmusik, dagegen mein Sohn hört am liebsten Klassik.
6 Die meisten Leute gehen in die großen Kinopaläste. Ich mag dagegen die kleinen Kinos lieber.
7 Mein Nachbar wäscht sein Auto jedes Wochenende. Jedoch mir ist egal, wie mein Auto aussieht.
8 Unser neuer Torwart hat im Gegensatz zu unserem alten Torwart noch keinen Ball gehalten.

38 **ⓐ** Überfliegen Sie den Text unten kurz. Worum geht es? Entscheiden Sie und kreuzen Sie an.

1 ☐ Es geht um ein spezielles Volleyballspiel und das Verhalten der Spieler.

2 ☐ Es geht um Volleyballtraining und um Spielerverhalten.

ⓑ Lesen Sie nun die folgenden Fragen. Lesen Sie dann den Text und kreuzen Sie an: richtig oder falsch.

	richtig	falsch
1 In dem Gespräch geht es um die Intuition (das spontane, nicht eingeübte Spiel) während des Trainings.	☐	☐
2 Ein Volleyballspiel, in dem die Spieler auch intuitiv spielen, ist für den Zuschauer langweiliger.	☐	☐
3 In einem Volleyballspiel, in dem viel intuitiv gespielt wird, werden weniger Fehler gemacht.	☐	☐
4 Nur wenn Spieler auch die Vorgaben des Trainers befolgen, kann ein Spiel überhaupt funktionieren.	☐	☐
5 Es ist für den Trainer ganz einfach, immer wieder zu bestimmen, wie gespielt werden soll.	☐	☐
6 Intuition kann man nicht trainieren, aber die Kreativität.	☐	☐
7 Gerade intuitive Spieler halten sich gern an die Anweisungen des Trainers, darum können sie dann im echten Spiel besonders gut spielen.	☐	☐
8 Ganz wichtig im Training sind auch Ruhepausen, in denen man sich erholen kann.	☐	☐

Christian Zeyfang **war bis 2002 Kotrainer der Damen-Nationalmannschaft und Trainer in der Damen-Bundesliga. Er arbeitet als Sportlehrer in Bremen.**

5 **Können Spieler Intuition trainieren?**
Spontane Spieler befolgen nicht gern Regeln, sehr zum Ärger des Trainers – dafür überraschen sie Gegner und Publikum.

Ist ein Match, in dem Spieler intuitiv
10 **reagieren, spannender?**
Ja. Normalerweise wird im Volleyball extrem viel analysiert. Wenn Spieler aber intuitiv den Ball zuspielen oder angreifen, gibt es viele überraschende Momente für das Publikum, für die Gegner, aber
15 auch für die eigene Mannschaft. Und für den Trainer natürlich. Die Ballwechsel sind unberechenbar, und dann kommen manchmal diese genialen Spielzüge.

Sind intuitive Spieler härtere Gegner?
20 Intuitive Spieler überraschen den Gegner. Aber sie sind eben auch für die eigene Mannschaft nicht leicht einzuschätzen. Manchmal scheint die Fehlerquote höher zu sein, wenn Spieler intuitiv handeln. In einem intuitiven Spiel gibt es weniger Mittelmaß: Dafür gibt es mehr fantastische Bälle – und 25 solche, die absolut daneben sind. Überraschende Bälle können auch die Mannschaftskollegen überrumpeln, sie reagieren dann nicht schnell genug.

Wenn die Teamkollegen auch intuitiv
reagieren könnten, wäre doch alles wieder 30
in Ordnung, oder?
Nein, eine komplette Mannschaft, die intuitiv spielt, macht jeden irre. Optimal ist es, wenn es beide Spielertypen in einem Team gibt: diejenigen, die Anweisungen des Trainers umsetzen, und solche, die 35 spontan eigene Sachen ausprobieren. Als Trainer bin ich im Zwiespalt: Ich habe mein wohlüberlegtes Konzept und muss gleichzeitig die Spieler dazu animieren, etwas Ungewohntes auszuprobieren.

Müssen Sie die intuitiven Spieler 40
manchmal in ihrem Eifer bremsen?
Für den Trainer ist es bisweilen schwer, nicht einzugreifen. Langfristig bringt es aber mehr, wenn ich das Spiel einfach laufen lasse, selbst wenn es sich anders entwickelt, als ich es eigentlich wollte. 45

Müssen Sie als Trainer also versuchen, die Intuition der Spieler zu steuern?

Nein, denn wirklich trainieren lässt sich Intuition im Sport nicht. Sobald ich ein Verhalten trainieren
50 möchte, muss ich es in Schablonen pressen. Das funktioniert mit Intuition nicht. Aber natürlich können wir die Kreativität fördern. Dann spielen zum Beispiel nicht sechs gegen sechs, sondern drei gegen sechs. Dabei entstehen plötzlich Situationen,
55 die es sonst nicht gibt und in denen die Spieler sich irgendetwas Neues einfallen lassen müssen.

Dann geben Sie kaum noch Anweisungen, wenn Sie intuitives Spiel trainieren?

Intuitive Spieler halten sich sowieso oft nicht an
60 Anweisungen, das macht es anstrengend, sie zu trainieren. Aber wenn mich einer, der oft kreative Ideen hat, im Training zur Weißglut reizt, weiß ich auch: Der kann mich und alle anderen im Spiel positiv überraschen.

Welche Rolle spielt die psychische 65 **Vorbereitung der Spieler?**

Es ist wichtig, dass man nicht immer nur pusht, wie es Thomas Doll beim HSV gemacht hat. Irgendwann kann die Mannschaft einfach nicht mehr. Man muss auch alles mal sacken lassen, mal eine Minute 70 rausgehen. Dann haben die gerade gewonnenen Erfahrungen Zeit, sich zu setzen. Der nächste Schritt wäre, autogenes Training einzubauen. Dagegen sträuben sich die Spieler aber noch, das geht ihnen zu sehr in die Psycho-Ecke. Allerdings mer- 75 ken allmählich alle: Mehr Kreativität und Intuition lohnen sich auch im Sport.

ÜBUNG ZU PRÜFUNGEN: Hörverstehen

Lesen Sie die folgenden Aufgaben gut durch. Sie haben dafür 90 Sekunden Zeit.

Sie hören jetzt eine Radiosendung zum Thema Emanzipation (die Sendung ist eine Glosse).
Sie müssen entscheiden, ob die folgenden Aussagen richtig oder falsch sind. Kreuzen Sie an. Hören Sie anschließend den Text ein zweites Mal. Kreuzen Sie die Antworten an, die Ihnen beim ersten Hören gefehlt haben. Achtung: Denken Sie nicht zu lange nach, denn dann verpassen Sie die Informationen für die folgende Frage.

	richtig	falsch
Abschnitt 1		
1 Fred hat keine Probleme mit seiner Rolle als moderner Mann.	☐	☐
2 Fred macht die Hausarbeit – seine Partnerin verdient das Geld.	☐	☐
3 Frieda lädt Gäste ein und Fred muss für die Gäste kochen, das ist für ihn ein Problem.	☐	☐
Abschnitt 2		
4 Die Gäste sind Frauen, die sehr gut verdienen und einen guten Lebensstandard gewohnt sind.	☐	☐
5 Fred wird nicht wie ein „Ehemann" behandelt.	☐	☐
6 Fred macht das Kochen in der Küche eindeutig Spaß.	☐	☐
Abschnitt 3		
7 Er denkt daran, dass er den Gästen das nächste Mal etwas ganz besonders Leckeres kochen möchte.	☐	☐
Abschnitt 4		
8 Fred wird von allen Gästen sehr gelobt – aber darüber freut er sich nicht wirklich.	☐	☐
9 Er muss sogar noch den Tisch alleine abräumen.	☐	☐
10 Zum Schluss macht Fred eine freche Bemerkung.	☐	☐

B   Verlassen Sie den Raum so, wie Sie ihn …

GRAMMATIK: das Verb *lassen*

WIEDERHOLUNG

1   Lesen Sie die folgenden Sätze und übersetzen Sie sie in Ihre Muttersprache.
Mit welchem Wort oder mit welchen Wörtern haben Sie *lassen* übersetzt?

1 Lass dich von dem Mensch-ärgere-dich-nicht-Fieber anstecken: Komm und mach mit bei unserem Spielwettbewerb.

2 In unserem neuen Zauberbuch finden Sie Antworten auf alle Fragen, zum Beispiel: Wie lasse ich meinen Partner verschwinden?

3 Die Gewerkschaft will sich einen Streik nicht verbieten lassen.

4 Kommen Sie zu uns ins Wellness-Zentrum, lassen Sie sich verwöhnen und lassen Sie Ihre Sorgen zu Hause.

5 So, und jetzt lassen wir die Katze aus dem Sack: Die Neuigkeit lautet: Wir heiraten.

6 Lass ihn das doch machen, warum willst du immer alles erledigen? Gib ihm doch auch eine Chance.

7 Nee, ich lasse es lieber. Irgendwie ist mir das Abo zu teuer.

8 Sie finden Hausarbeit anstrengend? – Das können wir nicht verstehen: Lassen Sie in Zukunft einen anderen putzen, spülen, bügeln – hier, unser Roboter kann einfach alles.

2   *lassen*: verschiedene Verwendungen

a   *lassen* kann auch alleine stehen. Lesen Sie Satz 7 aus Übung 1.

WIEDERHOLUNG   Was bedeutet *lassen* dort? Kreuzen Sie an.

a ☐ Man verbietet etwas.   b ☐ Man tut etwas nicht.   c ☐ Man erlaubt etwas.

b   *lassen* steht häufig mit einem anderen Verb. Ergänzen Sie. Achten Sie auf die korrekte Form.

WIEDERHOLUNG

1 Lasst .... euch registrieren.

2 Lügen und lügen .... So kann eine moderne Gesellschaft doch nicht aussehen!

3 .... du auch regelmäßig dein Auto überprüfen?

4 .... doch auch mal die anderen arbeiten.

5 Lesen Sie unseren aktuellen Artikel: Warum wir uns so gern überwachen ....

6 Sie .... ihn wirklich nie ausreden, das stimmt.

c   Ausdrücke mit *lassen*. Was bedeuten die Verben? Ordnen Sie zu.

1 etwas bleiben lassen   a dafür sorgen, dass etwas passiert
2 etwas unterlassen   b etwas nicht tun, was man tun muss oder sollte
3 etwas veranlassen   c jemandem etwas zum Benutzen / Verwenden geben
4 jemandem etwas überlassen   d etwas nicht tun

d   *lassen* oder *gelassen*? Ergänzen Sie.

1 Ich habe Sie kommen .... , weil ich eine persönliche Sache mit Ihnen besprechen möchte.

2 Ach so, du meinst den Wohnungskauf! Das habe ich .... , das war mir dann doch zu teuer.

3 Das Auto haben sie reparieren .... , aber sie haben die Rechnung nicht bezahlt. Typisch.

e   *lassen* in festen Ausdrücken. Was passt? Ergänzen Sie die Sätze.

VERTIEFUNG

in Ruhe lassen ■ im Stich lassen ■ nichts unversucht lassen ■ sich sehen lassen ■
sich gefallen lassen ■ links liegen lassen ■ sich den Mund verbieten lassen ■ Federn lassen ■
sich einfallen lassen ■ sich etwas durch den Kopf gehen lassen ■ lassen können

1 Jeden Tag sollen wir Überstunden machen. Das _lassen_ wir uns nicht _gefallen_ .

2 Was?! Ich soll den Mitarbeitern nichts davon sagen? Hören Sie mal, ich .... mir

nicht ....

3 Hör bitte auf! Kannst du mich nicht einmal .... ?

4 Endlich! Heute musste sie auch mal .... Jetzt haben die ewigen Erfolge mal ein Ende.

5 Wenn sie dir auf die Nerven geht – dann .... sie ....

6 Komm, wir brauchen dringend eine Lösung. .... dir mal was ....

7 Super Zeugnis! Das kann ....

8 Hilf mir! Du kannst mich doch in diesem Augenblick nicht ....

9 Wir dürfen jetzt .... Unsere Lage ist sehr ernst!

10 Tut mir leid, ich weiß noch nicht genau. Das muss ich mir noch einmal ....

11 Sie .... es nicht .... Sie fangen immer wieder damit an.

GRAMMATIK: Aufforderungen

Hören Sie. Wie wirken die Aufforderungen auf Sie?
Welche der folgenden Begriffe passen Ihrer Meinung nach am besten
zu den Äußerungen 1–17? Vergleichen Sie mit dem Lösungsschlüssel.

unhöflich ■ übertrieben höflich ■ freundlich ■ ungeduldig ■ wie ein Befehl ■ höflich ■ neutral ■ wie ein Hilferuf

1	6	11	16 ....
2	7	12	17 ....
3	8	13	
4	9	14	
5	10	15	

Formen der Aufforderung

a **Lesen Sie die folgenden Sätze. Welche empfinden Sie spontan als Aufforderung?**
Kreuzen Sie an.

1 Ist hier jemand zu Hause, der mir mal helfen könnte? Die Taschen sind so schwer! ⬚

2 Wer könnte uns da helfen? ⬚

3 Nimm doch noch ein Stück Kuchen. ⬚

4 Kommt, gehen wir in den Hof spielen. ⬚

5 Bille, könntest du den Tisch decken? ⬚

6 Frau Meier könnte uns vielleicht einen Tee kochen. Herr Müller hatte eine anstrengende Anreise. ⬚

7 Hinauslehnen verboten! ⬚

8 Gehen Sie doch nach Hause, wenn Sie krank sind, das hat doch keinen Sinn. ⬚

9 Hättest du vielleicht auch mal Lust, die Betten zu machen? ⬚

10 Du wirst dein Zimmer aufräumen, und zwar jetzt! ⬚

11 Hände waschen nicht vergessen! ⬚

12 Raus! ⬚

b **Hören Sie jetzt die Sätze und überprüfen Sie Ihre Lösungen.**

5 Aufforderungen richtig verstehen

ⓐ Wie sind die folgenden „Aufforderungen" zu verstehen?
An wen richten sie sich? Ordnen Sie zu.

a an eine „höhere Macht" (etwas verzweifelt)
b an alle (als kleine Lebenshilfe)

1 Lass diesen Tag vorbei sein. ⬜
2 Lass die Dinge einfach laufen. ⬜
3 Hilf dir selbst, dann ist dir geholfen. ⬜
4 Gib mir Kraft. ⬜

ⓑ Welche Antworten passen? Kreuzen Sie an.
Es gibt mehrere Möglichkeiten.

1 **Im Büro, der Chef zur Chefsekretärin:**

Frau Seeler, könnten Sie uns vielleicht schnell mal einen Kaffee kochen? Danke.

a ⬜ Also, echt nicht, habe jetzt wirklich keine Zeit.
b ⬜ Ja gern, sofort.
c ⬜ Würde ich ja gern, Herr Meier, aber das geht jetzt leider nicht.
d ⬜ Selbstverständlich, Herr Meier, ich kümmere mich darum. Für vier Personen, oder?

2 **Im Sekretariat, die Chefsekretärin zur Sekretariatsassistentin:**

Du, der Chef braucht für seine Besprechung viermal Kaffee, sofort. Könntest du das schnell erledigen?
Ich muss unbedingt den Flug für Frau Dr. Wengst buchen. Die bringt mich sonst um.

a ⬜ Okay. Aber den nächsten Kaffee kochst du.
b ⬜ Jetzt ist aber echt Schluss. Ich bin doch hier nicht der Kaffeekocher.
c ⬜ Wie viele Personen, sagtest du? Vier? Dann hol ich schnell 'ne Kanne aus der Kantine,
und noch ein paar Plätzchen. Das dauert da drin sicher länger.
d ⬜ Bin schon unterwegs.

3 **Abteilungsleiterin zur Praktikantin:**

Bei Frau Selige ist der zweite Schreibtisch jetzt frei geworden. Da könnten Sie doch mit in ihr Büro ziehen.
Frau Selige weiß Bescheid.

a ⬜ Gern. Ich hätte nur noch eine Frage: Reicht es, wenn ich morgen umziehe? Ich habe hier gerade
etwas auf dem Schreibtisch, das muss bis heute Abend fertig sein.
b ⬜ Kein Problem, ich habe ja nicht so viele Sachen. Bis wann soll das Zimmer hier frei sein?
c ⬜ Ach nee, schon wieder umziehen, dazu habe ich eigentlich keine Lust.
d ⬜ Ich will hier in diesem Zimmer bleiben, hier habe ich mehr Ruhe, und ich habe mich auch gerade
an dieses Zimmer gewöhnt.

4 **Zu Hause am Frühstückstisch, Mutter zum Sohn:**

Sven, könntest du mir mal bitte die Butter reichen?

a ⬜ Nimm sie dir doch selbst.
b ⬜ Hier, bitte.
c ⬜ Was? Ach so, wo ist die denn?
d ⬜ Immer ich. Susi, gib Mama mal die Butter, du sitzt näher dran.

5 **Hausfrau zur Reinigungsfachkraft, die einmal in der Woche kommt:**

Frau Sommer, könnten Sie den Backofen in der Küche noch einmal reinigen? Der ist irgendwie
nicht richtig sauber geworden. Ich weiß, dass das viel Arbeit ist, aber ...

a ⬜ Den habe ich gründlich gereinigt, da geht nichts mehr. Da brauchen Sie schon einen neuen Backofen.
b ⬜ Ach Gott, ich weiß, ich hatte vergessen, Ihnen zu sagen, dass der Ofenreiniger aus war und ich das
erst heute mache. Ich hab nämlich welchen mitgebracht.
c ⬜ Wirklich, das tut mir leid, könnten Sie mir das zeigen?
d ⬜ Dann machen Sie es doch selber, wenn Sie so pingelig sind.

6 Teamleiterin in einer größeren Besprechung:

Einer müsste vielleicht Protokoll schreiben ...

a ☐ Eigentlich könnten Sie Ihr Protokoll doch auch selber schreiben, oder?

b ☐ Wenn's sonst keiner tut – aber ich habe letzte Woche auch schon das Protokoll geschrieben.

c ☐ Das könnte doch Rudolf machen, der tut doch sowieso nichts.

d ☐ Das könnte ich übernehmen.

7 Mutter am Hauseingang, das Auto voll mit eingekauften Lebensmitteln, ruft die Familienmitglieder:

Hallo, könnt ihr mir mal helfen?

a ☐ Bei was denn?

b ☐ Muss es jetzt gleich sein?

c ☐ Hab nichts gehört!!

d ☐ Der Film ist gerade so spannend.

c Welche Aufforderungen verbergen sich hinter den folgenden Hinweisschildern? Wie könnte man das sagen? Schreiben Sie.

1 ⌊Aus dem Fenster lehnen verboten. Verletzungsgefahr.⌋

Lehn dich nicht aus dem Fenster! Du kannst dich verletzen.

2 ⌊Baustelle – Betreten verboten⌋   3 ⌊Hier kein Fußgängerübergang⌋

4 ⌊Achtung, Feuerwehrausfahrt. Signale beachten⌋

5 ⌊Notausgang⌋   6 ⌊Aufzug im Brandfall nicht benutzen⌋   7 ⌊Unbefugten Zutritt verboten⌋

8 ⌊Unberechtigt parkende Autos werden abgeschleppt.⌋   9 ⌊Parkplatz: Nur für Kunden⌋

WORTSCHATZ: rund ums Putzen

NG

Haushalt

a Reinigungsgeräte: Welche „deutschsprachigen" Begriffe kennen Sie? Ordnen Sie zu.

1 der Handfeger ■ 2 der Abfalleimer ■ 3 der Schrubber ■ 4 das Mikrofasertuch / das Wischtuch ■
5 die Haushaltshandschuhe / die Gummihandschuhe ■ 6 der Reinigungswagen ■ 7 das Kehrblech ■
8 der Putzlappen / das Bodentuch ■ 9 das Staubtuch ■ 10 der Besen ■ 11 der Staubwedel ■
12 der Bodenwischer ■ 13 das Fensterleder ■ 14 der Fensterwischer ■ 15 die Mülltüte /
der Müllsack ■ 16 die Scheuerbürste ■ 17 der Eimer ■ 18 die Spülbürste ■ 19 der Schwamm

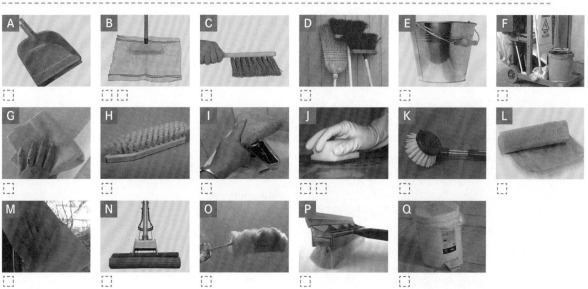

ⓑ Viele Reinigungsgeräte heißen in Österreich und in der Schweiz anders.
Hier nur eine kleine Auswahl zum Zuordnen. (Es gibt noch mehr in den Regionen,
auch in den verschiedenen Regionen Deutschlands.)

Abfallkübel ▪ Abfallsack ▪ Beseli ▪ Fegbürste ▪ Feglumpen ▪ Kehrschaufel ▪ Kehrwisch ▪ Kübel ▪
Mistkübel ▪ Mistschaufel ▪ Mopp ▪ Putzlumpen ▪ Sackerl ▪ Schrubber ▪ Schüfeli ▪ Stanitzel ▪
Staublumpen ▪ Wischlumpen

ⓒ Putzen: Was passt? Ergänzen Sie die Verben.

---
abwaschen / spülen ▪ abtrocknen ▪ aufräumen ▪ abstauben / Staub wischen ▪ putzen ▪
Ordnung machen ▪ staubsaugen ▪ fegen ▪ kehren ▪ wischen

Fragen an unseren Rechtsanwalt

1 Darf man in einer Mietwohnung sonntags ...., oder stört der Lärm die Nachbarn?

2 Muss man, wenn man mit dem Reinigen des Treppenhauses dran ist, die Treppen nass ...., oder

   reicht es, sie einfach zu .... ?

3 Gibt es eine Vorschrift, die einem sagt, wie oft man Fenster .... muss?

4 Wir müssen jeden Tag das Geschirr .... und .... Dürfen unsere Eltern uns dazu zwingen?

5 Wenn wir unsere Zimmer nicht ...., bekommen wir kein Taschengeld. Ist das zulässig?

6 Meine Mutter ist in einem Heim für betreutes Wohnen untergebracht. Die Heimleitung findet, meine

   Mutter sollte einmal in der Woche in ihrem Zimmer .... und .... Ich finde aber,

   dass das Aufgabe des Heimes ist.

ⓓ Reinigungsmittel: Kennen Sie sich aus? Ergänzen Sie.

Allzweckreiniger / Universalreiniger (1) ▪ Spülmittel (2) ▪ Badreiniger (3) ▪ WC-Reiniger (4) ▪
Abflussreiniger (5) ▪ Bodenpflege (Steinboden / Parkettboden / ...) (6) ▪ Glasreiniger (7) ▪
Entkalker (8) ▪ Möbelpflegemittel / Möbelpolitur (9) ▪ Scheuermilch (10)
---

  1 Damit kann man den Boden wischen. ⸬
  2 Damit kann man Fenster, Spiegel, ... reinigen. ⸬
  3 Damit kann man die Badewanne, das Waschbecken und den Boden im Bad reinigen. ⸬
  4 Damit kann man das WC-Becken reinigen. ⸬
  5 Damit kann man das Geschirr abwaschen. ⸬
  6 Damit kann man im Haushalt fast alles putzen. ⸬
  7 Damit kann man stark verschmutzte Flächen sauber bekommen. ⸬
  8 Das verwendet man für Tische, Stühle, Schränke, ... aus Holz. ⸬
  9 Das braucht man, wenn das Wasser im Waschbecken oder in der Badewanne nicht ⸬
    mehr abläuft.
 10 Im Bad und in der Küche gibt es oft Wasserflecken oder Reste von getrocknetem ⸬
    Wasser. Dieses Mittel hilft dagegen.

e Sie haben heute Ihren Putztag. Was machen Sie?
Ergänzen Sie das Assoziogramm mit den Wörtern aus a–d.

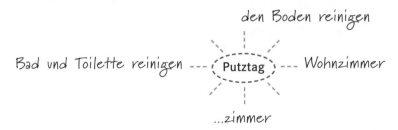

den Boden reinigen

Bad und Toilette reinigen --- (Putztag) --- Wohnzimmer

...zimmer

f Kleiderpflege: Ergänzen Sie den Text mit den folgenden Wörtern.

Wäsche ■ Waschmaschine ■ schleudern ■ aufhängen ■ trocknen lassen ■
Wäscheleine ■ Wäscheständer ■ Wäschetrockner ■ bügeln ■ Bügeleisen ■ Kleiderbürste

◆ Guten Morgen. Toll, dass Sie heute so früh da sind. Ich muss nämlich ausnahmsweise früher aus dem

Haus. Außerdem ist viel zu tun: Die .... (1) türmt sich. Und die Bügelwäsche auch.

● Guten Morgen. Alles kein Problem. Ich kann gern auch länger bleiben. Was muss denn gemacht werden?

◆ Im Keller läuft noch die Waschmaschine, die ist in einer halben Stunde fertig. Könnten Sie dann die

Wäsche in den .... (2) tun?

● Klar. Soll ich die trockene Wäsche auch .... (3)?

◆ Ja, das wäre nett. Und bitte auch Hemden und Blusen, die noch an der .... (4) hängen.

Die müssten eigentlich trocken sein.

● Mach ich gern. Und was ist mit den Pullovern hier?

◆ Die können Sie in der .... (5) waschen, aber bitte auf keinen Fall .... (6).

Sie könnten sie dann auf dem .... (7) .... (8),

bitte drauflegen und nicht .... (9). Wo das .... (10) und das Bügelbrett

sind, wissen Sie ja. Und noch etwas: Wenn Sie noch Zeit haben, könnten Sie dann noch meinen Mantel

abbürsten? Die .... (11) hängt in der Garderobe.

g Schuhpflege: Ergänzen Sie die Sätze mit den folgenden Wörtern.

Schuhputzzeug ■ Schuhbürsten ■ Schuhcreme

1 .... von „Glanz" mit echtem Bienenwachs ist die perfekte Pflege für alle Ledersorten.

Ihre Schuhe bleiben weich und bequem, das Leder glänzt wie neu.

 2 Unser .... ist das ideale Werbegeschenk für Ihr Unternehmen. Wir drucken

Ihren Namen darauf, und Ihr Kunde bekommt von Ihnen ein überzeugendes Dankeschön.

3 Kaum zu glauben, einige haben sie überhaupt nicht zu Hause und andere kaufen das neunteilige

....-Set, um für jede Schuhcreme und jedes Leder die passende zu haben.

WIEDERHOLUNG

7 Möbel und Umzugskisten
Verwenden Sie den Imperativ oder eine Form von *können* und
die Verben *stellen*, *legen*, *hängen*, *setzen*.

1 Vorsicht! Das Klavier ist schwer. *Könnten Sie* es ins Wohnzimmer neben das Fenster *stellen*?

2 Ach, und Sie bringen das Sofa. .... Sie es bitte gleich neben die Tür ins Wohnzimmer.

Und .... die Kissen und die Decken da auch gleich drauf..?

3 Der Schrank im Schlafzimmer steht falsch, Herr Müller. .... Sie ihn zwischen die Tür

und das Fenster ....? Herzlichen Dank!

4 Kinder, ... doch schon mal ein paar Lampen in das Esszimmer.

5 Markus, ... doch bitte den Hocker vors Klavier.

6 Du siehst aber müde aus, Florian. .... dich doch mal hin und ruh dich aus!

7 Das Bett? .... Sie es einfach mitten ins Schlafzimmer ...., Herr Müller.

8 Bringt ihr die ganzen Regalbretter? .... sie in den Flur auf den Boden!

8 **ⓐ** Hinweisschilder anders formuliert

1 Formulieren Sie die Inhalte von fünf Hinweisschildern schriftlich wie im Beispiel.

Bitte keine Handys benutzen!

2 Fordern Sie Kinder freundlich auf, etwas zu tun oder nicht zu tun.
(Verwenden Sie die Informationen von fünf Ver- und Gebotsschildern.)

Bitte trinkt das Wasser hier nicht.

3 Fordern Sie einen älteren Menschen freundlich auf, etwas zu tun oder nicht zu tun.
(Verwenden Sie die Informationen von fünf Ver- und Gebotsschildern.)

Könnten Sie sich bitte anschnallen?

ⓑ Sie sind im Büro und möchten verschiedene Personen bitten, etwas für Sie zu tun.
Formulieren Sie zu jeder Aufforderung im Kasten ein Beispiel.

- -
Briefe heute unterschreiben ▪ Briefe zur Poststelle bringen ▪ einen Termin mit der
Geschäftsleitung vereinbaren ▪ Unterlagen für Besprechung kopieren ▪
Verkaufszahlen vorbereiten ▪ Büromaterial bestellen ▪ etwas mit Kollegen besprechen
- -

1 Bitten Sie die Chefin / den Chef.
Wäre es Ihnen möglich, die Briefe heute noch zu unterschreiben?

2 Bitten Sie die Kollegin / den Kollegen.
3 Bitten Sie die Mitarbeiterin / den Mitarbeiter.
4 Bitten Sie die Sekretärin / den Sekretär.
5 Bitten Sie die Praktikantin / den Praktikanten.

Von unten nach oben – von oben nach unten

ⓐ Hören Sie die Bitten und entscheiden Sie: Wer spricht zu wem?

A Der Chef zum Angestellten
B Der Angestellte zum Chef
C Der Kollege zum Kollegen

Satz 1 ☐   Satz 5 ☐   Satz 9 ☐
Satz 2 ☐   Satz 6 ☐   Satz 10 ☐
Satz 3 ☐   Satz 7 ☐   Satz 11 ☐
Satz 4 ☐   Satz 8 ☐   Satz 12 ☐

ⓑ Sprechen Sie die folgenden Sätze als Chef oder als Kollege oder als Angestellter, der zum Chef spricht.

1 Könnten wir das gleich morgen früh besprechen?
2 Lassen Sie bitte einen Termin mit dem ganzen Team ausmachen.
3 Würden Sie die E-Mail der Firma Knapp bitte an mich weiterleiten?
4 Mit diesen Zahlen scheint etwas nicht zu stimmen. Könnten wir das nachher mal zusammen überprüfen?
5 Ist die Anfrage von Busch schon beantwortet?
6 Versuchen Sie doch bitte, in Zukunft pünktlich zu sein.

C Klimawandel im Gespräch

Was tut sich am Himmel?

ⓐ Kreuzen Sie an, welches Wetter oder welche Wetteränderungen Sie kennen und welche Ihnen gefallen.

Bedeutung	Kenne ich aus meiner Heimat.	Kenne ich aus dem deutschsprachigen Raum.	Gefällt mir.
wolkenlos	☐	☐	☐
fast wolkenlos	☐	☐	☐
leicht bewölkt	☐	☐	☐
wolkig	☐	☐	☐
stark bewölkt	☐	☐	☐
fast bedeckt	☐	☐	☐
bedeckt	☐	☐	☐
Bewölkung abnehmend	☐	☐	☐
Bewölkung unverändert	☐	☐	☐
Bewölkung zunehmend	☐	☐	☐

b
Es gibt noch mehr Möglichkeiten, das Wetter zu beschreiben.
Lesen Sie die Ausdrücke, klären Sie ihre Bedeutung mit dem Wörterbuch
und übersetzen Sie sie in Ihre Muttersprache.

Nieselregen (Sprühregen) ....

gefrierende Nässe ....

leichter Regen ....

einzelne Regentropfen ....

durchgehend starker Regen ....

starker gefrierender Regen ....

leichter Schneeregen ....

mäßiger oder starker Schneeregen ....

durchgehend leichter Schneefall ....

durchgehend starker Schneefall ....

äußerst heftiger Regenschauer ....

leichter Schneeregenschauer ....

mäßiger oder starker Schneeschauer ....

leichter Graupelschauer ....

mäßiger oder starker Hagelschauer ....

Gewitter mit Regen oder Schnee ....

starkes Gewitter mit Sandsturm ....

starkes Gewitter mit Graupel oder Hagel ....

11 Rund ums Wetter

a Wie heißt das passende Adjektiv? Ergänzen Sie die Adjektive, die Sie kennen.

Nomen	Adjektiv	Nomen	Adjektiv
1 der Sturm	*stürmisch*	12 der Frost (2x)	*vereist*
2 der Wind			
3 die Wolke (3x)		13 die Frische	
		14 die Kühle	
		15 die Nässe	
4 der Nebel		16 die Feuchtigkeit	
5 der Regen (2x)		17 der Winter	
		18 der Frühling	
6 der Schnee	*verschneit*	19 der Sommer	
7 das Eis (2x)		20 der Herbst	
		21 der Norden	
8 die Sonne		22 der Süden	
9 die Wärme		23 der Osten	
10 die Hitze		24 der Westen	
11 die Kälte			

ⓑ Fehlen Ihnen noch Adjektive in a? Wenn ja, dann sehen Sie im Lösungsschlüssel nach.

ⓒ Was passt? Ergänzen Sie die Wörter. Manchmal gibt es mehrere Möglichkeiten.

1 -richtung ■ -zeit ■ -einbruch ■ -wandel

    a Jahres.............................

    b Himmels.............................

    c Winter.............................

    d Klima.............................

3 -böen (Pl.) ■ -anstieg ■ -stärke ■ -sturz ■ -richtung

    a Sturm.............................

    b Wind.............................

    c Temperatur.............................

2 -fall ■ -eis ■ -schlag ■ -schauer

    a Regen.............................

    b Nieder.............................

    c Schnee.............................

    d Glatt.............................

4 -aussichten (Pl.) ■ -katastrophe ■ -periode ■ -werte

    a Dürre.............................

    b Wetter.............................

    c Höchst.............................

    d Kälte.............................

ⓓ Was passt? Ergänzen Sie Wörter aus c.

1 Frühling, Sommer, Herbst und Winter: *die Jahreszeit*.............................

2 Veränderung des Klimas: ....

3 ein kurzer, meist starker Regen: ....

4 Norden, Süden, Osten, Westen: ....

5 Eis auf der Straße: ....

6 das schnelle, plötzliche Sinken der Temperatur: ....

7 die Richtung, aus der der Wind kommt: ....

8 plötzlich steigende Temperatur: ....

9 eine lange Zeit ohne Regen: ....

10 starker, plötzlicher Windstoß: ....

ⓔ Was passt nicht? Streichen Sie.

1 Der Wind	bläst – ~~gefriert~~ – weht – ~~pustet~~
2 Bei Gewitter	donnert es – blitzt es – taut es – regnet es
3 Der Schnee	taut – fällt – stürmt – schmilzt
4 Die Temperatur	sinkt – hagelt – steigt – fällt
5 Die Temperatur ist	neblig – hoch – mild – tief
6 Der Himmel ist	bedeckt – bewölkt – frisch – wolkenlos
7 Das Wetter ist	heiter – wechselhaft – neblig-trüb – glatt
8 Der Wind weht	schwach – stark – heiter – mäßig
9 Die Luft ist	stürmisch – kühl – klar – frisch

12 **ⓐ** Beschreiben Sie das Wetter, das Sie auf den vier Fotos sehen.

ⓑ Wie empfinden Sie das Wetter, das Sie auf den Fotos sehen?
Schreiben Sie Sätze mit den Wendungen und Ausdrücken.

Also, mir persönlich gefällt es ja, wenn ... ● Ich finde es angenehm, wenn ... ● Ich empfinde es
eher als unangenehm, wenn ... ● ... kann ich überhaupt nicht leiden / kann ich gut leiden ● Wenn es ...,
geht es mir einfach überhaupt nicht gut / wunderbar / ... ● Ich finde es einfach großartig / klasse ...

WIEDERHOLUNG

13 Verben des Meinens und Sagens

ⓐ Neutrale Verben. Ergänzen Sie.

fragen ● sagen ● erzählen ● sprechen

1 „Ich kann an diesen Plänen der Regierung nichts Schlechtes erkennen", ... der Abgeordnete in
einem Interview.

2 Plötzlich .... der berühmte Schauspieler den staunenden Journalisten den wahren Grund für
seinen Entschluss, nie wieder in einem Theater zu spielen.

3 „Wo bitte geht's zu Gott?", ... das kleine Ferkel. Ein Buch für alle, die sich nichts vormachen lassen.

4 Konfuzius .... : „Wenn in einem Land Ordnung herrscht, kann man offen reden und entschlossen
handeln. Wenn in einem Land das Chaos regiert, muss man entschlossen handeln, aber zurückhaltend reden."

ⓑ Verben der einfachen Meinungsäußerung. Ergänzen Sie.

glauben ● meinen ● finden ● denken

1 In der Pressekonferenz betonte der Politiker, dass er das, was er gesagt hat, anders .... hat.

2 Ich .... den Kommentar des Pressesprechers unmöglich.

3 Im Mittelalter .... man noch, dass die Erde eine Scheibe ist.

4 Ich .... immer, ich mache Kunst. Aber jetzt erklärten mir Kritiker, das wäre alles Mist.

ⓒ Wissen Sie noch, was diese Verben bedeuten? Ergänzen Sie.

erinnern ● fordern ● hoffen ● informieren ● korrigieren

1 Der Regierungssprecher .... die Bevölkerung über die geplanten Reformen.

2 Wir .... sehr, dass die Maßnahmen zur Bekämpfung der Arbeitslosigkeit ausreichen werden.

3 Der Bundespräsident .... sich in der Rede sofort, als er merkte, dass er den Namen seines
Gastes falsch ausgesprochen hatte.

4 Mitte Mai .... wir schon, dass die Angestellten mehr Lohn erhalten sollen.

5 Hiermit möchten wir Sie an unsere Forderung ....

Weitere Verben. Was passt? Ergänzen Sie.

mitteilen ▪ loben ▪ heißen ▪ erkennen ▪ reklamieren

1 Was war das für ein Gefühl, als es .... , Sie würden Ihren Arbeitsplatz doch behalten?

2 Mit den ersten Ergebnissen könnte man erst gegen Mitternacht rechnen, ... die

   Wahlkommission ....

3 Leider haben unsere Kunden mehrmals fehlerhafte Lieferungen ....

4 Der Bundestrainer .... vor allem, dass seine Mannschaft bis zum Ende super gespielt hat.

5 Die Unternehmensführung hat jetzt doch .... , dass man mehr Mitarbeiter einstellen muss.

Ausdrücke des Meinens und Sagens. Was passt? Mehrere Lösungen sind richtig.

Ich bin der Ansicht, … ▪ Wir haben die Vermutung, … ▪ Sie haben wohl die Hoffnung, …

1 .... , dass es immer mehr Probleme gibt.

2 .... , dass es in nächster Zeit besser wird.

3 .... , dass sich trotzdem nichts ändern wird.

Weitere nützliche Verben

a Was passt? Ersetzen Sie in den folgenden Sätzen das Wort *sagen*.
Manchmal gibt es mehrere Möglichkeiten.

erwähnen ▪ ansprechen ▪ berichten ▪ feststellen ▪ einräumen ▪ festhalten

1 Es tut mir leid, aber ich muss dieses Thema hier in dieser Besprechung sagen.
2 Wie ich schon gesagt habe, können wir heute einen ganz besonderen Gast begrüßen.
3 Der Polizeisprecher sagte den Journalisten genau, wie der Unfall passiert war.
4 Ich muss noch einmal sagen, dass mir das Ganze überhaupt nicht gefällt.
5 Der Haumeister sagte, dass er sich in den letzten Wochen nicht um die Heizung gekümmert hat.
6 Zum Schluss muss ich nun aber doch sagen, dass die ganze Diskussion nichts gebracht hat.

b Aus dem Protokoll einer Mieterversammlung.
Ergänzen Sie die Verben. Mehrere Lösungen sind richtig.

beklagen ▪ befürchten ▪ vermuten

1 Die Mieter .... , dass die Renovierung länger dauern wird.

2 Sie .... , dass der Hausbesitzer die Mieten erhöhen wird.

3 Sie .... , dass der Vermieter sich nicht um das Haus und die Wohnungen kümmert.

c Zitate aus einer Besprechung, die recht kontrovers verlief. Ergänzen Sie.

erwidern ▪ widersprechen ▪ bestreiten ▪ behaupten ▪ zugeben ▪ beweisen

1 Sie .... mir aus Prinzip, auch wenn Sie wissen, dass ich recht habe.

2 .... Sie doch erst einmal mit Fakten, was sie da so ....

3 Sie können wirklich nicht .... , dass unser Unternehmen nicht mehr mit Gewinn arbeitet.

4 Sie müssen auch .... , dass die Stimmung der Mitarbeiter mehr als schlecht ist.

5 Der Geschäftsführer .... , dass man das Problem in der Geschäftsführung erkannt hat.

d Mit Fantasie. Ersetzen Sie *sagen* durch folgende Verben.
Wie verändert sich aus Ihrer Sicht das Gedicht?

schreien ■ brüllen ■ flüstern ■ rufen

Erich Fried

Was es ist

Es ist Unsinn
sagt die Vernunft
Es ist was es ist
sagt die Liebe

Es ist Unglück
sagt die
Berechnung
Es ist nichts als
Schmerz
sagt die Angst
Es ist aussichtslos
sagt die Einsicht
Es ist was es ist
sagt die Liebe

Es ist lächerlich
sagt der Stolz
Es ist leichtsinnig
sagt die Vorsicht
Es ist unmöglich
sagt die Erfahrung
Es ist was es ist
sagt die Liebe

VERTIEFUNG

17 Welche Verben haben eine ähnliche Bedeutung?
Arbeiten Sie mit dem Wörterbuch und ergänzen Sie.

erwidern ■ unterstreichen ■ erklären ■ antworten ■ bekräftigen ■
entgegnen ■ ergänzen ■ erläutern ■ betonen ■ hinzufügen

1 unterstreichen

2

3

4

VERTIEFUNG

18 **a** Welche Präposition passt? Kreuzen Sie an.

	über	vor	an	von	auf
erinnern	☐	☐	☒	☐	☐
warnen	☐	☐	☐	☐	☐
hinweisen	☐	☐	☐	☐	☐
informieren	☐	☐	☐	☐	☐
überzeugt sein	☐	☐	☐	☐	☐

b Ergänzen Sie die passende Präposition aus a wie im Beispiel.

1 Der Umweltminister erinnerte *daran*, dass es nicht allein Sache der Politik sei, sondern dass jetzt
jeder Einzelne aktiv werden müsse.

2 Das Projekt „Klima sucht Schutz" möchte interessierte Verbraucher .... informieren,
wie sie sich aktiv am Klimaschutz beteiligen und dabei gleichzeitig Geld sparen können.

3 Wir möchten Sie .... hinweisen, dass Sie im Info-Center „Rat und Tat" eine kostenlose
Online-Beratung zu Energiespar-Fragen erhalten.

4 Der Klimaexperte warnte .... , dass durch den Temperaturanstieg heimische Pflanzenarten
verdrängt würden.

5 Der Wissenschaftler ist .... überzeugt, dass die Klimaveränderung nicht mehr aufgehalten
werden kann.

Delfin rettet gestrandete Wale

a Lesen Sie den Text. Markieren Sie die Sätze, in denen Sie die indirekte Rede mit Konjunktiv I entdecken. Vergleichen Sie dann mit dem Lösungsschlüssel.

> **Es ist eine der süßesten Tiermeldungen aller Zeiten:**
> **Ein Delfin hat zwei Wale gerettet,**
> **die von Menschen nicht ins offene Meer gebracht werden konnten.**
>
> „Ich habe noch nie von so etwas gehört, es war erstaunlich", sagt der Umweltschutzbeamte Malcolm Smith. Er hatte mit Kollegen stundenlang vergeblich versucht, die zwei gestrandeten Zwergpottwale wieder ins offene Meer hinauszubewegen. Es wollte nicht gelingen.
>
> Der Delfin sei am Strand von Mahia bekannt, da er dort oft mit den Badenden spiele, berichtete der Umweltschützer. Von den Einheimischen wird er Moko genannt. Er sei gekommen, habe mit den Walen kommuniziert und sie so dazu animiert, ins Meer zurückzukehren. Danach habe Moko sie auf das offene Meer hinausbegleitet.

b Schreiben Sie die markierten Sätze in der direkten Rede.

c Ergänzen Sie die Konjunktiv-I-Formen aus a in den folgenden Tabellen.

Konjunktiv I: Gegenwartsform

		kommen	spielen	sein	haben
3. Pers. Sg.	er/sie/es	komme	....	....	habe

Konjunktiv I: Vergangenheitsform

		kommen	kommunizieren
3. Pers. Sg.	er/sie/es	....	....
3. Pers. Pl.	sie/Sie	seien gekommen	

d Beobachtungsaufgabe: Welche Formen sollte man lernen?

1 Den Konjunktiv I kann man oft nicht von den normalen Zeitformen (Präsens, Perfekt) unterscheiden, deshalb werden sie nicht gern verwendet: ⬛⬛⬛⬛⬛.

2 Die Formen der 2. Person klingen für uns veraltet: ⬛⬛⬛⬛.

3 Die Formen der 1. Person werden im aktiven Sprachgebrauch auch eher selten verwendet: ⬛⬛⬛⬛⬛.

Konjunktiv I: Gegenwartsform

		kommen	sein	haben
1. Pers. Sg.	ich	komme	sei	habe
2. Pers. Sg.	du	kommest	seiest	habest
3. Pers. Sg.	er/sie/es	komme	sei	habe
1. Pers. Pl.	wir	kommen	seien	haben
2. Pers. Pl.	ihr	kommet	seiet	habet
3. Pers. Pl.	sie/Sie	kommen	seien	haben

Konjunktiv I: Vergangenheitsform

		kommen	spielen
1. Pers. Sg.	ich	sei gekommen	habe gespielt
2. Pers. Sg.	du	seiest gekommen	habest gespielt
3. Pers. Sg.	er/sie/es	sei gekommen	habe gespielt
1. Pers. Pl.	wir	seien gekommen	haben gespielt
2. Pers. Pl.	ihr	seiet gekommen	habet gespielt
3. Pers. Pl	sie/Sie	seien gekommen	haben gespielt

e Die Konjunktiv-I-Formen in den weißen Feldern müssen Sie kennen. Entsprechen sie den Formen, die Sie in Aufgabe c gefunden haben?

WIEDERHOLUNG

20 *würde*-Konjunktiv: Bilden Sie Sätze.

morgen schönes Wetter geben	Fahrrad fahren	(Aber morgen regnet es.)
heute nicht regnen	wandern gehen	(Aber es regnet.)
er mich anrufen	mich freuen	(Aber er ruft nicht an.)

Würde es morgen schönes Wetter geben, ...

21 Konjunktiv-II-Formen erkennen

a Lesen Sie die Texte und ergänzen Sie die Tabelle.

A

Ich wär gern ein Vogel. Dann würde
ich überall hinfliegen, wohin ich will.

B

Wenn ich ein Vöglein wär
Und auch zwei Flügel hätt,
Flög ich zu dir.
Da's aber nicht kann sein,
Da's aber nicht kann sein,
Bleib ich allhier.
Volkslied

C

... betonten die Arbeitgebervertreter,
dass sie eine weitere Arbeitszeit-
verkürzung nicht in Kauf nähmen.

D

● Was meinst du? Welches Kleid steht mir besser?

▼ Also wenn du mich fragst, ich würde das rote nehmen.

Infinitiv	Konjunktiv II	
	einfache Form	*würde* + Infinitiv
fliegen	flöge	....
nehmen	....	....

b Markieren Sie die Konjunktiv-II-Formen in den Sätzen 1–3 und notieren Sie den Infinitiv.

1 Ich wär' so gerne Millionär. ....

2 Ich hätte gern ein großes Eis mit viel Sahne. ....

3 Ich würde das nie tun! ....

c Woher kommt die Konjunktiv-II-Form? Ergänzen Sie die Tabelle.

Präsens	Präteritum	Konjunktiv II
....	hatte..........................	ich hätte
....	....	ich müsste kommen
....	....	wir sollten uns treffen
....	....	ich flöge
....	....	es könnte sein
....	....	sie nähmen
....	....	das dürfte stimmen
....	....	ich wollte nicht
....	....	es käme

d Warum gibt es die Konjunktiv-II-Form mit *würde* + Infinitiv?
Lesen Sie das literarische Zitat.

Hätte ich Flügel der Morgenröte, **baute** ich mir ein Haus am äußersten Meer.

1 Ergänzen Sie dann die Präteritum-Formen und vergleichen Sie die beiden Formen.
Da sie gleich oder ähnlich aussehen, kann man ihre Bedeutung nur durch den Kontext verstehen.
Man verwendet deshalb normalerweise die Form *würde* + Infinitiv.

2 Ergänzen Sie die Formen *würde* + Infinitiv.

Präteritum	Konjunktiv II	
	einfache Form	*würde* + Infinitiv
....	ich baute	....
....	ich sagte	....
....	sie schliefe	....
....	wir glaubten	....
....	ich arbeitete	....

e **Lesen Sie den Text auf Seite 98 im Kursbuch und die Formen in c–d noch einmal.**

Wann verwendet man welche Form? Ergänzen Sie.

A die „einfache" Form (*wäre, hätte, könnte* etc.)
B die Form *würde* + Infinitiv

1 Die Formen von Präteritum und Konjunktiv II sind ähnlich oder gleich: ....

2 In der gesprochenen Sprache verwendet man lieber: ....

3 Bei den Verben *haben*, *sein*, *werden* und bei den Modalverben nimmt man besser: ....

4 In Zeitungstexten und in literarischen Texten findet man oft: ....

f Vergangenheitsform
Welcher Satz hat die gleiche Bedeutung? Kreuzen Sie an.

1 Wenn du gekommen wärst, wären wir schneller fertig geworden.
  a ☐ Du bist nicht gekommen. Deshalb sind wir nur langsam fertig geworden.
  b ☐ Wenn du kommst, sind wir schneller fertig.
2 Wenn ich das gewusst hätte, hätte ich dir natürlich helfen können.
  a ☐ Wenn ich das weiß, helfe ich dir natürlich.
  b ☐ Ich habe nichts gewusst. Deshalb konnte ich dir nicht helfen.

g **Notieren Sie die Konjunktiv-II-Formen in der Vergangenheit.**

1 ich habe geholfen   *ich hätte geholfen.*   4 wir hatten geholfen   ....

2 du warst gekommen   ....   5 ihr wart gekommen   ....

3 man half   *man hätte geholfen*   6 sie kamen   ....

Zitate aus einer Erklärung zur Situation von Vätern und Müttern in der Arbeitswelt.
Welche Konjunktiv-II-Formen passen? Wo müssen Sie stehen? Schreiben Sie die Sätze.

1 Wenn viele Mütter und Väter nicht so viel arbeiten *müssten*, *könnten* sie mehr Zeit mit ihrer
  Familie verbringen. (müssen)/(können)
2 Wenn nicht so viele Leute abends vor dem Fernseher – mehr Zeit für Gespräche oder Lektüre. (sitzen)/(bleiben)
3 Viele Berufstätige abends gern schon viel früher nach Hause. (kommen)
4 Sie dann aber morgens früher anfangen. (müssen)
5 Die meisten Mütter auch mit Babys oder Kleinkindern, wenn sie einen Betreuungsplatz. (arbeiten)/(finden)
6 Wahrscheinlich es mehr Arbeitsplätze, wenn die Arbeitszeit pro Tag verkürzt. (geben)/(werden)

WIEDERHOLUNG

23 Familientreffen: Onkel Julius hört schlecht. Er hat nicht verstanden, was die Leute auf dem Familienfest gesagt haben. Sie müssen für ihn alles wiederholen.

🔘 65 **a** Hören Sie. Ergänzen Sie dann die Sprechblasen. Vergleichen Sie mit dem Lösungsschlüssel.

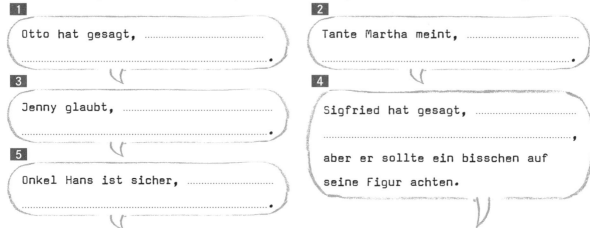

1
Otto hat gesagt, ...

2
Tante Martha meint, ...

3
Jenny glaubt, ...

4
Sigfried hat gesagt, ... , aber er sollte ein bisschen auf seine Figur achten.

5
Onkel Hans ist sicher, ...

b Wie ist es richtig? Kreuzen Sie an.

In der gesprochenen Sprache verwendet man ⬜ den Indikativ. ⬜ den Konjunktiv.

24 Professor Unrat ist einfach der Fachmann für Erziehungsfragen, da gibt es keine Zweifel. Bilden Sie Sätze mit *laut* und *nach*. Vergleichen Sie dann mit dem Lösungsschlüssel.

----
man den Kindern nicht alles erlauben dürfen ▪ Kinder höchstens eine Stunde fernsehen dürfen ▪ gut sein, wenn Kinder nachmittags schlafen ▪ gut sein, wenn Kinder Taschengeld bekommen ▪ gut sein, wenn Kinder Sport machen
----

Laut Herrn Professor Unrat darf man Kindern nicht alles erlauben.

25 Indirekte Rede in Texten verstehen

a Markieren Sie alle Formen der indirekten Rede in dem folgenden Zeitungsartikel zur Politik in Deutschland.

Beck verteidigt Schröders Reformkurs

Am Freitag vor genau fünf Jahren hat der damalige Bundeskanzler Gerhard Schröder (SPD) seine „Agenda 2010" vorgestellt. Arbeitsmarktreform, Hartz IV und Co.: Umstritten ist der damals eingeleitete Reformkurs bis heute!

SPD-Chef Kurt Beck verteidigte ihn jetzt: Dank der Agenda gebe es beachtliche Wachstumsraten und eine Million zusätzliche Arbeitsplätze. Auch der Chef des Deutschen Instituts für Wirtschaftsforschung, Klaus Zimmermann, sprach am Donnerstag in Berlin von einem großen Erfolg der Reform.

Gewerkschaften und SPD-Linke bleiben dagegen bei ihrer scharfen Kritik. Aus Sicht von DGB-Chef Michael Sommer hat der „sozial- und arbeitsmarktpolitisch verhängnisvolle Kurs" die Spaltung der Gesellschaft vorangetrieben und der wirtschaftlichen Entwicklung geschadet.

Ähnlich äußerte sich der SPD-Linke Ottmar Schreiner. Ohne die „Agenda 2010" hätte Deutschland heute weniger „Lohnarmut" und weniger Kinderarmut. Die Arbeitsmarktreformen seien eine Öffnung des Arbeitsmarktes zu einem breiten Niedriglohnsektor gewesen. Scharfe Kritik kam auch von den Linken im Bundestag.

Beck dagegen bezeichnete Schröders damalige Rede als den „Auftakt zu einem großen wirtschafts- und arbeitsmarktpolitischen Erfolg". Allerdings müsse die Koalition „die eine oder andere soziale Verträglichkeit wiederherstellen". Der Außenminister Frank-Walter Steinmeier (SPD) sprach von einer „alternativlosen Entscheidung". CDU/CSU-Fraktionschef Volker Kauder äußerte Unverständnis darüber, dass sich viele Sozialdemokraten von der Agenda abgrenzten und sich so um die „Früchte des eigenen Erfolges" brächten.

b Nehmen Sie sich eine deutschsprachige Tageszeitung oder suchen Sie sich aktuelle Artikel im Internet. Wählen Sie einen politischen Artikel aus und markieren Sie alle Formen der indirekten Rede.

TEXTE BAUEN: Aussagen / Meinungen eines anderen wiedergeben

Polizeiberichte

a Bei Rot abgebogen – Frau schwer verletzt

1 Hören Sie. Lesen Sie die Notizen. In welcher Reihenfolge haben Sie sie gehört? Nummerieren Sie.

[1] bei einem Verkehrsunfall – Mittwochnacht auf der Kreuzung Möllner Straße / Franzstraße – 44 Jahre alte Autofahrerin schwer verletzt worden
[ ] Zeugen sollen sich bei der Verkehrspolizei melden
[ ] Frau von Rettungskräften in ein Krankenhaus gebracht
[ ] ein Notarzt und die Feuerwehr im Einsatz
[ ] Sachschaden von circa 55 000 Euro
[ ] weiterer Autofahrer – leichte Verletzungen
[ ] Wie ist der Unfall passiert?

2 Hören Sie den Bericht noch einmal. Ergänzen Sie dann die passenden Wendungen und Ausdrücke in dem Zeitungsbericht.

---
der Polizeisprecher informierte darüber … ■ In den Polizeinachrichten wurde aber nicht gesagt … ■ er berichtete … ■ der Polizeisprecher erklärte … ■ der Polizeisprecher bat … ■ er informierte die Hörer darüber … ■

In der Pressekonferenz *informierte der Polizeisprecher darüber* (1), dass Mittwochnacht auf der Kreuzung Möllner Straße / Franzstraße eine 44-jährige Frau schwer verletzt worden ist.

.... (2), dass die Frau von Rettungskräften in ein Krankenhaus gebracht worden ist. .... (3), dass ein weiterer Autofahrer leichte Verletzungen erlitten hat.

.... (4), dass ein Notarzt und die Feuerwehr im Einsatz waren und dass ein Sachschaden von circa 55 000 Euro entstanden war.

.... (5), wie der Unfall passiert ist.

.... (6) die Zeugen, sich bei der Verkehrspolizei zu melden.

b Bewaffneter Raubüberfall auf Sonnenstudio

1 Hören Sie zuerst, was der Polizeisprecher sagt.

2 Schreiben Sie mithilfe der Wendungen und Ausdrücke und der Notizen einen Bericht.
Denken Sie daran: Sie brauchen keinen Konjunktiv I zu verwenden!

---
laut Polizeisprecher … ■ er berichtete … ■ die Mitarbeiterin erklärte, dass … ■ sie teilte der Polizei auch mit, … ■ leider konnte die Mitarbeiterin nicht sagen … ■ der Polizeisprecher betonte, dass …

– am Dienstagabend
– mit einem Messer bewaffneter Räuber ein Sonnenstudio an der Stuttgarter Straße überfallen
– betrat gegen 20.50 Uhr das Studio
– bedrohte die 29-jährige Mitarbeiterin mit einem Messer
– forderte Bargeld
– mit mehreren Hundert Euro flüchtete der Unbekannte
– wie sieht er aus?
– Hinweise nehmen die Beamten der Kriminalpolizei unter der Telefonnummer 8990-6333 entgegen

c **Computer und Beamer aus Schule gestohlen**

1 Was sagt der Polizeisprecher? Hören Sie und machen Sie sich Notizen.
2 Schreiben Sie einen kurzen Bericht (ohne Konjunktiv I). Wählen Sie aus den Wendungen und Ausdrücken aus.

----

in den Polizeinachrichten habe ich gehört, dass … ▪ der Polizeisprecher informierte die Hörer darüber, dass … ▪ ich habe vorhin im Radio / Rundfunk gehört, dass … ▪ der Polizeisprecher erklärte, … ▪ er warnte davor, dass … ▪ nach Ansicht des Polizeisprechers ▪ die Polizei vermutet, dass … ▪ die Polizei bat … ▪ die Polizei betonte, dass … ▪ sie teilte auch mit, dass …

D Verrücktes Design

SÄTZE BAUEN: gemeinsam etwas planen

27 **Gemeinsam ein Hochzeitsgeschenk finden**
Wie reagieren die Gesprächspartner? Ordnen Sie zu.

A Aufforderung **B** Vorschlag **C** Zweifel **D** positiver Kommentar **E** negativer Kommentar

1 ◆ Ich würde vorschlagen, dass wir uns mal langsam um ein Hochzeitsgeschenk kümmern, oder? ⸬
2 ● Ich weiß nicht. Wir haben doch noch Zeit. Und so schwer ist das doch nicht, oder? ⸬
3 ◆ Dann schlag du doch mal was vor. ⸬
4 ● Wir könnten eine größere Aktion für die beiden organisieren, zum Beispiel eine Reise oder so. ⸬
5 ▼ Nicht schlecht. ⸬
6 ◆ Das fände ich ehrlich gesagt nicht so gut. Das kostet ja auch wahnsinnig viel. ⸬
7 ● Okay, hast recht. ⸬
8 ▼ Es muss ja keine Reise sein. Wie wär's mit einem Theater- oder Musicalbesuch? ⸬
9 ◆ Super Idee! ⸬
10 ● Hättest du Lust, mal im Internet zu suchen? ⸬
11 ▼ Okay, kann ich machen. ⸬
12 ◆ Wir könnten doch auch die Anfahrt organisieren. Fritz hat doch den tollen alten Mercedes. Mit dem könnten wir die beiden hinfahren. ⸬
13 ● Genau, so machen wir's. Und ich bin der Chauffeur. ⸬
14 ▼ Gut, dann organisierst du die Autofahrt – und ich suche die passende Veranstaltung, okay? ⸬

28 **Chef und seine Stellvertreterin bei der Planung der Abteilungsfeier**
a **Hören Sie das Gespräch.**

b **Lesen Sie die Sätze 1–15. Notieren Sie, wer was gesagt hat (C = Chef, S = Stellvertreterin).**

1 ⸬ Ach Gott, ich weiß nicht, ich habe im Moment überhaupt keine Zeit dafür.
2 ⸬ Also gut. Was schlägst du vor? Hast du schon eine Idee?
3 ⸬ Das hat man davon, dass man gern ins Theater geht. Mach ich, aber dann kriegst du den Bericht über die Tagung erst einen Tag später.
4 ⸬ Das ist doch viel zu kompliziert, wie stellst du dir das denn vor?
5 ⸬ Das ist eine super Idee. Das machen wir … Und danach könnten wir in einem Restaurant noch eine Kleinigkeit essen.
6 ⸬ Das wird 'ne super Abteilungsfeier. Die werden sich wundern.
7 ⸬ Du müsstest nur mal klären, was wir ausgeben dürfen …
8 ⸬ Du, darf ich dich mal kurz stören wegen unserer Abteilungsfeier …

9 ⬚ Ehrlich gesagt finde ich die Idee nicht so gut – das wäre dann doch keine Überraschung.

10 ⬚ Einverstanden.

11 ⬚ Mach ich sofort, wenn du dich dann um die ganzen anderen Fragen kümmerst.

12 ⬚ Na ja, ich dachte, wir könnten doch statt hier zu feiern vielleicht irgendwo hingehen …

13 ⬚ Na ja, man könnte doch ein kleines Theater mieten, mit der Vorstellung, meine ich …

14 ⬚ Okay, hast recht. Also, was schlägst du vor? Könnten wir nicht, wie beim letzten Mal, eine Band organisieren? Die beim letzten Mal war doch ganz gut …

15 ⬚ Zeit habe ich auch nicht, aber die Feier ist schon in drei Wochen, und wir wissen noch gar nicht, wie die Überraschung für unsere Kolleginnen und Kollegen aussehen soll …

c **Wie formulieren die beiden Personen Vorschläge? Unterstreichen Sie die Wendungen und Ausdrücke.**

Ergänzen Sie die passenden Wendungen und Ausdrücke aus dem Kursbuch, Seite 104. Vergleichen Sie mit dem Lösungsschlüssel.

1 ◆ Du, wegen der Jubiläumsfeier nächste Woche.

● Tut mir leid, ich habe heute echt keine Zeit. .... morgen darüber sprechen?

2 ◆ Entschuldigen Sie, dass ich Sie störe. Ich weiß, Sie haben sehr viel zu tun. Aber wir müssen für die

Firma Hoch und Tief einen neuen Entwurf machen. ....? So lange könnte

dann Frau Meier an Ihrem jetzigen Projekt weiterarbeiten.

● .... Das interessiert mich sehr. Aber nur wenn Frau Meier wirklich

meine Aufgaben übernehmen kann.

3 ◆ Herr Müller, ich habe da ein echtes Problem. Da ist doch diese Mitarbeiterschulung nächste Woche –

und ich weiß nicht, wann ich die vorbereiten soll.

● .... eine alte nehmen, die von vor vier Jahren?

◆ .... Ich wollte doch über unsere Software und die

neuen Computer sprechen, die wir bald kaufen, da kann ich kein altes Schulungsmaterial nehmen. .

.... ?

● Das kann ich gut verstehen, klar. Kann man die nicht einfach ein bisschen umarbeiten?

◆ ...., das merken die doch, dass ich das alte Zeug hernehme.

● Dann .... , dass wir eine Firma mit der Schulung beauftragen.

◆ .... Und die können das dann regelmäßig machen, und ich verbringe

meine Zeit nicht mehr mit der Vorbereitung. Irgendeiner ....

● Das mache ich mit Frau Zenz zusammen.

◆ Danke.

4 ● Also ...., dass wir um zehn mit der Besprechung morgen

anfangen.

◆ .... Ich glaube, dass wir dann nicht genug Zeit haben.

.... doch schon um halb neun anfangen, da sind doch sowieso schon immer alle da.

● ...., die müssen doch eigentlich erst um neun da sein.

.... ? Wir fangen um zehn an, machen dann von zwölf bis eins eine kleine Mittags-

pause mit einem Snack, und danach machen wir bis drei Uhr nachmittags weiter.

◆ ....

5 ◆ .... , wenn du noch schnell bei Schnell und Co. anrufen würdest,

wegen der Lieferung, du weißt schon, es ist doch schon fünf vor fünf.

6 ◆ .... ? Ich glaube, ich kündige.

● Spinnst du?

◆ Ich halte das hier nicht mehr aus, ... ? Diese Atmosphäre,

dieser Chef und das Mobbing im ganzen Haus. Es ekelt mich an.

● Aber was willst du denn machen?

◆ Ich mache mich selbstständig. Ich gründe meine eigene Firma. Das wird super.

● .... ?

◆ Ja, im Ernst. Ich habe schon den Business-Plan fertig, die Finanzierung mit der Bank ist beschlossen,

den Mietvertrag für die Räume könnte ich Montag unterschreiben. Ich muss nur noch kündigen.

Und ich ....

● Welche?

◆ Du steigst als mein Stellvertreter in die Firma ein. Das ist die Chance für dich.

● ....

30 Konjunktiv-Formen
Um welche Formen handelt es sich? Kreuzen Sie an.

	Präsens	Konjunktiv I	Konjunktiv II
1 sie kommen	☒	☐	☐
2 sie habe gesagt	☐	☐	☐
3 sie seien	☐	☐	☐
4 er hat	☐	☐	☐
5 sie hätten gefroren	☐	☐	☐
6 ich sollte	☐	☐	☐
7 sie wolle	☐	☐	☐
8 man sei	☐	☐	☐
9 sie haben	☐	☐	☐
10 er möchte	☐	☐	☐

31 Redewiedergabe im Kontext

a **Indikativ oder Konjunktiv: Was passt besser?**
Unterstreichen Sie die angemessene Form.

1 Du, der hat doch tatsächlich gesagt, dass ich spinne / spinnen würde. So ein Idiot!

2 Sie haben uns fest zugesagt, dass der Liefertermin eingehalten wird / werde.

3 Laut Aussage des Untersuchungsausschusses ist / sei in dieser Woche nicht mehr
mit einem Abschluss des Verfahrens zu rechnen.

4 Und dann hat sie noch behauptet, dass ich das niemals gesagt habe / hätte.

5 In Zukunft, so ein Firmensprecher, wird / werde man noch stärker auf die Einhaltung der
Sicherheitsbestimmungen achten. Ein Unfall wie dieser ist / sei damit in Zukunft ausgeschlossen.

b Welche Formen verwendet man in der Sprache der Nachrichten? Kreuzen Sie an.

1 Bei ihren Verhandlungen betonten beide Parteisprecher, dass man sich bereits weit aufeinander zubewegt
☐ hat ☐ habe ☐ hätte.

2 Es ☐ sind ☐ seien ☐ wären nur noch Detailfragen zu erörtern.

3 Beide Seiten ☐ haben ☐ hätten sich auf eine Fortsetzung der Gespräche am kommenden Donnerstag
verständigt.

4 Nach Ansicht von Beobachtern ☐ sind ☐ seien ☐ wären das die kürzesten Koalitionsverhandlungen
der letzten Jahre gewesen. Einer Einigung ☐ steht ☐ stehe ☐ stünde jetzt faktisch nichts mehr im Wege.

Darüber hinaus

ÜBUNG ZU PRÜFUNGEN: Leseverstehen

Lesen Sie den ironischen Text an den Vorstand der Deutschen Bahn, Herrn Mehdorn.
Stellen Sie fest, wie die Autorin die Fragen 1–5 beurteilt. Kreuzen Sie an.

Lieber Herr Mehdorn,

seit vielen Jahren versuche ich, Ihnen und Ihrer Bahn ein guter Fahrgast zu sein. Ich gebe mir alle Mühe, Ihre Angestellten nicht weiter zu behelligen. Ganz im Gegenteil: Mittlerweile erspare ich Ihren Zugbegleitern ⁵sogar jede Menge Arbeit, indem ich notorische Nörgler vorsorglich darauf hinweise, dass sie ihre Anschlusszüge garantiert nicht erreichen werden, und schlecht informierte Stehgäste im Zug freundlich darauf hinweise, dass sie sich ja kostenpflichtig einen Sitzplatz ¹⁰hätten reservieren lassen können. Selbstverständlich rauche ich weder in Bahnhöfen noch in Ihren Zügen. Auch das Lesen habe ich wunschgemäß eingestellt, denn im Dämmerlicht Ihrer Fernverkehrszüge sollte ich das Reisen ja lieber entspannt genießen, anstatt zu ¹⁵arbeiten – extra deshalb haben Sie doch die Leselampen abgeschafft. Außerdem achte ich peinlichst genau darauf, dass kein Gepäck im Gang steht. Schließlich sind Sie so großzügig, die Temperatur im ICE sommers wie winters daraufhin zu optimieren, dass ich alle verfügbaren Kleidungsstücke ganz bequem ²⁰übereinander anziehen kann, statt sie umständlich in einem Koffer zu transportieren. Als Vielfahrerin halte ich zudem stets eine Heizdecke bereit, um unerfahrenen Mitreisenden auszuhelfen.

Doch es gibt diese eine Aufforderung von Ihnen, der ²⁵kann ich bislang nicht nachkommen. Beim letzten Versuch hat Ihr Zugchef die Toilettentür aufgebrochen und mich gewaltsam aus der betreffenden Nasszelle gezerrt mit dem Vorwurf, ich würde mich der Fahrkartenkontrolle entziehen. Gut, er hat dann etwas ³⁰seltsam geschaut, als er mich sah, bewaffnet mit Desinfektionsmitteln, Gummihandschuhen, Müllbeuteln, Putzlappen und Klobürste. Was ich dort knapp drei Stunden lang von Bonn bis Stuttgart getan habe, wollen Sie wissen? Nun, ich bin nur Ihrer schriftlichen ³⁵Aufforderung auf dem stillen Örtchen nachgekommen: „Bitte verlassen Sie diesen Raum so, wie Sie ihn vorfinden möchten ..."
Julia Bidder

Wie beurteilt Julia Bidder ...	positiv	negativ/skeptisch
1 die Pünktlichkeit der Bahn?	☐	☐
2 die überfüllten Züge ohne ausreichende Sitzplätze?	☐	☐
3 die Möglichkeit, im Zug zu arbeiten?	☐	☐
4 die Klimatisierung der Züge?	☐	☐
5 den Zustand der Toiletten in den Zügen?	☐	☐

33 Überfliegen Sie den Text. Lesen Sie dann die folgenden Aufgaben.
Lesen Sie danach den Text noch einmal und lösen Sie die Aufgaben.
Bei jeder Aufgabe ist nur eine der drei angebotenen Lösungen richtig.

Pizzataxis auf den Schulhöfen

Große Pause: Die Schulglocke hat geläutet. Es ist Mittagszeit, und unten auf dem Parkplatz wartet der Pizzabringdienst. Die Schüler stehen Schlange und holen sich ihre bestellten Margherita, Calzone 5 oder die Funghi „mit extra Käse" ab. Als passendes Getränk gibt es die Cola aus dem Schulautomaten und für den kleinen Hunger den Schokoriegel. Diese Situation ist leider keine düstere Zukunftsvision oder der Albtraum ernährungsbe- 10 wusster Küchenleiter, sondern vielerorts bittere Realität in den deutschen Schulen. Wie unlängst die Süddeutsche Zeitung berichtete, ist Home-Delivery oder in diesem Fall „Schul-Delivery" zu einem richtigen Trend unter den Heranwachsen- 15 den geworden. Die Lieferservice-Betreiber geben sogar Mengenrabatt bei Sammelbestellungen ganzer Schulklassen.

Eine Lehrerkonferenz des Gymnasiums Brede in Brakel beschloss, dass dieser Situation Einhalt 20 geboten werden müsse, und verwies das Pizza-Taxi vom Schulhof. Täglich Pizza sei ja bekanntlich schädlich. Zudem gebe es eine von Eltern und Jugendlichen betriebene Schulcafeteria mit einem Angebot an Brötchen und Salaten. Andere Schu- 25 len folgten dem Beispiel, und das Schulministerium in Düsseldorf stärkte ihnen dabei den Rücken, obgleich es kein generelles Pizzaverbot geben werde, wie ein Ministeriumssprecher der Zeitung erklärte.

[...] Der Hintergrund ist die Angst vor einer Über- 30 fettung der Jugend. Schließlich sind fast 15 Prozent der Kinder zwischen drei und 17 Jahren laut einer Untersuchung des Robert-Koch-Instituts zu dick und sechs Prozent sogar fettleibig.

Das Problem sind aber nicht die Pizzataxis, son- 35 dern das falsche Angebot in den Schulkiosken. Hausmeister verdienen sich seit Jahrzehnten eine goldene Nase mit pappigen Wurstbrötchen, überzuckerten Schokolade-Waffeln und Softdrinks. Die Auswahl ist häufig sehr begrenzt, und so kann man 40 es manchem Schüler nicht übel nehmen, nach Alternativen zu suchen. Darüber hinaus ist es ein wenig befremdlich, dass den Heranwachsenden scheinbar genug Geld zur Verfügung steht, sich regelmäßig Pizza für fünf Euro oder mehr zu 45 bestellen. Auf der anderen Seite klagen aber die Eltern, dass täglich drei bis vier Euro für ein Essen in der Schulmensa nicht bezahlbar seien. Wenn dann endlich eine Schulküche finanzierbar ist, greifen zudem die Entscheidungsträger nicht auf 50 das beste, sondern auf das günstigste Angebot zurück. [...] Doch ohne den Schülern ein vernünftiges Verpflegungsangebot zu machen, versickert jeglicher guter Wille im Sande.

1 Der Pizza-Schul-Service
⬚ a ist eine neue Art bei Schülern, sich ein Mittagessen zu besorgen.
⬚ b ist eine Lösung der Schüler, sich ein gutes und gesundes Mittagessen zu besorgen.
⬚ c ist eine offizielle Lösung der Schulen, die Schüler mit einem Mittagessen zu versorgen.

2 Das Schulministerium in Nordrhein-Westfalen
⬚ a hat das Pizzaessen an Schulen generell verboten.
⬚ b unterstützt das Pizzaessen an den Schulen, wenn es nicht zu viel wird.
⬚ c unterstützt die Schulen, die das Pizzaessen verhindern wollen.

3 Die Angst der Schulen und der Eltern vor der „Pizza-Ernährung" der Schüler kommt daher,
⬚ a dass zu viele Schüler zu dick oder sogar krankhaft dick sind.
⬚ b dass zu viele Kinder und Jugendliche zu viel oder viel zu viel wiegen.
⬚ c dass Pizza zu fett ist und die Schüler daher zu viel Fett essen.

4 An den Schulen

☐ **a** können sich die Schüler nur beim Hausmeister etwas zu essen kaufen, der ihnen aber eine gute Auswahl an Speisen anbietet.

☐ **b** ist es der Hausmeister, der jeden Tag bestimmt, was die Schüler essen müssen.

☐ **c** gibt es für die Schüler beim Hausmeister eine kleine Auswahl von nicht empfehlenswertem Essen gegen den Hunger.

5 Bei der Schulverpflegung der Jugendlichen machen die verantwortlichen Personen den Fehler,

☐ **a** das beste Angebot auszuwählen, sodass die Eltern viel bezahlen müssen.

☐ **b** das günstigste Angebot auszuwählen, das aber für die Eltern trotzdem nicht bezahlbar ist.

☐ **c** zwar das günstigste Angebot auszuwählen, dabei aber nicht genug auf die Qualität zu achten.

GRAMMATIK: Wortbildung: Adjektiv

1 Zusammengesetzte Adjektive

a Unterstreichen Sie den letzten Teil der zusammengesetzten Adjektive. Machen Sie eine Tabelle und tragen Sie die Adjektive ein.

---
ver<u>antwortungs</u>los ▪ gefährlich ▪ sinnlos ▪ lebensmüde ▪ bewundernswert ▪
todesmutig ▪ idiotisch ▪ egoistisch ▪ lebensgefährlich ▪ risikoreich
---

letzter Teil: Suffix	letzter Teil: Adjektiv
verantwortungslos	*lebensmüde*

b Welche Wörter finden Sie in den folgenden Adjektiven? Schreiben Sie sie in eine Tabelle.

---
preiswert ▪ lebensmüde ▪ risikoreich ▪ bevölkerungsreich ▪ wasserreich ▪ wasserarm ▪ schulmüde ▪
sehenswert ▪ bewundernswert ▪ feuergefährlich ▪ lesenswert ▪ lobenswert ▪ todesmutig
---

Adjektiv	Bestandteil 1	Bestandteil 2 (Adjektiv)	Bedeutung in der Muttersprache oder in einer anderen Sprache
preiswert	*der Preis*	*wert*	

WIEDERHOLUNG

2 Sehen Sie die Fotos an. Entscheiden Sie, welche der Wörter *für Sie* zu den Fotos passen. Kreuzen Sie an.

1 Sie führte ein
- [ ] risikoreiches
- [ ] angstvolles
- [ ] angstfreies Leben.

2 Guck mal, das Auto da, ein
- [ ] formschönes
- [ ] abgasarmes
- [ ] pflegeleichtes
- [ ] preiswertes Modell.

3 Wir plädieren für eine
- [ ] angstfreie
- [ ] liebevolle
- [ ] gewaltfreie Erziehung.

Die JUNGEN-Katastrophe
Das überforderte Geschlecht
Frank Beuster

4 „Jungen-Katastrophe": ein
- [ ] ideenreiches
- [ ] inhaltsschwaches
- [ ] sinnloses
- [ ] empfehlenswertes Buch.

5 Das Kind in der ersten Reihe hat ein
- [ ] ausdrucksstarkes
- [ ] ausdrucksschwaches
- [ ] liebenswürdiges
- [ ] angstvolles Gesicht.

6 Viele Leute in dieser Gegend sind
- [ ] kinderfreundlich [ ] fremdenfeindlich
- [ ] liebenswürdig [ ] arbeitslos
- [ ] kinderlos [ ] verantwortungslos
- [ ] charakterstark [ ] lebensmüde
- [ ] fantasievoll.

🔘 70

3 Welches Wort wird in welchem Hörtext gesucht? Hören Sie und ordnen Sie zu.

1 ———— lebensgefährlich
2 ——→ bewundernswert
3   egoistisch
4   verantwortungslos
5   todesmutig
6   lebensmüde

WIEDERHOLUNG

Welche Form passt? Wählen Sie aus und ergänzen Sie sie.

1 Mensch, dieser Typ nebenan. Sobald der aufgestanden ist, holt er seine Bohrmaschine und macht Krach.

Der verhält sich so, als ob er allein auf der Welt .... (ist/wäre).

2 Du tust gerade so, als ob du hier der Chef .... (wärst/bist).

3 Diese Frau macht alles falsch, obwohl ich es ihr tausendmal erklärt habe. Sie tut so, als ob sie mich nicht

verstehen .... (kann/könnte).

4 Kinder, seid ihr schmutzig! Ihr seht so aus, als ob ihr Sumpffußball gespielt .... (habt/hättet).

5 Kapiert? – Komm, jetzt tu nicht so, als ob du nicht .... (verstehst / verstehen

würdest), was ich meine.

WIEDERHOLUNG

Alles Täuschung

a Beenden Sie die Sätze wie im Beispiel. Verwenden Sie *so tun/reden*, *als ob*.

1 Unser neuer Vereinspräsident *redet so, als ob er gut Ski fahren könnte* . Er kann aber fast

gar nicht Ski fahren.

2 Du .... Du hast aber gar kein Geld!

3 Unsere neue Kollegin .... Sie ist aber nicht die Abteilungsleiterin.

4 Die Kinder unserer Nachbarn .... Sie dürfen aber nicht alles.

5 Dieser Extremsportler .... Aber jedem kann etwas passieren.

b Und nun ohne *ob*. Schreiben Sie die Sätze aus a noch einmal wie im Beispiel.

1 *Unser neuer Vereinspräsident redet so, als könnte er gut Ski fahren.*

VERTIEFUNG

a Lesen Sie die folgenden Titel und Überschriften. In welchen verwendet der Autor nach *als ob* Konjunktiv I oder II und in welchen Indikativ? Kreuzen Sie an.

Buchtitel	Konjunktiv I	Konjunktiv II	Indikativ
1 Als ob sich Türen öffnen	☐	☐	☐
2 Als ob ich zu einer steinernen Wand spräche	☐	☐	☐
3 Als ob die Welt den Atem anhielt	☐	☐	☐
4 Als ob der Schnee alles zudeckte	☐	☐	☐
5 Als ob ein Engel mich berührte	☐	☐	☐
6 Als ob nichts gewesen wäre	☐	☐	☐

Überschriften in Zeitungen und Zeitschriften	Konjunktiv I	Konjunktiv II	Indikativ
7 „Es ist, als ob die Seele unwohl wäre …"	☐	☐	☐
8 Als ob es ein sicherer Ort für sie war	☐	☐	☐
9 Als ob man für einen König koche, der schon satt ist	☐	☐	☐
10 Als ob man ein kleines Land regiert	☐	☐	☐
11 Als ob man gelbe Zettel auf die Webseiten klebt	☐	☐	☐
12 Als ob er die Töne jagen würde	☐	☐	☐
13 Als ob einer mit geschlossenen Lippen spricht	☐	☐	☐
14 Als ob es nichts Wichtigeres gebe	☐	☐	☐
15 Als ob sich das Gehirn neu verschaltet	☐	☐	☐
16 Mir ist, als ob mich das Meer ruft	☐	☐	☐

8

ⓑ Lesen Sie die folgenden Hinweise. Entscheiden Sie:
Sind die Aussagen richtig oder falsch? Kreuzen Sie an.

richtig falsch

1 Die Autoren, die in den Überschriften mit *als ob* den Indikativ verwenden, haben einen
Fehler gemacht.   ☐   ☐

2 Im heutigen Sprachgebrauch verwendet man manchmal auch Indikativ nach *als ob*.   ☐   ☐

3 Man kann nach *als ob* auch den Konjunktiv I verwenden, häufiger in der Schriftsprache.   ☐   ☐

SÄTZE BAUEN: etwas bewerten

7 Finden Sie für die Sprechblasen passende Einleitungen.
Manchmal gibt es mehrere Möglichkeiten.

Das klingt so, … ■ Manche tun so, … ■ Es kommt einem so vor, … ■
Es hört sich so an, … ■ Es riecht so, … ■ Der Sportler sieht so aus, … ■ Er fährt so, …

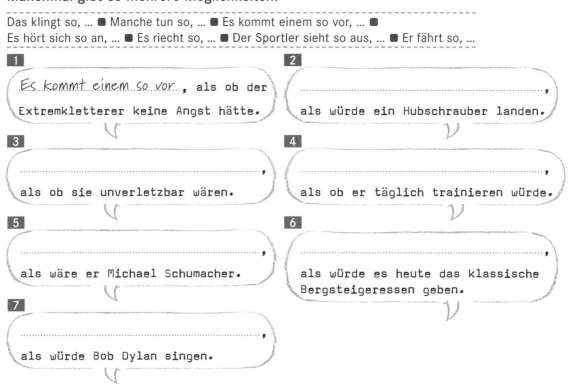

1
Es kommt einem so vor., als ob der
Extremkletterer keine Angst hätte.

2
.... ,
als würde ein Hubschrauber landen.

3
.... ,
als ob sie unverletzbar wären.

4
.... ,
als ob er täglich trainieren würde.

5
.... ,
als wäre er Michael Schumacher.

6
.... ,
als würde es heute das klassische
Bergsteigeressen geben.

7
.... ,
als würde Bob Dylan singen.

8 Sehen Sie die Fotos an. Bilden Sie Sätze mit passenden
Wendungen und Ausdrücken aus 7.

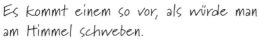

Es kommt einem so vor, als würde man
am Himmel schweben.

ⓐ Hören Sie und sprechen Sie die unterstrichenen Sätze mit.

1 Mensch, dieser Typ von nebenan. Sobald der aufgestanden ist, holt er seine Bohrmaschine und macht Krach, du kannst es dir nicht vorstellen. <u>Der verhält sich echt so, als ob er allein auf der Welt wäre.</u>

2 Jetzt mach mal halblang. <u>Du tust ja gerade so, als ob du hier der Chef wärst.</u> Aber – und ich hoffe, das ist damit klar – du bist es nicht.

3 Gott, ich werde wahnsinnig. Diese Frau macht alles falsch, obwohl ich es ihr tausendmal erklärt habe. <u>Sie tut so, als ob sie mich nicht verstehen könnte.</u>

4 Kinder, seid ihr schmutzig! <u>Ihr seht so aus, als ob ihr Sumpffußball gespielt hättet.</u>

5 <u>Komm, jetzt tu nicht so, als ob du nicht verstehen würdest, was ich meine.</u>

ⓑ Hören Sie und sprechen Sie die unterstrichenen Sätze mit.

1 <u>Unser neuer Vereinspräsident, der redet, als ob er der Super-Skifahrer wäre.</u> Ich weiß es aber zufällig genau: Der kommt keinen Berg heil runter.

2 <u>Du tust immer so, als ob du Geld ohne Ende hättest.</u> Wieso eigentlich? Weiß doch jeder, dass du keinen Cent hast.

3 <u>Unsere neue Kollegin tut so, als wäre sie unsere neue Chefin.</u> Kaum zu glauben. Vielleicht sollte ihr Frau Probst mal sagen, dass sie die Chefin ist.

4 <u>Die Kinder unserer Nachbarn, die tun vor den anderen Kindern so, als ob sie alles dürften.</u> In Wirklichkeit dürfen sie fast gar nichts.

8

Welche Verben passen? Es gibt manchmal mehrere Möglichkeiten.

eingehen ▪ ausüben ▪ haben ▪ lieben ▪ einschätzen ▪ begeben ▪ suchen

1 Angst ... um   *haben*...

2 eine Sportart ...   .

3 die Herausforderung ...   .

4 das Risiko ...   .

5 sich in Lebensgefahr ...   .

Wie kann man das auch sagen? Kreuzen Sie an.

Ich glaube, dass wir bald auf dem Gipfel sind.

1 ☐ Vermutlich sind wir bald auf dem Gipfel.
2 ☐ Ich hoffe, dass wir bald auf dem Gipfel sind.
3 ☐ Ich bin mir sicher, dass wir bald auf dem Gipfel sind.
4 ☐ Wir werden wohl bald auf dem Gipfel sein.
5 ☐ Ich könnte mir vorstellen, dass wir bald auf dem Gipfel sind.
6 ☐ Zweifellos sind wir bald auf dem Gipfel.
7 ☐ Es könnte sein, dass wir bald auf dem Gipfel sind.
8 ☐ Ach, wären wir doch bald auf dem Gipfel!

12 Lesen Sie die Schlagzeilen. Was ...? Warum ...? Was vermuten Sie?
Verwenden Sie die folgenden Wendungen und Ausdrücke.

Ich könnte mir vorstellen, dass ... ■ Es könnte sein, ... ■ Vielleicht ... aber auch ... ■ Es wird wohl ...

1 Wieder 10 Skifahrer von Lawine verschüttet

Ich könnte mir vorstellen, dass sie nicht wussten, dass das Skifahren
dort gefährlich ist.
Sie werden wohl das Risiko geliebt haben.
Vielleicht ist das aber auch passiert, weil sie nicht Ski fahren konnten.
Es könnte auch sein, dass ...

2 An „Schoko" verschlucken sich die Gegner
Markus Schoko Vroom ist der beste Handballspieler ...

3 Männer stellen Männer ein

GRAMMATIK: finale Angaben: Zweck/Absicht formulieren mit der Präposition *als*

13 **ⓐ** Wie kann man es noch ausdrücken? Kreuzen Sie an.

Manche Menschen betreiben Extremsport als Körpertraining.

1 ☐ Manche Menschen betreiben Extremsport und trainieren ihren Körper.
2 ☐ Manche Menschen betreiben Extremsport und wollen damit ihren Körper trainieren.
3 ☐ Manche Menschen betreiben Extremsport, um ihren Körper zu trainieren.
4 ☐ Manche Menschen betreiben Extremsport, als sie ihren Körper trainiert haben.
5 ☐ Manche Menschen betreiben Extremsport, damit sie ihren Körper trainieren.

ⓑ Formulieren Sie die hervorgehobenen Teile mit jeweils einer Variante,
die Sie in a angekreuzt haben.

1 Ich mache Gartenarbeit als Entspannung von der Büroarbeit. (sich entspannen)

....

....

2 Als Vorbereitung auf den Wettkampf ist ein spezielles Muskeltraining nötig. (sich vorbereiten)

....

....

3 Liegestütze sind als Entspannungsübung ungeeignet. (sich entspannen)

....

....

4 Ich empfehle Ihnen lange Spaziergänge als intensives Naturerleben. (intensiv erleben)

....

....

ⓐ Wie beginnt man eine Erklärung? Kreuzen Sie die passenden Satzanfänge an.

1 ☐ Ich könnte mir vorstellen, dass ...
2 ☐ ... bedeutet ...
3 ☐ Ich bin der Meinung, dass ...
4 ☐ Ich gebe dir mal ein Beispiel: ...

5 ☐ Wenn du ..., dann nennt man das ...
6 ☐ Es sieht so aus, als ob ...
7 ☐ Das heißt, dass ...

ⓑ Ergänzen Sie passende Satzteile aus a.

1 „Extrembügeln" *bedeutet.*, dass Wäschestücke in außergewöhnlichen Situationen gebügelt werden müssen.

2 „Geduld", wie soll ich das erklären? Also, ... Jemand sitzt an einem Fluss

und angelt. Manchmal muss er stundenlang warten, bis ein Fisch anbeißt. Der Mensch hat Geduld.

3 Das Wort „Feierabend" .... „Freizeit nach der Arbeit".

4 .... Sport nur zum Vergnügen machst, ... „Freizeitsport".

5 „Erwischt": .... , ... du etwas gemacht hast, was du nicht darfst, und eine andere

Person hat das gemerkt.

C „Bulle" und „Bär"

Rund um Industrie, Wirtschaft und Handel

ⓐ Welche der folgenden Wörter verstehen Sie ungefähr?
Kreuzen Sie diese Wörter an und übersetzen Sie sie in Ihre Muttersprache.

1 ☐ alternative Energie	7 ☐ exportieren	13 ☐ Inflation	19 ☐ Produkt	25 ☐ Unternehmen
2 ☐ Atomenergie	8 ☐ finanziell	14 ☐ Konkurrenz	20 ☐ Produktion	26 ☐ Verlust
3 ☐ Bank	9 ☐ Forschung	15 ☐ Konsum	21 ☐ produzieren	27 ☐ Ware
4 ☐ Betrieb	10 ☐ Gewinn	16 ☐ konsumieren	22 ☐ Technik	28 ☐ Zins
5 ☐ Energie	11 ☐ Import	17 ☐ Konzern	23 ☐ technisch	29 ☐ Zinssatz
6 ☐ Export	12 ☐ importieren	18 ☐ Markt	24 ☐ Technologie	

ⓑ Schlagen Sie die Wörter, die Sie nicht kennen, im Wörterbuch nach.

ⓒ Was passt für Sie wohin? Ordnen Sie die Wörter 1–29 in a den Begriffen 1–8 zu.
Es gibt mehrere Möglichkeiten.

1 Geld: *Bank*..

2 Firma: ....

3 Handel: ....

4 Produkt: ....

5 Elektrizität: ....

6 Konsum: ....

7 Industrie: ....

8 Börse: ....

d Eine Wortfamilie – eine Bedeutung?

1 In all diesen Wörtern steckt *Wirtschaft*. Was bedeuten sie? Übersetzen Sie.

Wirtschaft ....

wirtschaftlich ....

Betriebswirtschaft ....

Volkswirtschaft ....

Weltwirtschaft ....

Landwirtschaft ....

2 Internationalismen verstehen. Wie lauten die Wörter in Ihrer Sprache?

Kapital ....

Kapitalismus ....

kapitalistisch ....

e Was passt? Ordnen Sie zu.

- -
Wirtschaft ■ Konzern ■ Inflation ■ Zins ■ Technik ■ Gewinn ■
Verlust ■ Ware ■ Produktion ■ Preis ■ Konsum ■ Tourismus
- -

wachsen: *Wirtschaft* ....

steigen / fallen: ....

produzieren: ....

zunehmen / abnehmen: ....

16 Wie heißt das? Ergänzen Sie die Wörter in den Erklärungen 1–9.

- -
Honorarkräfte ■ Aktiengesellschaft ■ Angestellte ■ Euro ■ Weltmarktführer ■ Kapital ■
Konzern ■ Vertrieb ■ Hersteller
- -

1 Sie arbeiten nur stundenweise in einem Betrieb und werden auch nur stundenweise bezahlt.

Sie haben keinen festen Arbeitsplatz. *Honorarkräfte* ....

2 Das ist das Geld, das zur Verfügung steht. ....

3 Diese Leute haben einen festen Arbeitsplatz in einer Firma mit Anspruch auf Urlaub und auf ein

regelmäßiges Gehalt. ....

4 Das ist der Betrieb oder die Person, die eine Ware produziert. ....

5 Das ist die Währung in vielen EU-Staaten. ....

6 So nennt man einen Betrieb, der innerhalb einer Branche weltweit eine große Konkurrenz ist.

....

7 Das ist eine Firma, die sehr viele große und kleine Teilhaber / Aktionäre hat. ....

8 So nennt man einen Zusammenschluss mehrerer Firmen. ....

9 So heißt der Bereich oder die Abteilung einer Firma, die für den Verkauf und die Verbreitung

der Produkte zuständig ist. ....

Formulieren Sie die Sätze um. Verwenden Sie *deshalb* und *daher* wie im Beispiel.

1 Eis und Schokolade werden viel teurer, weil die Milchpreise stark gestiegen sind.

Die Milchpreise sind sehr gestiegen, deshalb/daher werden Eis und Schokolade viel teurer.

2 Fachleute fordern die Einführung des Fachs Technik an allen Schulen, da Fragen der Technik auch im Alltag immer wichtiger werden.

3 Viele Menschen verzichten beim Bauen auf Energie-Einsparmaßnahmen, weil das Bauen selbst wesentlich teurer geworden ist.

4 Fangen Fußballstars an zu singen, da sie total pleite sind?

5 Holzhacken ist sehr beliebt, denn da sieht man den Erfolg sofort.

8

GRAMMATIK: konzessive Angaben: widersprechen

***trotz, obwohl, obgleich, dennoch, trotzdem* richtig anwenden**

a Ergänzen Sie.

obwohl ■ trotzdem

1 Viermal in der Woche mache ich Sport, ... nehme ich nicht ab.

2 .... ich viermal in der Woche Sport mache, nehme ich nicht ab.

3 Ich nehme einfach nicht ab, ... ich viermal in der Woche Sport mache.

4 Ich nehme von Sport nicht ab, ... mache ich viermal in der Woche Sport.

b Wie kann man es noch ausdrücken? Kreuzen Sie an.

Obwohl Karl ein risikofreudiger Typ ist, investiert er nicht in Aktien.

1 ☐ Karl ist ein risikofreudiger Typ. Dennoch investiert er nicht in Aktien.
2 ☐ Karl ist ein risikofreudiger Typ, obgleich er nicht in Aktien investiert.
3 ☐ Karl investiert nicht in Aktien. Trotzdem ist er ein risikofreudiger Typ.
4 ☐ Karl ist ein risikofreudiger Typ, weil er nicht in Aktien investiert.
5 ☐ Karl investiert nicht in Aktien. Dennoch ist er ein risikofreudiger Typ.
6 ☐ Obschon Karl ein risikofreudiger Typ ist, investiert er nicht in Aktien.
7 ☐ Karl investiert nicht in Aktien, deshalb ist er ein risikofreudiger Typ.
8 ☐ Trotz seiner Risikobereitschaft investiert Karl nicht in Aktien.

c Ergänzen Sie.

trotz ■ obwohl ■ obgleich ■ dennoch ■ trotzdem

1 Manche Leute geben ihr Geld für Aktien aus, ... sie schon einmal alles verloren haben.

2 Die Aktienwerte fallen schnell, ... verkaufen die Aktionäre nicht.

3 Manche riskieren Geld und Leben, ... sie eine Familie und Kinder haben.

4 Einige Aktionäre haben kein Kapital mehr, ... investieren sie in neue Aktien.

5 Bei manchen Aktien gibt es hohe Gewinnchancen, ... ist das Risiko hoch.

6 .... des hohen Gewinns möchte er keine Aktien mehr kaufen.

VERTIEFUNG

d *obwohl / obschon / obgleich* im Text

1 Lesen Sie.

1 Ich kann meinen ersten Hund nicht vergessen, obwohl ich
meinen neuen – einen ganz süßen Spaniel – wirklich liebe.

2 Die Welt, obgleich sie wunderlich,
ist gut genug für dich und mich.
Wilhelm Busch

3 Obschon der Bürgermeister gegen das Gesetz ist,
hat der Stadtrat dafür gestimmt.

2 Was ist richtig? Kreuzen Sie an.

Obschon und *obgleich* ☐ hören Sie eher in der gesprochenen Sprache.
☐ lesen Sie eher in der Literatur, in Meldungen oder öffentlichen Schreiben.

19 Gesprochene (M) oder geschriebene Sprache (S)? Ordnen Sie zu.

1 Trotz des wirtschaftlichen Aufschwungs gibt es kein besseres Lehrstellenangebot. ☐
Obwohl es wirtschaftlich ja wirklich aufwärtsgeht, gibt es nicht genug Lehrstellen
für unsere Jugendlichen. ☐

2 Wir hatten ja in der letzten Runde diesen kleinen Unfall, trotzdem sind wir noch auf Platz 3.
Damit können wir wirklich zufrieden sein. ☐
Trotz eines Unfalls kamen die Fahrer der Winter AG auf Platz 3. Ein gutes Ergebnis. ☐

3 Wie Sie trotz des Generalstreiks an Ihren Arbeitsplatz kommen, finden Sie in unserer
Sonderbeilage zum Streik. ☐

4 Trotz des Streiks morgen hat die Post angekündigt, die Mehrzahl der Briefe pünktlich zuzustellen. ☐
Wir werden unsere Briefe morgen pünktlich bekommen. Obwohl die Post streikt. ☐

ⓐ Ich bin ein super Autofahrer.
Formulieren Sie Gegensätze. Verwenden Sie die Konjunktionen und
die folgenden Sätze aus dem Kasten. Achten Sie auch auf die Satzzeichen.

obwohl ■ dennoch ■ trotzdem

Ich fahre so schnell, wie ich will. ■ Auf der Autobahn ist oft Stau. ■ Die Straßen sind glatt. ■
Ich fahre ohne Licht. ■ Dieser Parkplatz ist für Behinderte.

1 .... fahre ich immer wieder auf die Autobahn.

2 Auf den meisten Strecken gibt es Geschwindigkeitsbegrenzungen ....
....

3 Ich fahre .... im Winter immer mit Sommerreifen herum.

4 Es ist schon fast dunkel ....

5 Ich parke direkt vor dem Geschäft ....

ⓑ Beschreiben Sie Gegensätze, die Sie auf den Zeichnungen sehen.

obwohl ■ dennoch ■ trotzdem

Hören Sie und sprechen Sie nach.

Sag mal, investiert Karl eigentlich in Aktien?

1 Nein. Obwohl er eigentlich ein risikofreudiger Typ ist, investiert er nicht in Aktien,
nicht mal ausnahmsweise.

2 Irgendwie hast du ja recht. Karl ist eigentlich ein risikofreudiger Typ. Dennoch investiert er nicht in Aktien.
Versteh ich gar nicht.

3 Komm, Karl ist und bleibt ein risikofreudiger Typ, obgleich er nicht in Aktien investiert.
Er betreibt eben Extremsportarten, das ist vielleicht noch riskanter, oder?

4 Karl investiert eben nicht in Aktien. Trotzdem ist er ein risikofreudiger Typ. Und ich finde das richtig gut.

5 Karl ist ein risikofreudiger Typ, weil er nicht in Aktien investiert. Quatsch, was red' ich denn da,
ich wollte sagen, weil er an Aktien einfach kein Interesse hat.

6 Es ist einfach so: Karl investiert nicht in Aktien. Dennoch ist er ein risikofreudiger Typ.
Das sehen wir ja auch daran, was für Urlaube er macht.

7 Karl investiert nicht in Aktien, deshalb ist er in meinen Augen ein verantwortungsvoller Mensch –
und mit der Frage, ob er ein risikofreudiger Typ ist, hat das doch wirklich nichts zu tun, oder?

8 Es ist nun mal so: Trotz seiner Risikobereitschaft investiert Karl nicht in Aktien. Mit dem werden wir
keine Geschäfte machen können.

8

D Schönheit um jeden Preis?

22 Der Körper

ⓐ Ergänzen Sie die Körperteile und Organe, die Sie kennen.

Herz ▪ Kopf ▪ Muskel ▪ Wimper ▪ Leber ▪ Hals ▪ Finger ▪ Gesicht ▪ Nase ▪ Fuß ▪
Knie ▪ Mund ▪ Bauch ▪ Zahn ▪ Hand ▪ Arm ▪ Magen ▪ Bein ▪ Haare ▪ Haut ▪ Brust ▪
Nacken ▪ Lunge ▪ Rücken ▪ Blut ▪ Zeh ▪ Auge ▪ Knochen

....

....

....

....

....

ⓑ Ordnen Sie die Wörter aus a. Schreiben Sie auch den Artikel und den Plural dazu.
Schlagen Sie unbekannte Wörter im Wörterbuch nach.

Körperteile: *der Kopf, Köpfe;* ....

Organe: *das Herz, -en;* ....

Sonstiges: *der Muskel, -n;* ....

23 Rund um die Gesundheit

ⓐ Was passt? Ergänzen Sie.

abhören ▪ Röntgenaufnahme ▪ Virus ▪ leiden an ▪ Erste Hilfe ▪ übergeben ▪
blass ▪ gute Besserung ▪ niest ▪ erkältet ▪ Allergie ▪ Drogerie

1 ◆ Du siehst aber .... aus. Ist dir nicht gut?

  ● Nein, ich musste mich heute Nacht dreimal .... Ich habe gestern wohl was
    Falsches gegessen.

2 Noch immer .... viele Menschen .... heilbaren Krankheiten, weil sie sich
  eine ärztliche Behandlung nicht leisten können.

3 ... und wünschen Dir von ganzem Herzen ....

4 Bei ....infektionen helfen keine Antibiotika.

5 ◆ Du .... schon den ganzen Vormittag. Hast du dich .... ?

  ● Nein, nein, das ist nur meine .... , die Gräser blühen gerade.

6 ◆ Kannst du mal schnell zur .... gehen und mir ein Schmerzmittel holen?

  ● Das bekommst du bei uns doch nur in der Apotheke.

7 Wer von Ihnen kann .... leisten?

8 Also, ich würde Sie ganz gern mal gründlich untersuchen: die Lunge und das Herz .... ,
  dann noch eine .... der Lunge machen.

b Was passt? Ergänzen Sie.

nähen ■ -stich ■ Entzündung ■ Temperatur messen ■ Facharzt ■
Unfallstation ■ Aufnahme ■ Besuchszeiten ■ Abteilungen ■ behandeln

1 Ich hätte gern eine Überweisung zum ....

2 Und .... Sie bitte morgen noch einmal Ihre .... Sollte das Fieber nicht sinken,

   rufen Sie mich bitte an.

3 Unsere .... hat zwei .... Dort hinten ist die .... – Nein, nein, wir

   haben keine festen .... , uns ist es wichtig, dass die Patienten regelmäßig Besuch bekommen.

4 Nein, das ist sicher kein Insekten............................ , das ist eine .... Die müssten wir mit einer

   Salbe ....

5 Diese Platzwunde müssen wir ....

c Wer tut das? Ordnen Sie zu. Es gibt mehrere Möglichkeiten.

1 Der Psychiater
2 Die Sprechstundenhilfe
3 Der Homöopath
4 Die Krankenschwester
5 Der Hausarzt
6 Der Chirurg
7 Der Pfleger
8 Der praktische Arzt

a ... behandelt leichtere Erkrankungen und überweist den Patienten
    bei schweren Erkrankungen zum Facharzt.

b ... versorgt in der Klinik die Patienten.

c ... vereinbart mit den Patienten einen Termin beim Arzt.

d ... operiert.

e ... bekämpft eine Krankheit nicht mit modernen Arzneimitteln.

f ... hilft bei seelischen und geistigen Krankheiten.

d Beim Hausarzt. Was passt? Wählen Sie aus und ergänzen Sie.

1 Gebrochen ist Ihr Arm nicht, aber wahrscheinlich .... (erkältet / verstaucht / schwindelig)

   Ich müsste Sie zum .... überweisen. (Psychiater / Orthopäden / Hausarzt)

2 Wogegen wir normalerweise .... ? Natürlich gegen Tetanus, Diphtherie, Tuberkulose sowie

   Polio und dann noch gegen die sogenannten Kinderkrankheiten wie Masern, Mumps und Röteln,

   die können nämlich auch sehr gefährlich sein. (impfen / schützen / warnen)

3 Und Sie müssen jeden Morgen und jeden Abend Ihren .... messen, damit wir wissen, ob das

   Mittel richtig eingestellt ist. (Puls / Blutdruck / Augendruck)

4 Wenn Sie einen niedrigen Blutdruck haben, kann es sein, dass Sie in .... fallen.

   (Ohnmacht / Koma / Bewusstsein)

5 Bei schweren Vergiftungen besteht akute .... (Lebensfreude / Lebensgefahr / Heilung)

6 Der Verletzte wurde sofort beatmet und ist bald .... sich gekommen. (zu / von / auf)

24 Partizip I oder II? Kreuzen Sie an.

		P I	P II				P I	P II
1	beschlossen	☐	☐		5	singend	☐	☐
2	angefangen	☐	☐		6	gelesen	☐	☐
3	bleibend	☐	☐		7	studiert	☐	☐
4	verbessert	☐	☐		8	frierend	☐	☐

VERTIEFUNG

25 Welche Funktion hat das Partizip: Adjektiv, Adverb oder Perfekt? Ergänzen Sie.

1 Sag mal ehrlich, hast du das gewusst? .... *Perfekt* ....

2 Einfache Therapie für gestresste Manager: Nimm dir Zeit. ....

3 Was tut man gegen nervende Talkshows? Fernseher ausschalten! ....

4 Unser FC Hoppel ging im letzten Heimspiel mit wehenden Fahnen unter. ....

5 Dabei habe ich noch nie so viele erschöpfte Spieler gesehen. ....

6 Schreiend kam er aus dem Büro des Vereinspräsidenten. ....

7 Hast du gewusst, dass sie bewusst gelogen hat? ....

 74

26 Sehen Sie die Bilder an. Was passt? Hören Sie und kreuzen Sie an.

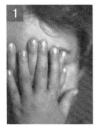  

Dies ist ein ... Kind.
☐ schreiendes
☐ ausgeschimpftes
☐ lachendes

Das ist ein ... Auto.
☐ bremsendes
☐ abgestelltes
☐ losfahrendes

Dies ist ein ... Autor.
☐ viel vorlesender
☐ viel unterrichtender
☐ viel gelobter

VERTIEFUNG

27 Risikotourismus. Ergänzen Sie die Sätze 1–5 mit passenden Partizipien.

fliehen ● reisen ● drohen ● retten ● entführen

1 Die Zahl der in ferne Länder *reisenden* .... Touristen nimmt ständig zu.

2 Dabei werden die in manchen Ländern .... Gefahren oft nicht beachtet.

3 Immer wieder hört man von .... Touristen, die sich mehrere Monate in der Gefangenschaft von kriminellen Banden befinden.

4 Selbst aus gefährlichen Situationen .... Touristen suchen irgendwann wieder das Abenteuer in fernen Ländern.

5 Vermutlich suchen die vor dem langweiligen Alltag .... Menschen nur die Abwechslung und das Fremde.

a Ist die Aussage nach den Wendungen und Ausdrücken neutral oder subjektiv? Kreuzen Sie an.

	neutral	positiv	negativ
1 Der Autor ist der Ansicht, …	☐	☐	☐
2 Im Text steht, …	☐	☐	☐
3 Der Autor sieht es positiv, …	☐	☐	☐
4 Im Text heißt es, …	☐	☐	☐
5 Der Autor schreibt über …	☐	☐	☐
6 Der Autor meint, …	☐	☐	☐
7 Der Autor kritisiert …	☐	☐	☐

b Formulieren Sie die folgenden Aussagen mit den Wendungen und Ausdrücken aus a. Es gibt verschiedene Möglichkeiten.

1 Bei Schönheitsoperationen sollte der behandelnde Arzt eine fundierte Ausbildung vorweisen.
2 Kein Arzt kann die vielfältigen Risiken bei Schönheitsoperationen ausschließen.
3 Das Ergebnis einer Schönheitsoperation hängt von verschiedenen Faktoren ab.
4 Die Motive für Schönheitsoperationen sind oft wirklichkeitsferne Wunschträume.

Wie kann man das noch ausdrücken? Kreuzen Sie an.

1 Nutzen Sie die Vorteile unserer Business-Class-Tickets: Sie können jederzeit umbuchen und kostenlos stornieren. Darüber hinaus sitzen Sie auf langen Strecken bequemer.

☐ Deshalb sitzen Sie auf langen Strecken bequemer.
☐ Außerdem sitzen Sie auf langen Strecken bequemer.

2 Am besten nehmen Sie für Ihre Dienstreise nach Köln das Flugzeug: Zum einen ist der Flug billiger als die Bahn oder das Auto, zum anderen können Sie an einem Tag hin- und zurückfliegen und sparen eine Übernachtung.

☐ Der Flug ist billiger als die Bahn oder das Auto, außerdem können Sie an einem Tag hin- und zurückfliegen und müssen nicht übernachten.
☐ Einerseits ist der Flug billiger als die Bahn oder das Auto, andererseits müssen Sie in Köln übernachten und können nicht am selben Tag wieder zurückfliegen.

3 Wie viele Unternehmen im Personentransport muss auch die Bahn einerseits sparen, andererseits aber den Service und das Angebot für die Fahrgäste verbessern.

☐ Die Bahn muss sparen, obwohl sie den Service und das Angebot für die Fahrgäste verbessern muss.
☐ Zum einen muss die Bahn sparen, zum anderen muss sie aber den Service und das Angebot für die Fahrgäste verbessern.

Korrigieren Sie die Wortstellung in den Sätzen. Schreiben Sie den Dialog neu.

◆ Einerseits ein Aktienkauf immer Risiken birgt, andererseits man auch Glück haben und Gewinn machen kann.
● Stimmt. Darüber hinaus es gibt auch gute Berater, auf die man sich kann verlassen.
▼ Zum einen du schon recht hast, zum anderen das Streben nach immer mehr Reichtum heute auch übertrieben wird.
■ Außerdem normal ist es doch völlig, dass man hat mal mehr, mal weniger Geld.
● Wenn man Glück hat. Schließlich es gibt auch Leute, die Geld nie genug zum Leben haben.
◆ Genau. Für diese Leute ein Aktienkauf doch nicht so riskant ist.

31 Vergleichen Sie die Angebote. Formulieren Sie Argumente
dafür und dagegen mit folgenden Ausdrücken.

einerseits ..., andererseits ■ zum einen ..., zum anderen ■ darüber hinaus ■ dazu kommt noch ■ außerdem

a Zwei Reiseangebote

Urlaub für den kleinen Geldbeutel z.B. Andalusien, Hotel Caesar 1 Wo pro Person ab € 314	EXKLUSIVE REISEZIELE MEXIKO, HOTEL PRINCIPAL, EXKLUSIV AB 1072 EURO

1 .... ist das Hotel Caesar preiswert, ... ist das Hotel Principal

viel exklusiver.

2 Ich bin für Mexiko: Es ist als Reiseziel .... viel exotischer, ... sieht

das Hotel wirklich sehr gut aus.

3 Ich weiß nicht, schau doch mal den Preis an. .... der lange Flug.

.... ist es in Spanien auch schön!

b Zwei Küchengeräte
Vergleichen Sie und nennen Sie Argumente mithilfe der Beschreibungen der Geräte.

ARTISAN steht für: Stabile
Konstruktion aus Spritz-
gussmetall und Edelstahl.
Kompromisslose Leistung.
Industrielle Beständigkeit.
Einfache Bedienelemente
Euro 499,–

Küchenmaschine Tipptopp
für den täglichen Gebrauch.
Große Rührschüssel aus
Kunststoff. Viel Zubehör.
Sonderangebot:
Preissenkung: ~~129,90~~
99 Euro

32 Leserbriefe zum Thema „Schönheitsoperationen"

a Ergänzen Sie den Leserbrief mit den Wendungen und Ausdrücken im Kasten.

andererseits ■ wegen ■ aufmerksam ■ darüber hinaus ■ schließlich ■ hier ■
darauf hinweisen ■ einerseits ■ dazu kommt

Leserbrief: Schönheit um jeden Preis?

Es ist sicher gerechtfertigt, auf die Risiken bei Schönheitsoperationen .... (1) zu machen. Ich

möchte aber .... (2), dass nicht nur Eitelkeit und ein übertriebenes Schönheitsideal Beweggründe

für solche Operationen sind. .... (3) gibt es Menschen, die .... (4) ihres Aussehens

zu Außenseitern geworden sind. .... (5) bin ich der Meinung, dass der Berufsstand der plastischen

Chirurgen nicht generell negativ beurteilt werden sollte. .... (6) gibt es zwar tatsächlich schwarze

Schafe, ... (7) zeugen zahlreiche gelungene Operationen von der Kompetenz der meisten

Schönheitschirurgen. .... (8) noch, dass ein Schönheitschirurg äußerst sensibel sein muss, was

den Umgang mit unzufriedenen und unglücklichen Menschen angeht. .... (9) ist psychologisches

Geschick gefragt.

Maria K. aus Baden-Baden

ⓑ Schreiben Sie einen Leserbrief mithilfe der Angaben
und der Wendungen und Ausdrücke aus a.

Operation birgt Risiken ■ Operation auch lebensrettend ■ kann zumindest Lebensgefühl verbessern ■
es gibt kompetente Ärzte ■ man kann sich auf sie verlassen ■ Kult um Perfektionierung des Körpers heute
übertrieben ■ fragen, was schön ist? ■ natürlich, dass Mensch und Körper altern ■ auch alte Menschen
schön ■ Trend setzt viele Leute unter Druck ■ immer mehr meinen, sie müssen mitmachen ■ eigentliches
Problem ■ meiner Meinung nach

FOKUS GRAMMATIK: Test

Konzessive Angaben

ⓐ Ergänzen Sie: *obwohl*, *trotzdem*, *dennoch*, oder *trotz*.

1 Die Steuererhöhung wurde .... vieler Widerstände beschlossen.

2 .... es viele Widerstände gab, wurde die Steuererhöhung beschlossen.

3 Es gab viele Widerstände. Die Steuererhöhung wurde .... beschlossen.

ⓑ Falsche Sätze. Korrigieren Sie die Fehler.

1 Trotz seiner Erfolge, der Trainer unseres FC Hoppel möchte zurücktreten.
2 Der Trainer unseres FC Hoppel wollte zurücktreten, obwohl er hat erfolgreich gearbeitet.
3 Der Trainer unseres FC Hoppel hat erfolgreich gearbeitet, dennoch er möchte zurücktreten.

Partizip I und II als Adjektiv

ⓐ Welche Varianten sind möglich? Kreuzen Sie an.

1 lachende Kinder	⬚	gelachte Kinder	⬚
2 kochende Suppe	⬚	gekochte Suppe	⬚
3 fahrende Kilometer	⬚	gefahrene Kilometer	⬚
4 salzende Preise	⬚	gesalzene Preise	⬚
5 führende Unternehmen	⬚	geführte Unternehmen	⬚
6 wachsende Pflanzen	⬚	gewachsene Pflanzen	⬚
7 produzierende Industrie	⬚	produzierte Industrie	⬚

ⓑ Was trifft die Bedeutung am besten? Kreuzen Sie an.

1 Bei uns gibt es keine gestressten Mitarbeiter.

⬚ Bei uns machen die Mitarbeiter keinen Stress.
⬚ Bei uns haben die Mitarbeiter keinen Stress.

2 Das begonnene Projekt wird konsequent weiterverfolgt.

⬚ Das Projekt, das beginnt, wird konsequent weiterverfolgt.
⬚ Das Projekt, das begonnen wurde, wird konsequent weiterverfolgt.

3 Wochenlang experimentierend kamen wir der Lösung langsam näher.

⬚ Wir experimentierten wochenlang und kamen dadurch der Lösung langsam näher.
⬚ Wir experimentierten zuerst wochenlang und kamen der Lösung dann langsam näher.

8

35 Lesen Sie die Aufgaben. Lesen Sie dann den Text und entscheiden Sie:
Stimmt diese Aussage (ja oder nein), oder enthält der Text dazu keine Information?

Maxvorstadt

An ihr Küchenfenster möchte sich Irmela Erbe (61) gar nicht mehr setzen – denn dann sieht sie fast täglich stürzende Radfahrer, stolpernde Fußgänger, Rollstuhlfahrer und Mütter mit Kinderwagen, die verzweifelt versuchen, voranzukommen, sowie immer wieder Lkw, die sich zwischen parkenden Autos durchquetschen. Irmela Erbe wohnt in der Maxvorstadt – am Anfang der Nordendstraße, „des größten Fleckerlteppichs in München", wie sie sagt.

Seit 1961 lebt Erbe in der Nordendstraße. „Und ich habe diese Straße noch nie anders als kaputt gesehen", sagt sie. Wenn überhaupt etwas repariert worden sei, „dann wurde immer nur geflickt". Die Nordendstraße ist eng und fällt zu den Seiten hin ab – und sie ist laut. Wenn Autos und Lkw über das kaputte Kopfsteinpflaster donnern, hält die 61-Jährige den Atem an. Mit offenem Fenster kann sie sowieso schon lange nicht mehr schlafen. „Der Lärm macht mich noch verrückt", sagt sie.

Besonders problematisch sei die Nordendstraße in den Wintermonaten. Fällt Schnee auf das Pflaster, können Fußgänger die Stolperfallen nicht erkennen – und stürzen. „Es muss erst etwas Schlimmes passieren, bis endlich etwas gegen die Missstände unternommen wird", kritisiert Erbe. Dabei könne es doch gar nicht so aufwendig sein, „wenigstens die fehlenden Pflastersteine zu ersetzen". Schwierig sei dies in der Tat nicht, meint Klaus Bäumler, Vorsitzender des Bezirksausschusses Maxvorstadt. Jedoch könne die Stadt nicht überall gleichzeitig wirken. „Ich denke aber, dass sich mit der Nordendstraße bald etwas tun wird", sagt der BA-Chef.

Darauf hoffen die Anwohner der Nordendstraße – und Irmela Erbe, wenngleich sie den Glauben daran schon fast verloren hat. „Doch die Hoffnung stirbt ja bekanntlich zuletzt", meint sie.

Das Baureferat war für eine Stellungnahme nicht zu erreichen.

	ja	nein	Text sagt dazu nichts
1 Irmela Erbe wohnt an einer gefährlichen Straße, an der sehr viele schwere Unfälle passieren.	☐	☐	☐
2 Die Straße ist deshalb so gefährlich, weil sie in einem schlechten Zustand ist.	☐	☐	☐
3 Die Straße ist zwar schon oft repariert worden, aber niemals richtig, sondern immer nur an einzelnen Stellen.	☐	☐	☐
4 Der Lärm der Lastwagen und der Rettungsfahrzeuge macht Frau Erbe noch wahnsinnig.	☐	☐	☐
5 Die Stadt ist für den Straßenbau nicht zuständig.	☐	☐	☐
6 Die Nordendstraße ist für die Stadt ein schwieriges Problem, aber sie wird sich trotzdem bald darum kümmern.	☐	☐	☐
7 Die Anwohner hoffen, dass die Stadt die Nordendstraße bald in Ordnung bringen lässt.	☐	☐	☐

36 Pro und Kontra „Schönheitsoperationen"

Sie sitzen mit einer Bekannten zusammen, die Ihnen erzählt, dass sie eine Schönheitsoperation machen lassen möchte. Der Wunsch Ihrer Bekannten ist es, ihre Nase verkleinern und ihren Mund vergrößern zu lassen. Außerdem möchte sie einige Falten neben den Augen entfernen lassen. Sie aber sind dagegen. Überlegen Sie, was Sie Ihrer Bekannten sagen würden. (Machen Sie sich eineinhalb Minuten lang Gedanken und danach Notizen.) Formulieren Sie dann laut, was Sie denken. (Vielleicht haben Sie ja die Möglichkeit, Ihre Meinung mit dem Computer aufzunehmen.)

Quellenverzeichnis

Seite 6:	Grafik Übung 2a © Bevölkerungsbefragung 2003, Statistisches Amt des Kantons Basel-Stadt, Grafik Übung 2b © Statistisches Bundesamt, Wiesbaden
Seite 8:	Grafik Quelle: Grühn, Hecht 2007 © Hans-Böckler-Stiftung
Seite 12:	„Guter Rat" aus *Der Märchenpalast* von Ulf Diederichs (Hg.) © Droemersche Verlagsanstalt Th. Knaur Nachf., München 1992
Seite 16:	A © Akleksey Kashin/ fotolia.com; B © Aberenyi/ fotolia.com; C © panthermedia/ Ronny P.; D © poco_bw/ fotolia.com
Seite 22:	Text „Die Mitte des Lebens ist das neue Lebensideal der Deutschen" von BAT Stiftung für Zukunftsfragen: Forschung aktuell, Ausgabe 200 vom 19.9.2007
Seite 23:	„Schule mal richtig erleben" nach dem Text „Putzprojekt" von Ute Schröder in *fluter*, Nr. 5, Dezember 2002
Seite 24/25:	James Thurber, „Das Einhorn im Garten" aus James Thurber, 75 *Fabeln für Zeitgenossen*, Deutsche Übersetzung von Ulla Hengst, Hans Reisiger, H. M. Ledig-Rowohlt, Copyright © 1967 by Rowohlt Verlag GmbH, Reinbek bei Hamburg
Seite 32:	links © picture-alliance/ dpa; rechts © Finest Images/Die Kleinert.de
Seite 34:	Text 1 aus „Reisereportage Afrika, Teil 2" von Bartholomäus Grill in *GEO Magazin 01/2000*; Text 2 aus: Michael Ende: *Die unendliche Geschichte* © 1979 by K. Thienemanns Verlag, Stuttgart; Text 3 aus: James Krüss: *Mein Urgroßvater, die Helden und ich* © 1967 by Verlag Friedrich Oetinger, Hamburg; Text 4 aus: Susanne Mischke: Schwarz ist die Nacht © 2001 Piper Verlag GmbH, München
Seite 35:	Text unten aus: Michael Ende: *Jim Knopf und Lukas der Lokomotivführer* © 1960 by K. Thienemanns Verlag, Stuttgart
Seite 36:	A © panthermedia/Stefan K.; B © Bildunion/10341; C © Jon Hennecke/fotolia.com; D © panthermedia/Patrick H.; E © panthermedia/Rui M.; F © panthermedia/David K.; G © MHV-Archiv; H © Nancy Brammer/istockphoto; I © Suprijono Suharjoto/fotolia.com; J © ch'lu/fotolia.com
Seite 39:	Text oben „Die Geschichte des Hassan aus Bassrah und der Prinzessin von den Inseln Wak-Wak" aus: Gustav Weil: *Die Märchen aus 1001 Nacht*
Seite 42:	Text aus „Körpereigene Rauschmittel versüßen den Genuss" von Rüdiger Braun im stern-Magazin *Gesund leben*, Nr. 2/ 29.01.2006
Seite 43:	Text aus: Iris Alanyali: *Gebrauchsanweisung für die Türkei* © 2004 Piper Verlag GmbH, München
Seite 44:	A © panthermedia/ Franz M.; B © Greg Nicholas/ istockphoto; C © panthermedia/Jo R.; D © panthermedia/Dieter B.; E © MEV/MHV; F © Michael Green/fotolia.com; G © ilbusca/istockphoto; H © Jane/fotolia.com; I © Andreas Meyer/fotolia.com
Seite 45:	A © RRf/fotolia.com; B © Vasiliy Koval; C © soschoenbistdu.de/fotolia.com; D © naphtalina/istockphoto; E © Hans-Peter Widera/istockphoto; F © picture-alliance/dpa/dpaweb
Seite 46:	Übung 4b: A © Bildunion/Colour; B © ichokalov/fotolia.com; C © panthermedia/ Thomas H.; D © Chris White/fotolia.com; Übung 4 d: A © Jan R./fotolia.com; B © Twilight_Art_Pictures/fotolia.com; C © Jay Beaumont/fotolia.com; D © Dorlies Fabri/fotolia.com; Übung 5a: A © panthermedia/ Christian S.; B © Charles Benavidez/istockphoto; C © picture-alliance/ KPA Honorar & Belege; D © Matthew Antonino/fotolia.com; E © Phototom/fotolia.com
Seite 54:	Text unten *Weihnachtswurst und Wichtelwahnsinn* von Christoph Koch aus FAZ Hochschulanzeiger, Nr. 75/2004
Seite 55:	links © irisblende.de; rechts © Agnieszka Rajczak/fotolia.com
Seite 65:	Text *Regenwurm zum Frühstück* nach einem Artikel von www.medienbuero-mitte.de
Seite 66:	© Andrzej Burak/fotolia.com
Seite 67:	oben © Larissa Sokolova/fotolia.com; Mitte © Sven Hoffmann/fotolia.com; unten © picture-alliance/ dpa
Seite 69:	oben © Konstanze Gruber/fotolia.com; Mitte © Claudio Divizia/fotolia.com
Seite 70:	1 © irisblende.de; 2 © Thomas Aumann/fotolia.com; 3 © Jim Mills/fotolia.com; 4 © Gina Sanders/fotolia.com; 5 © irisblende.de; 6 © Irochka/fotolia.com
Seite 71:	Text „Was wir in Afrika tun" mit freundlicher Genehmigung von Ärzte für die Dritte Welt e.V., www.gemeinsam-fuer-afrika.de
Seite 72:	links © Patrick Hermans/fotolia.com; rechts © Jean-Christoph Meleton/fotolia.com
Seite 77:	Löwenzahn © irisblende.de
Seite 79:	Fotos © MHV-Archiv
Seite 81:	© panthermedia/ Wolfgang S.
Seite 82:	Zeichnungen aus: Steffi Hundertpfund: *Rezepte in Bildern* © Günther Storch Verlag, Stockach 2004
Seite 83:	oben: A © aceshot/fotolia.com; B © Olivier Tuffé/fotolia.com; C © Finest Images; D © Olivier Tuffé/fotolia.com; unten: A © caironbohemio/fotolia.com; B © irisblende.de; C © Andrew Howe/istockphoto; D © irisblende.de; E © irisblende.de; F © Digitalpress/fotolia.com; G © mpixs/fotolia.com; H © panthermedia/ Wolfgang H.; I © irisblende.de
Seite 85:	© Robert Lerich/fotolia.com
Seite 89:	Text *Verantwortung für gesunde Ernährung* aus *Menschen im Blickpunkt*, 2/2007 mit freundlicher Genehmigung von ABW Agentur für vernetzte Kommunikation GmbH; Fotos: A © panthermedia/Martina H. ; B © panthermedia/Esther H.; C © Colourbox.com
Seite 93:	Text b *Die Fantasie kann man trainieren* aus Welt am Sonntag, 26.08.2007
Seite 96:	A © irisblende.de; B © MEV/MHV; C © bluebird13/istockphoto; D © panthermedia/ Bernd K.; E © soschoenbistdu.de/fotolia.com
Seite 98:	© Superbild/Esbin-Anderson
Seite 99:	A, B, E, F,H, I, K, L, M, O © MHV-Archiv; C, D © MEV; G © Frank Zapf/fotolia.com; J © MEV; N © Ersin Kurtdal/fotolia.com
Seite 101:	oben: A © Lisa F. Young/fotolia.com; B © irisblende.de; C © Britta Kasholm-Tengve/istockphoto; D © Bildunion/Daniela Schurig; E © panthermedia/ Sven P.; F © Bildunion/Walter Wuchinski; G © panthermedia/Andreas P.; H © PhotoCreate/fotolia.com; unten: A © panthermedia/Detlef S.; B © panthermedia/Armin E.; C © Ernesto Solla Domínguez/fotolia.com
Seite 103:	oben © Bildunion/Antje Lindert-Rottke; Mitte © Bildunion/10002
Seite 104:	oben © irisblende.de; Mitte © Shotshop/Juha Tuomi
Seite 105:	© Patrizia Tilly/fotolia.com
Seite 106:	© panthermedia/Christa E.
Seite 107:	A © Freya/fotolia.com; B © Bildunion/ Martina Berg; C © Bildunion/ Alexandra Buss; D © Jürgen Fischer/fotolia.com; E © Bildunion/ Alexandra Buss; F © Bildunion/kai-creativ; G © pgm/fotolia.com; H © Impala/fotolia.com; I © Shane White/istockphoto; J © panthermedia/Gabi S.; K © Jimena Brescia/istockphoto; L © MHV-Archiv; unten © Craig Barhorst/ istockphoto
Seite 110/111:	Text *Die Deutschen sind leidenschaftliche Sammler* aus einer Presseinformation der TNS Emnid
Seite 112:	Ball © Yauhen Susio/fotolia.com; Schach © Bildunion/Katze; A © Bildunion/Steffen Zimmermann; B © panthermedia/ Frank W.; C © panthermedia/Simon S.; D © Superjuli/Kai Köhler; E © panthermedia/ Manfred V.; F © panthermedia/ Martina H.; G © IT Free; H © MEV/MHV; I © kilam/fotolia.com; J © Photoroller/fotolia.com; K © Tom Marvin/istockphoto; L © William Farquhar/istockphoto; M © panthermedia/Oliver S.; N © John Wollwerth/istockphoto; O © panthermedia/ Andreas I.; P © Bildunion/Walter Wuchinski; Q © MEV/MHV; R © panthermedia/ Michal R.; S © Daniel Sainthorant/ fotolia.com; T © EyeWire Photography; U © panthermedia/ Kurt D.; V © panthermedia/ Eckhard E.
Seite 117:	Text oben aus: Gerald Szyszkowitz: *Seitenwechsel*, AWV - Wien Verlag, 2002

Seite 120:	© Ryan Kelly/istockphoto
Seite 122:	links © Brian McEntire/istockphoto; rechts © Sandra Nicol/istockphoto
Seite 125:	© Hella Furtwängler/ www.bad-grund-harz.de
Seite 132/133:	Text unten: „Können Spieler Intuition trainieren?" von Katrin Blawat aus SZ Wissen 15/2007
Seite 137:	A © gremlin/istockphoto; B © Bernard Girardin/fotolia.com; C © Andrzej Tokarski/fotolia.com; D © Robert Paul van Beets/ fotolia.com; E © Tamara Kulikova/fotolia.com; F © dpixxels/fotolia.com; G, H, I, K, L, Q © MHV-Archiv; J © luke77/fotolia.com; M © terex/fotolia.com; N © gaiamoments/istockphoto; O © timur1970/fotolia.com; P © Teamarbeit/fotolia.com; J © Petro Feketa/fotolia.com
Seite 139:	© MHV-Archiv
Seite 140:	alle Illustrationen mit freundlicher Genehmigung von Brady GmbH, SETON Division
Seite 144:	A © panthermedia/ Herbert E.; B © irisblende; C © MHV-Archiv/Andreas Tomaszewski; D © MHV-Archiv/Britta Meier
Seite 146:	Gedicht oben: *Was es ist* aus: Erich Fried: Es ist was es ist © Verlag Klaus Wagenbach, Berlin 1983
Seite 147:	Text oben *Delfine rettet gestrandete Wale* von AFP, 12.03.2008
Seite 150:	Text unten *Beck verteidigt Schröders Reformkurs* von www.bild.de am 13.03.2008
Seite 155:	Text „Lieber Herr Mehdorn" von Julia Bidder aus Der Rheinkiesel, Ausgabe Dezember 2006, www.rheinkiesel.de
Seite 156:	Text *Pizzataxis auf Schulhöfen* aus GVmanager, Heft 5, Mai 2007
Seite 158:	1 © irisblende.de; 2 © photoGrapHie/fotolia.com; 3 © irisblende.de; 4 © Rowohlt Verlag GmbH; 5 © Gerd Pfeiffer, München; 6 © MHV-Archiv/Andreas Tomaszewski
Seite 160:	A © panthermedia/ Peter K.; © BCkid/fotolia.com
Seite 161:	© BCkid/fotolia.com
Seite 168:	© Sebastian Kaulitzki/fotolia.com
Seite 170:	links © Claus Mikosch/fotolia.com; 2 © MHV-Archiv; 3 © Thinkstock Images
Seite 172:	links (c) Kitchen Aid, U.S.A; rechts (c) MHV-Archiv
Seite 174:	Text *Maxvorstadt: „Münchens schlimmster Fleckerlteppich"* aus Hallo München, 5.12.2007